普通高等职业教育"

U0681985

国际金融
原理与实务

UOJI JINRONG
YUANLI YU SHIWU

主 编◎罗 艺 徐桂华

副主编◎张爱萍 李谷音 沈静芳 伍启凤 王维金

清华大学出版社
北 京

内容简介

本书在编写时充分考虑了近几年国际经济和金融领域发生的变化,尽可能地使用最新、最权威的数据资料和图表,以便学生通过本书的学习对当前的国际金融动态有新的认识。本书内容新颖、全面,每章均设有学习目标、小结、思考题、实务题与案例分析,培养学生运用相关理论对国际金融领域的各种问题进行初步分析的能力。

本书既可作为高职高专、高等专科学校、成人高等学校的经济、管理、国际商务、电子商务类专业基础课教材,也可作为经济管理工作人员的参考书籍。

图书在版编目(CIP)数据

国际金融原理与实务 / 罗艺,徐桂华主编 . --北京:清华大学出版社,2016(2020.1重印)

(普通高等职业教育"十三五"规划教材)

ISBN 978-7-302-43428-3

Ⅰ. ①国… Ⅱ. ①罗… ②徐… Ⅲ. ①国际金融-高等职业教育-教材 Ⅳ. ①F831

中国版本图书馆 CIP 数据核字(2016)第 072672 号

责任编辑:刘志彬
封面设计:汉风唐韵
责任校对:宋玉莲
责任印制:刘海龙

出版发行:清华大学出版社
  网　　址:http://www.tup.com.cn,http://www.wqbook.com
  地　　址:北京清华大学学研大厦 A 座　　　　邮　　编:100084
  社 总 机:010-62770175　　　　　　　　　　邮　　购:010-62786544
  投稿与读者服务:010-62776969,c-service@tup.tsinghua.edu.cn
  质量反馈:010-62772015,zhiliang@tup.tsinghua.edu.cn
印 装 者:三河市国英印务有限公司
经　　销:全国新华书店
开　　本:185mm×260mm　　　　印　　张:12　　　　字　　数:270 千字
版　　次:2016 年 6 月第 1 版　　　　　　　　印　　次:2020 年 1 月第 3 次印刷
定　　价:36.00 元

产品编号:068633-02

Preface 前 言

　　随着经济全球化和一体化的深度融合，新型金融制度和金融工具不断涌现，金融服务方式不断翻新，金融交易迅速膨胀。国际金融的这些新特点，一方面有力地推动了生产要素的国际流动，使资本能够在全球范围内寻求最优配置，从而促进世界经济的发展；另一方面也使得金融领域呈现较强的波动性与不稳定性，从而增加了各国所面临的金融风险。本书着眼于近 20 年来全球范围内所发生的金融危机，例如，1997 年 7 月初爆发的亚洲金融危机、2007 年 8 月始于美国席卷全球的次贷危机，以及 2009 年 12 月全球三大评级公司下调希腊主权评级宣告希腊出现债务危机进而使整个欧盟都受到债务危机困扰。这些危机的出现和发生都在告诫人们，在金融全球化发展的同时，必须重视金融领域所存在的高风险，要有防范风险的意识和策略措施。

　　本书根据国际金融的学科特点，结合高职高专的人才培养目标，以提高学生整体素质为基础，以职业教育为本位，兼顾知识教育、技能教育、能力教育，在介绍国际金融理论及应用的同时注重系统性、规范性及实用性。

　　本书的特点主要体现在两个方面。

　　第一，内容新颖。本书在编写时充分考虑了近几年国际经济和金融领域所发生的变化，尽可能地使用最新、最权威的数据资料和图表。尤其对于近年来世界范围内发生的一些重大金融事件，以及国内外国际金融政策和制度方面的关键性改革，本书都有所涉猎，如"亚洲基础设施投资银行""人民币成为国际储备货币"等内容，以便学生能通过本书的学习对当前的国际金融动态有新的认识。

　　第二，内容全面。本书非常注重国际金融理论的完整体系，同时又在每章后面安排了实务题与案例分析，追踪国际金融新趋势和新动向。

　　本书在编写过程中参阅了有关文献、专著、教材，借鉴了其中的某些观点和数据，引用了最新的案例、资料及研究成果，在此对原作者表示衷心的感谢。

　　最后，由于国际金融学科涉及面广，且发展迅速，资料收集和更新有较大的困难，加之时间仓促，编者水平有限，书中难免有疏漏与错误之处，敬请广大读者批评指正。

Contents 目 录

第一章　外汇与汇率

第二章　外汇市场与外汇交易

第三章　外汇风险管理

第四章　国际收支与国际储备

第五章　国际金融市场与国际资本流动

第六章　国际结算(上)——票证

第七章 国际结算(下)——主要结算方式

第八章 国际金融电子化

1
Chapter 1
第一章
外汇与汇率

>>> **学习目标**

1. 掌握外汇和汇率的基本概念、外汇和汇率的分类、汇率的标价方法。
2. 理解汇率的决定因素和汇率制度的相关知识。
3. 掌握外汇管制的含义以及我国的外汇管制和人民币汇率改革的基本情况。

第 一 节　外 汇 概 述

一、外汇的含义

在经济日趋全球化的现代化社会，外汇已经成为各国从事国际经济活动中不可缺少的媒介。在日常生活中，人们认为外汇就是外国货币，如美元、欧元、日元等，这样理解并不完全贴切，外汇的内涵和外延要广泛得多。

外汇是指以外国货币表示的并可用于国际结算的信用票据、支付凭证、有价证券以及外币现钞。外汇具有动态和静态两种含义。

动态的外汇及国际汇兑，即将一国货币兑换成另一国货币的行为。这种兑换是由银行之间通过不同国家货币的买卖来结算的，往往不必用现金支付。例如，我国某公司 A 向美国某公司 B 购买一批价值 100 万美元的产品，双方约定用美元支付，但 A 公司只有人民币存款，于是 A 公司用人民币在国内银行购买 100 万美元的汇票，寄给 B 公司，B 公司收到汇票后，即可在当地银行兑取美元。这个过程就是国际汇兑，它是外汇的最初含义。

静态的外汇是指一种以外币表示的支付手段，用于国际之间的结算。这些支付手段主要包括外国货币现钞；外汇支付凭证，如票据、银行存款凭证、邮政储蓄凭证等；外币有价证券，如政府公债、国库券、公司债券、股票、息票等；以及其他外币资产等。目前，我们经济生活中用到的外汇主要是指静态的外汇。

不是所有外国货币都能成为外汇，外汇应具备以下三个条件。

（1）外汇必须是以外国货币表示的外国资产，也就是说用本国货币表示的资产不能当作是外汇，这是外汇的国际性。如美元是国际支付中最常用的一种外汇资产，但对美国人来说，美元并不是他们的外汇，这只是针对美国以外的国家来说，美元才是外汇。

（2）外汇必须是可以自由兑换成其他支付手段的外币资产。一般来说，只有能自由兑换成其他国家的货币，同时能不受限制地存入该国商业银行的普通账户的才算是外汇，如果自由兑换受到限制，则不能称其为外汇，这是外汇的可兑换性。例如，美元可以自由兑换成欧元、日元等其他国家的货币，因而美元对其他国家的人来说是一种外汇；而有些国家的货币受该国货币当局的管制而不能在其境内或境外自由兑换成其他国家的货币，那么以这种货币表示的支付手段则不能称作是外汇。

（3）外汇必须是在国际上能得到偿还的货币债权。空头支票、拒付的汇票等都不能成为外汇，因为如果将其视为外汇，国际汇兑就无法顺利进行，这是外汇的可偿性。

二、外汇的形式和种类

（一）外汇的形式

外汇的形式是指外汇作为价值实体的存在方式。外汇的形式主要有以下三种。

▶ 1. 可自由兑换的外币

外币包括外币现钞和外币存款。外币存款是指以可兑换外国货币表示的银行各种存款。目前世界上主要的可自由兑换外币的有美元、欧元、英镑、瑞士法郎、加拿大元、日元、新加坡元、港币等。其中美元是主要的国家货币，以美元结算的国家贸易额占全球国际贸易额的 2/3 左右，各国的一半以上的外汇储备是以美元形式存在的。

▶ 2. 外币支付凭证

支付凭证是指以可自由兑换外币表示的各种信用工具。国际上常用的外币支付凭证有汇票、本票、支票和支付委托书。汇票是由发票人签发的，要求付款人按照约定付款期限对指定人或持票人无条件支付一定金额的书面命令，分为商业汇票和银行汇票。本票是发票人保证在指定到期日无条件支付一定金额给收款人或持票人的书面承诺。支票是发票人签发的委托银行见票后无条件支付给收款人或持票人一定金额的书面命令。支付委托书是银行对其在国外的联行或代理行发出的、委托其将一定金额外币支付给指定收款人的凭证。

▶ 3. 外币有价证券

外币有价证券是指以可兑换外国货币表示的用来表明财产所有权或债权的凭证，包括外币股票、外币债券、外币可转让存款单等形式。外币有价证券可以在二级市场上自由兑换成外币或外币支付凭证，具有较强的流动性，是一种外汇的存在形态。

（二）外汇的种类

▶ 1. 根据使用时的限制性划分

根据外汇在使用时的限制性不同划分，外汇可分为自由外汇和计账外汇。

自由外汇又称现汇，是指不需要货币当局批准，可以自由兑换成任何一种外国货币或用于第三国支付的外国货币及其支付手段。具有可自由兑换性的货币都是自由外汇，国际间债权债务的清偿主要使用自由外汇，自由外汇中使用最多的是美元、欧元、日元、英镑、法国法郎、澳大利亚元、加拿大元和瑞士法郎。

计账外汇又称协定外汇，是指如果不经货币当局批准，不能自由兑换成其他货币或用于第三国支付的外汇。它是签有清算协定的国家之间，由于进出口贸易引起的债权债务不用现汇逐笔结算，而是通过当事国的中央银行账户相互冲销所使用的外汇。计账外汇虽不能自由运用，但它也代表国际债权债务，往往签约国之间的清算差额也要用现汇进行支付。

▶ 2. 根据来源和用途划分

根据来源和用途不同划分，外汇可分为贸易外汇和非贸易外汇。

贸易外汇是对外贸易中商品进出口及其从属活动所使用的外汇。商品进出口伴随着大量的外汇收支，同时从属于商品进出口的外汇收支还有运费、保险费、样品费、宣传费、推销费，以及与商品进出口有关的出国团组费。

非贸易外汇是贸易外汇以外所收支的一切外汇。非贸易外汇的范围非常广，主要包括侨汇、旅游、旅游商品、宾馆饭店、铁路、海运、航空、邮电、港口、海关、银行、保险、对外承包工程等方面的外汇收支，以及个人和团体（公派出国限于与贸易无关的团组）出国差旅费、图书、电影、邮票、外轮代理及服务所发生的外汇收支。

▶ 3. 根据交割期限划分

根据交割期限划分，外汇可分为即期外汇和远期外汇。

交割，是指本币和外币所有者相互交换货币所有权的行为，也就是外汇买卖中外汇的实际收支活动。

即期外汇又称现汇，指外汇买卖成交后在两个工作日内交割完毕的外汇。远期外汇又称期汇，指买卖双方根据外汇买卖合同，不需立即进行交割，而是在将来某一时间进行交割的外汇。

▶ 4. 根据外汇管理对象划分

根据外汇管理对象划分，外汇可分为居民外汇和非居民外汇。

居民外汇指居住在本国境内的机关、团体、企事业单位、部队和个人，以各种形式所持有的外汇。居民通常指在某国或某地区居住期达一年以上者，但是外交使节及国际机构工作人员不能列为居住国居民。各国一般对居民外汇管理较严。

非居民外汇指暂时在某国或某地区居住者所持有的外汇，如外国侨民、旅游者、留学生、国际机构和组织的工作人员、外交使节等以各种形式持有的外汇。在我国，对非居民的外汇管理比较宽松，允许其自由进出国境。

第二节 汇率与汇率制度

一、汇率的定义、标价方法和种类

（一）汇率的定义

外汇汇率又称汇价、外汇率、兑换率、外币折合率，是指一国的货币单位兑换成另一国货币单位的比率，或一国货币单位用另一国货币单位表示的价格。

在金币流通的条件下，货币单位的实际含金量是汇率的基础。在纸币流通的条件下，汇率的变动主要决定于国家的国际收支平衡状况和国内通货膨胀的高低。外汇的买卖是通过外汇银行进行的，因而汇价有银行买价和银行卖价之分。卖价高于买价，其间的差额为银行的兑换手续费。汇价还分现汇价和现钞价。买入外币现钞的价格比买入外汇的价格要高一些，因为现钞比外汇多一层运送手续，银行也要多花一笔费用。我国目前汇率由中国人民银行以前一天外汇市场交易价格为基础，参照国际金融市场主要货币的变动情况，确定并挂牌公布，所以又称外汇牌价。

（二）汇率的标价方法

汇率是外汇的价格，是两种货币的兑换比率。汇率的两端都是作为一般等价物的货币，所以外汇汇率的标价方法与一般商品的标价是不同的，下面介绍几种主要的汇率标价方法。

▶ 1. 直接标价法

直接标价法又称应付标价法，指以一定单位的外国货币为基准，将其折合为一定数额的本国货币的标价方法。在直接标价法下，外币单位的数额固定不变，外汇汇率涨跌以本国货币数额的变化来表示。如果单位外币折算的本国货币数额增加，就表明外币汇率升值即外币升值，而本币汇率下跌及本币贬值；如果单位外币折算的本国货币数额减少，则表明外币汇率下跌即外币贬值，而本币汇率上涨即本币升值。目前包括我国在内的大多数国家都采用这种标价法。

例如，2015 年 11 月 11 日中国银行的外汇牌价，如表 1-1 所示。

表 1-1　2015 年 11 月 11 日中国银行的外汇牌价

货币名称	现汇买入价	现钞买入价	卖出价	基准价
英镑	963.170	933.450	969.930	969.930
港币	81.970	81.310	82.280	82.280
美元	635.330	630.230	637.870	637.870
瑞士法郎	630.340	610.890	634.760	634.760
新加坡元	446.140	432.380	449.280	449.280

▶ 2. 间接标价法

间接标价法又称应收标价法，是指以一定单位的本币货币为基准，将其折合为一定数额的外国货币的标价方法。在间接标价法下，本币单位的数额固定不变，外汇汇率的涨跌以外币数额的变化来间接表示。如果本币折算得外币数额增加，则表明外币汇率下跌即外币贬值，而本币汇率上升即本币升值；如果本币折算的外币数额减少，则表明外币汇率上涨即外币升值，而本币汇率下跌即本币贬值。欧元、英镑、澳大利亚元都是采用的间接标价法。

例如，1 英镑＝1.521 1 美元；1 欧元＝1.425 9 加拿大元；1 欧元＝1.074 美元；1 澳大利亚元＝0.705 1 美元等。

▶ 3. 美元标价法

美元标价法又称纽约标价法，是指在纽约国际金融市场上，除对英镑用直接标价法外，对其他外国货币用间接标价法的标价方法。美元标价法是美国在 1978 年 9 月 1 日制定的，目前是国际金融市场上通行的标价法。在美元标价法中，美元的数额始终保持不变，汇率的变化是通过其他国家货币量的变化体现出来的。

（三）汇率的种类

外汇汇率的种类很多，可以从不同的角度进行划分。

▶ 1. 按汇率的稳定性划分

按汇率的稳定性可分为固定汇率和浮动汇率。

固定汇率指一国货币同另一国货币的汇率基本固定，其波动被限制在一定的范围内，波动幅度很小。

浮动汇率指一国货币当局不规定本币对其他货币的官方汇率，外汇汇率完全由市场供求关系来决定。20 世纪 70 年代初布雷顿体系崩溃后，世界上多数国家都采取了浮动汇率制度。事实上，完全由市场来决定汇率的浮动并不存在，各国货币当局都审时度势地干预外汇市场，实行有管理的浮动。

▶ 2. 按汇率的管制程度划分

按汇率的管制程度可分为官方汇率和市场汇率。

官方汇率指由一国货币当局或外汇管理部门制定和公布的用于一切外汇交易的汇率。

市场汇率指在自由外汇市场上买卖外汇所使用的实际汇率。

官方汇率与市场汇率之间往往存在差异，在外汇管制较严的国家不允许存在外汇自由买卖市场，官方汇率就是市场汇率。而在外汇管制较松的国家，官方汇率往往流于形式，通常有行无市，实际外汇买卖都是按市场汇率进行。

▶ 3. 按汇率的制定方法划分

按汇率的制定方法可分为基础汇率和套算汇率。

基础汇率指本国货币与基准货币或关键货币的比率。基准货币或关键货币是国际上普遍使用的，在本国国际收支中使用最多的，在国际储备中比重最大的货币。各国将本国货币同关键货币的比率称为基础汇率。目前，各国基本上都把美元作为基准货币，制定本币与美元的汇率称为基本汇率。

套算汇率指通过基础汇率套算出的本币对其他货币的汇率，也称交叉汇率。各国的基本汇率作为一种内部掌握的、起主导作用的汇率，一般不对外公布。各国在制定出基本汇率后，再根据基准货币与其他国家货币的汇率，套算出本币与其他国家货币的汇率。

▶ 4. 按外汇交易期限划分

按外汇交易期限可分为即期汇率和远期汇率。

即期汇率指买卖完成后，在两个营业日之内办理的外汇交割时所使用的汇率，又称为现汇汇率。

远期汇率指根据交易双方的约定，在买卖完两个营业日之后的一定日期进行外汇交割时所使用的汇率，又称期汇汇率。

▶ 5. 按银行汇兑方式划分

按银行汇兑方式可分为电汇汇率、信汇汇率和票汇汇率。

电汇汇率、信汇汇率和票汇汇率是分别用于电汇、信汇和票汇业务中的汇率。

▶ 6. 按汇率是否适用于不同来源与用途划分

按汇率是否适用于不同来源与用途可分为单一汇率和多重汇率。

单一汇率指一国货币对其他货币只有一种汇率，各种支付都按这种汇率结算。

多重汇率指一国货币对其他货币存在两种或两种以上汇率，因用途和交易种类不同按不同汇率结算。

二、汇率的决定与变动的影响因素

（一）汇率的决定

货币是具有或代表一定价值的，因此两国货币之间交换的比率即汇率是以各国货币所具有或所代表的价值为基础的。但是，在不同的货币制度下，各国货币价值的具体表现形式不同，也就使得决定汇率的基础不同。

▶ 1. 金本位制度下汇率的决定基础

在金本位制度下，货币的价值是以含金量来表示的，因此货币价值之比就是货币含金量之比，该比值称为铸币平价。铸币平价就是金本位制度下汇率的决定基础。

在金本位制度下黄金可以自由进出，由于供求关系的影响，汇率会围绕铸币平价上下波动。例如，英国向美国出口一批物品，如果英镑价格高于铸币平价加上运输黄金的各种成本，那么美国公司宁愿以运送黄金的方式来结算，而不愿意支付外汇；如果英镑价低于铸币平价减去运输黄金的各种成本，那么英国公司就不愿出售自己的外汇，而宁愿用它在国外购买黄金运回国内。因此，在金本位制度下，汇率会围绕铸币平价在一个小范围内上下波动。

▶ 2. 纸币制度下汇率的决定基础

在纸币制度下，纸币是由国家强制发行的货币符号，代表金属货币承担流通手段的职能，纸币已经与黄金等贵金属脱钩。纸币代表一定价值，可以购买一定商品，所以，纸币代表了一定的购买能力，即纸币的购买力。因此，在纸币制度下，汇率的决定基础不是铸币平价，而是纸币的信用价值量或纸币的购买能力。

（二）影响汇率变动的因素

汇率表示货币的一种价格，它也像一般商品的价格一样经常发生变化。供求关系的变化会引起汇率变化，这是最直接最表面的原因；汇率的决定基础的变化，是影响汇率变化的根本原因。影响汇率变化的原因主要有以下几个方面。

▶ **1. 国际收支**

国际收支直接反映了一个国家外汇供求的基本情况。当一个国家的国际收支为顺差时，外汇收入增加，本币汇率也就相应上升，外汇汇率下降；反之，当一个国国际收支为逆差时，则会引起外债增加，外汇供不应求，本币也就相应下跌，外汇汇率上升。

▶ **2. 通货膨胀率**

通货膨胀是汇率变动的主要的、长期的因素影响因素。如果一国发生通货膨胀，则该国货币所代表的价值量减少，货币的实际购买能力下降，从而引起出口商品减少而进口商品增加，导致本国货币汇率下跌而外汇汇率上涨。当其他国家也发生通货膨胀且幅度一样时，两者互相抵销，则汇率不受影响。但这种情况很少见，一般情况是，通货膨胀率高的国家汇率下跌，通货膨胀率低的国家汇率上升。

▶ **3. 利率水平**

利率水平的变化会引起一国外汇市场供求关系的变化，进而对该国汇率产生影响。一国利率提高，对本国及外国投资者的吸引力增加，使资本流入国内，汇率上升；反之，如果一国利率降低，对国内外投资者失去吸引力，会使资本外流，导致汇率下降。

▶ **4. 市场预期心理**

在外汇市场上，投资者买进还是卖出某种货币，与其对该种货币今后汇率的走势预期有很大关系。如果投资者预计某种货币的汇率今后可能下跌，那么投资者为了避免损失就会大量抛出该种货币；当预计某种货币汇率今后可能上升时，为了获利投资者就会大量买入。这种对货币市场的预期，会影响货币汇率的变化。

▶ **5. 国家经济政策**

一国政府为了稳定本国经济会采取一些经济政策，如货币政策、汇率政策、外汇干预等，这些经济政策会影响汇率的变动。

▶ **6. 政治因素**

国际国内发生的一些重大政治事件，会对国家经济产生影响，从而引起汇率的变化。

三、汇率变动对经济的主要影响

（一）汇率变动对一国国内经济的影响

▶ **1. 汇率变动对进口商品国内价格的影响**

汇率变动会对进口商品的国内价格产生影响，对进口依赖程度越深，影响越大。如果一国本国货币汇率上升，进口商品的外币价格不变，则会使进口商品的国内价格降低；反之，如果本国货币汇率上升，进口商品的外币价格不变，就会使进口商品的国内价格提高。

▶ 2. 汇率变动对出口商品的国内价格的影响

汇率的变动也会影响一国出口商品国内价格的变动。如果外币汇率上涨，则外币购买力提高，国外进口商就会增加对本国出口商品的需求。在出口商品数量不能相应增加的情况下，出口商品的国内价格必然上涨。反之，则引起对本国商品需求减少，出口商品价格下降。

▶ 3. 汇率变动对国内其他商品价格的影响

汇率变动不仅对进出口商品在国内的价格产生影响，还会影响一国内其他商品的价格。如果外币汇率上升，导致进出口商品在本国国内的价格提高，这会带动本国其他商品的价格也随之上涨，从而引起国内整个物价水平的上涨，可能诱发或加剧通货膨胀。

（二）汇率变动对一国涉外经济的影响

▶ 1. 汇率变动对一国对外贸易的影响

如果汇率波动频繁且幅度较大，就会增加一国对外贸易的风险。如果本币表现的外币汇率上涨，而本国物价变动幅度不大，则外币对本国商品的购买力增强，此时就可加大出口规模，同时，本币汇率下降，以本币表示的进口商品价格会提高，就会影响进口的规模，因此，本币汇率下降具有扩大本国商品出口而抑制进口的作用；反之，本币汇率上升，则有抑制出口而扩大进口的作用。

▶ 2. 汇率变动对一国非商品贸易的影响

汇率的变动对一国保险、旅游、通信等其他劳务的收支状况会产生影响。一国货币汇率下跌，外国货币的购买力提高，会使该国的商品和劳动力相对便宜，这对外国游者来说，有一定的"招徕"作用；反之，则会抑制外国游客对该国的劳务需求，因而会降低该国的旅游、劳务等非贸易收入。

▶ 3. 汇率变动对一国资本流动的影响

汇率变动会对一国资本的输入输出产生影响。当外币汇率上涨时，则意味着本币价值下降，本国资本持有者或国外投资者为了避免货币贬值的损失，会将资本投向国外，特别是存在本国银行的国际短期资本或其他投资，也会调往他国，以防损失。这样导致该国国内投资规模缩减，国际收支状况恶化。如外币汇率下降，本国货币对外币升值，则资本就会向国内转移。

▶ 4. 汇率变动对一国外汇储备的影响

储备货币汇率变动，影响一国外汇储备的实际价值。目前任何货币都不能直接兑换黄金，只能与其他外币兑换。汇率的下跌或贬值，储备货币所代表的实际价值随之减少，使保有该储备货币的国家受损。

本币汇率变动，通过资本转移和进出口贸易额增减，直接影响本国外汇储备的增加或减少。本币汇率下降，使其出口数量增加进口减少，该国外汇收入增加；本币汇率提高，使其出口数量减少而进口增加，该国外汇收入减少。

汇率变动影响某些储备货币的地位和作用。汇率不断下跌，国际收支长期恶化，货币不断贬值，某些储备货币的地位削弱，甚至丧失；相反，另外一些储备货币的地位则日益提高，作用加强。所以，一国选择储备货币时要以储备货币汇率长期稳定为前提。

四、汇率制度

汇率制度又称汇率安排，是指各国普遍采用的确定本国货币与其他货币汇率的体系。汇率制度在汇率的确定，汇率的变动等方面都有具体规定，因此，汇率制度对各国汇率的决定有重大影响。从历史发展来看，汇率制度有固定汇率制度和浮动汇率制度两种。

（一）固定汇率制度

固定汇率制度是指两国货币的比价基本稳定，并把其波动幅度限制在一定的范围内。

▶ **1. 金本位制度下的固定汇率制**

金本位制度下的固定汇率制度是比较典型的固定汇率制度。在这种汇率制度下，各国货币的含金量是决定中心汇率的基础，汇率的波动受黄金输送点的限制，会自动恢复到中心汇率。

▶ **2. 纸币制度下的固定汇率制度**

纸币制度下的固定汇率制度以布雷顿森林体系中的固定汇率制度最为典型。这种制度下，美元与黄金挂钩，而其他国家货币与美元挂钩。本国货币平价一经确定就不得随意变动，实际汇率围绕平价变动，当变动幅度超过规定的范围时，各国政府采用各种措施进行控制，使汇率的变动幅度保持在平价规定的范围内。

（二）浮动汇率制度

浮动汇率制度指一国货币与外国货币的比价不加以固定，也不规定汇率波动的范围，汇率由外汇市场上供求关系的变化自发决定。浮动汇率制度有以下几种类型。

▶ **1. 按政府是否干预划分**

按政府是否干预分为自由浮动和管理浮动。

自由浮动，又称清洁浮动，指政府对外汇市场不加任何干预，完全由外汇市场上的供求关系的变化，自发地决定一国货币汇率的汇率制度。

管理浮动，又称肮脏浮动，指本国政府从本国利益出发，在一定程度上对汇率变动进行干预的汇率制度。

▶ **2. 按汇率浮动形式划分**

按汇率浮动形式分为单独浮动、联合浮动和盯住浮动。

单独浮动，又称独立浮动，指一国货币不与其他国家发生固定关系，其汇率根据外汇市场的供求变化自动调整，如美元、英镑、日元等均采用单独浮动。

联合浮动，又称共同浮动，指某些国家组成集团，集团成员之间实行固定汇率，同时对非成员国实行共升共降的浮动汇率。

钉住浮动，指一国货币与另一种货币保持固定汇率，随后者的浮动而浮动。

实行浮动汇率制度，能发挥汇率对国际收支的调节作用；能防止外汇储备的大量流失，使更多的外汇资金用于经济发展；同时也可增加国家经济政策的自主性，在一定程度上保证了国内经济的相对稳定和持续发展。但是，在浮动汇率制度下，汇率波动频繁，给国际投资带来很大的风险；同时也会助长各种外汇投机活动，加剧国际金融市场的动荡与混乱。

第三节 外汇管制

一、外汇管制概述

(一) 外汇管制的含义和目的

外汇管制又称外汇管理，是指一国政府为了达到维持本国货币的汇价和平衡国际收支的目的，通过法律、法令、条例等形式对国际结算和外汇交易实行限制的一种制度。

外汇管制的目的主要有以下几个。

(1) 促进国际收支平衡或改善国际收支状况。

(2) 稳定本币汇率，减少涉外经济活动中的外汇风险。

(3) 防止资本外逃或大规模的投机性资本流动，维护本国金融市场的稳定。

(4) 增加本国的国际储备。

(5) 有效利用外汇资金，推动重点产业优先发展。

(6) 增强本国产品的国际竞争能力。

(7) 增强金融安全。

(二) 外汇管制的机构与对象

▶ **1. 外汇管制的机构**

外汇管制的机构主要有四种类型。

(1) 中央银行行使外汇管制权力，如英国的英格兰银行行使外汇管制的权利。

(2) 由政府的某一职能部门行使外汇管理权，如法国的经济部财政司是主管外汇工作的机构。

(3) 由政府几个职能部门在适当分工的基础上共同管理外汇，如日本是由大藏省、通产省和日本银行合作行使管汇职能。

(4) 由政府设置专门机构负责管理外汇，如我国的外汇管理局、意大利的外汇管制局。

▶ **2. 外汇管制的对象**

外汇管制的对象可分为对人、物和地区三个方面。

（1）对人的管制。这里将人划分为居民和非居民。居民是指长期定居在本国的任何普通人和法人。非居民是指长期居住在本国关境之外的任何个人，包括外国人和本国侨民，和依法设立在本国关境之外的机构和单位，依法注册在外国的国内外机构和单位以及外国外交使团。通常各国对居民的管制较严，对非居民的管制较宽。

（2）对物的管制。通常包括各种外汇的实体和各种贵金属。各种外汇实体包括用外币表示的有价证券如债券、股票、汇票、存折及外币支付凭证如信用卡、支票等。对贵金属及本国货币的输出入的管理，也属于对物的管理范畴。

（3）对地区管制。对地区管制即指有关外汇管制法规生效的地域。实行外汇管制的国家大多以本国境内作为管制地区。但也有些国家为发展出口或鼓励外商投资，在国内设置了一些出口加工区或自由贸易区，国家对这些地区的外汇管制较松或根本不予管制，而对境内其他地区实行严格管制。也有些国家对本国驻外机构和海外企业提出了一定的外汇管制的要求。

（三）外汇管制的内容与措施

▶ **1. 对贸易外汇的管制**

在一国的国际收支中贸易项目是占比重最大、最重要的项目，因此贸易外汇管制是外汇管制中的重要内容。对贸易外汇的管制主要集中在两个方面。

（1）对出口外汇收入的管制。对出口外汇各国一般采取颁发出口许可证的办法进行管制。出口商申请出口许可证时要填明出口商品的价格、金额、收汇方法等，同时为防止隐匿出口外汇收入与本国资金外逃，必须交验信用证。

外汇管制当局规定出口商必须把全部或一部分出口贸易所得到的外汇收入，按官定汇率结售指定银行，以保证国家集中外汇收入统一使用。为了鼓励出口，刺激出口商的积极性，外汇管制当局还规定不同类别出口商品的出口商可留部分收入归本公司支配，也可按优惠的汇率卖给政府；对出口商发放优惠贷款；出售传统商品的远期外汇收入可以提前结汇；某些出口商品结汇时间可适当推迟。

（2）对进口付汇的管制。对于出口付汇一般采用颁发进口许可证的方式进行管制，进口商必须根据进口许可证批准的商品金额购买和支付外汇。

除了颁发进口许可证外，一些国家还采取了其他措施，如进口存款预交制，进口商在进口商品时，向指定银行预交一定数额的进口货款，银行对这部分货款不付息并在商品进口后退还。此外，进口商在购买进口所需外汇时，征收外汇税；限制进口商对外支付使用的外汇；提高或降低开出信用证的佣金额等，这些措施都是为了限制某些商品的进口，减少外汇支出。

▶ **2. 对非贸易外汇的管制**

非贸易外汇的范围非常广泛，除了贸易和资本输入、输出以外的外汇收支都属于非贸易外汇收支的范畴，如与贸易收支有关的各种运输费、保险费、佣金；与资本输入、输出有关的各种股利、利息、专利费、许可证费、特许权费以及技术劳务费等收支；与文化交流有关的版权、稿费、奖学金、留学费用等收支；与外交有关的驻外机构的经费收支；以及旅游费、侨汇等外汇收支。

在非贸易收入中，与进口贸易有关的费用基本按贸易外汇管制的方法进行管制；对其他非贸易外汇收入，通常要卖给国家指定的银行。对于非贸易外汇支出的管制一般采用贸易外汇管制的措施。

▶ **3. 对资本输入、输出的管制**

由于各国经济发展和国际收支顺差、逆差的情况不同，在对资本输入、输出管制时的措施也有所不同。

一般来说，国际收支处于顺差的国家往往采用限制资本流入而鼓励资本流出的措施；国际收支处于逆差的国家则往往采用限制资本流出、鼓励资本流入的措施。

相比较而言，工业发达的国家一般不会采用限制资本流入、流出的措施，即使采取措施，其主要目的也是为了避免通货膨胀；而工业水平欠发达的国家，一般把资本流入看作是发展本国经济的重要资金来源，因此会采取措施鼓励资本流入，限制资本流出。

▶ **4. 对汇率的管制**

为了促进国际收支平衡，有利于国民经济的发展，各国对汇率都进行管理和控制，并且都是以"奖出限入"为目的。汇率管制的方法主要有以下几种。

（1）直接管制汇率，即由一国政府指定一个部门按照国家的政策、货币相对购买力和国际收支状况制定、调整和公布汇率。并规定各项外汇收支必须按照公布的汇率兑换本国货币。许多发展中国家都采取直接管制汇率的办法。

（2）实行市场汇率，汇率由外汇市场供求关系决定，一国政府责成中央银行建立外汇平准基金，运用这项基金在外汇市场买卖外汇，进行干预，以达到调节外汇供求，稳定汇率的效果。现在，西方工业发达国家多采用这种办法。

（3）实行复汇率制度，即一国实行两种或两种以上的汇率。一般都是对进口和出口规定不同的汇率，如对出口采用较高的汇率，对进口采取较低的汇率，以达到奖出限入的目的。

▶ **5. 对黄金、现钞进出的管制**

实行外汇管制的国家一般禁止私人输出黄金，法国等国家还禁止私人输入黄金，由中央银行独家办理黄金的输入和输出业务。实行外汇管制的国家还对本国现钞输出规定最高限额，只在限额内可自由携带现钞输出国境，超过限额要经过有关部门批准；对于现钞的输入，有的国家规定限额，有的国家不加限制，但规定的输入的现钞要用于指定用途。

（四）外汇管制的作用与影响

▶ **1. 外汇管制的作用**

从外汇管制的利益或政策目标看，较短期的目标如下。

（1）限制进口商品的数量、种类和来源地，改善国际收支。

（2）防止资金外逃。

（3）稳定汇价，以提高社会公众对本国货币的信心。

较长期的目标如下。

（1）把外汇资金控制并集中在政府手中，由政府决定对外贸易。

（2）把本国经济同外国经济隔离开来，使本国经济免受外部经济的波动性影响。

（3）保护民族工业，保护国内消费市场，尤其是要素市场，即谋求封闭经济条件下的内部均衡。

▶ **2. 外汇管制的影响**

外汇管制在达到政策目标的同时，也必须付出一定的代价，即外汇管制的弊端。从短期看，表现在以下方面。

（1）进口商无法自由地选择市场、商品，因而难于从最具有比较优势的市场购买最廉价的商品。

（2）由于进口受到外汇供给的严格限制，进口商品供给难以满足国内需求，引起进口商品在国内价格的上涨。

（3）进口商获得垄断利润，包括商品溢价和外汇溢价。

从长期看，表现在以下方面。

（1）阻碍了外国资金的流入。由于实行外汇管制，外汇的使用受到严格限制，对外国投资者的吸引力大大减弱。

（2）阻碍贸易发展。在外汇管制条件下，外汇汇率往往被高估，提高本国商品在国际市场的价格，降低其国际竞争力，而严格的外汇供给也阻碍了进口的发展。

（3）无法获得对外贸易的动态利益。对外贸易是国际分工的结果，阻塞了对外贸易也就是阻塞了国际分工，无法享受由于国际分工发展带来的动态利益。

二、我国的外汇管制

我国对外币的买卖收付、调配、进出国境以及对人民币汇率都进行管制。在实行高度集中的计划经济体制时期，由于外汇资源短缺，中国实行的是严格的外汇管制。1978 年改革开放以来，中国外汇管理体制改革沿着逐步放宽了管理制度，培育市场机制的方向，有序地由高度集中的外汇管理体制向与社会主义市场经济相适应的外汇管理体制转变。1996 年 12 月中国实现了人民币经常项目可兑换、对资本项目外汇进行严格管理，初步建立了适应社会主义市场经济的外汇管理体制。我国外汇管制的基本任务是，建立独立自主的外汇管理制度，正确制定国家的外汇管理法规和政策，保持国际收支的基本平衡和汇率的基本稳定，有效地促进国民经济的持续稳定发展。

三、人民币汇率改革

人民币汇率制度改革是我国金融体系改革的重要组成部分，也是我国发展完善社会主义市场经济不可或缺的配套措施。客观考察与分析人民币汇率制度的历史沿革，探索人民币汇率制度的进一步改革及其目标，对于我国建立社会主义市场经济体制，实现经济国际化，具有重要意义。

人民币汇率问题包括两个方面：一是汇率体制；二是外汇平价。改革开放以来，以汇率水平的变动走势为标志，我国汇率改革主要可以分为三个阶段。

▶ 1. 第一阶段

1978—1994 年，在实施汇率体制改革的同时，汇率水平不断下调，改变了长期扭曲的状态。从 1978 年的美元兑人民币的 1∶1.5 贬至 1994 年 1 月的 1∶8.70，在贬值的同时也放松了外汇管制，恢复和扩大外汇留成制度，实施外汇额度交易。从 1994 年 1 月 1 日起人民银行宣布参照外汇调剂中心的汇率水平确定官方汇率，使官方汇价与市场汇价并轨，且取消外汇额度。

▶ 2. 第二阶段

1994 年 1 月—2005 年 7 月 21 日，这期间人民币汇率从 1996 年实施经常项目下的可自由兑换，经历了从名义上有管理的浮动退守到钉住美元的汇率制度，为保持汇率稳定，我国采取了企业强制结售汇、商业银行周转头寸限额管理和央行干预三位一体的制度安排。

▶ 3. 第三阶段

从 2005 年 7 月 21 日起至今，央行实行以市场供求为基础、参考一篮子货币进行调节、有管理的浮动汇率制度，人民币汇率不再盯住单一美元，形成更富弹性的汇率机制。

人民币汇率改革的总体目标是，建立健全以市场供求为基础的、有管理的浮动汇率体制，保持人民币汇率在合理、均衡水平上的基本稳定。人民币汇率大幅波动，对我国经济金融稳定会造成较大的冲击，不符合我国的根本利益。完善人民币汇率形成机制改革决不会出现这种情况。

（1）汇率形成机制改革后，人民币不再盯住任何一种单一货币，而是以市场供求为基础，参考一篮子汇率进行调节。国际市场主要货币汇率的相互变动，客观上减少了人民币汇率的波动性。

（2）随着汇率等经济杠杆在资源配置中的基础性作用增强，外汇供求关系进一步理顺，国际收支调节机制逐步建立健全，国际收支会趋于基本平衡，为人民币汇率稳定奠定了坚实的经济基础。

（3）我国将积极协调好宏观经济政策，稳步推进各项改革，为人民币汇率稳定提供良好的政策环境。

（4）人民银行将努力提高调控水平，改进外汇管理，保持人民币汇率在合理、均衡水平上的基本稳定。

推进人民币汇率形成机制改革，能缓解对外贸易不平衡及其引起的贸易摩擦、扩大内需以及提升企业国际竞争力、提高对外开放水平。适当调整人民币汇率水平，改革汇率形成机制，有利于贯彻以内需为主的经济可持续发展战略，优化资源配置；有利于增强货币政策的独立性，提高金融调控的主动性和有效性；有利于优化利用外资结构，提高利用外资效果，有利于充分利用"两种资源"和"两个市场"，提高对外开放的水平。从长期来看，改革人民币汇率形成机制，是建立和完善社会主义市场经济体制、充分发挥市场在资源配置中的基础性作用的内在要求，是深化经济金融体制改革、健全宏观调控体系的重要内容，符合我国经济发展的实际需要。

小　结

外汇是指以外国货币表示的并可用于国际结算的信用票据、支付凭证、有价证券以及外币现钞。外汇有可自由兑换的外币、外币支付凭证和外币有价证券三种形式。根据不同的标准，外汇可分为自由外汇和计账外汇、贸易外汇和非贸易外汇、即期外汇和远期外汇、居民外汇和非居民外汇等多种类型。

汇率是指一国的货币单位兑换成另一国货币单位的比率，或一国货币单位用另一国货币单位表示的价格。汇率有直接标价法、间接标价法和美元标价法三种不同的标价方法。汇率的变动受多种因素的影响，并且汇率变动的影响也是多方面的，包括对一国国内经济和涉外经济的影响。

汇率制度是各国普遍采用的确定本国货币与其他货币汇率的体系，有固定汇率制度和浮动汇率制度两种。同时，各国都采用各种手段进行外汇管制，管制贸易外汇、非贸易外汇、资本输入和输出、汇率、对黄金和现钞的输入，保证本国经济的健康发展。

2005年7月人民币汇率进行了新的改革。这次人民币汇率形成机制改革的内容是，人民币汇率不再盯住单一美元，而是按照我国对外经济发展的实际情况，选择若干种主要货币，赋予相应的权重，组成一个货币篮子。同时，根据国内外经济金融形势，以市场供求为基础，参考一篮子货币计算人民币多边汇率指数的变化，对人民币汇率进行管理和调节，维护人民币汇率在合理均衡水平上的基本稳定。参考一篮子货币表明外币之间的汇率变化会影响人民币汇率，但参考一篮子货币不等于盯住一篮子货币，它还需要将市场供求关系作为另一重要依据，据此形成有管理的浮动汇率。

思考题

1. 直接标价和间接标价是什么意思，请举例说明。
2. 外汇的形式、种类主要有哪些。
3. 什么叫汇率管制，我国的汇率管制严格吗？为什么？
4. 试述我国人民币汇率改革经历的过程。

实务题

1. 查询欧美市场、中国当前公布的外汇牌价。
2. 如何看待近年来人民币汇率上浮，给中国经济和世界经济带来了怎样的影响。
3. 如果你是美国银行的外汇交易员，客户向你询问英镑兑美元的汇价，你答复"1.488 1/88"。请问：

（1）如果客户卖英镑给银行，应该使用什么汇率？

（2）如果客户买进英镑，应使用的汇率又是多少？

4. 中国居民小李打算去美国旅游，需要用现金人民币兑换美元，假如在 2015 年 12 月 29 日在中国银行按当日人民币即期外汇牌价（USD1＝RMB6.483 2/52）兑换 3 000 美元，所需要支付多少人民币？若小李 2016 年 1 月 8 号旅游归国后剩余 200 美元，假设汇率不变的情况下他又可以换回多少人民币呢？

2 第二章
Chapter 2

外汇市场与外汇交易

>>> **学习目标**

1. 掌握外汇市场的概念、种类、特征，国际主要的外汇市场、外汇交易方式等，对外汇市场与外汇交易有一定的了解。

2. 掌握外汇交易的主要方式，会计算外汇买卖的盈亏并能运用于实际中。

第 一 节　　外汇市场概述

一、外汇市场的含义

外汇市场是指由经营外汇业务的银行、各种金融机构，以及公司企业与个人进行外汇买卖和调剂外汇余缺的交易场所。外汇和其他商品一样，经常地、大量地进行着买卖，因此产生了外汇市场，它是金融市场的重要组成部分。随着国际经济贸易的发展，国际间一切经济往来必然伴随着货币的清偿和支付，而要实现国际间的货币清偿和支付，在进行结算时，就必须进行货币兑换或外汇买卖活动，而这些货币兑换或外汇交易活动只有借助于外汇市场才能实现。

在外汇市场上，外汇的买卖有两种类型：一是本币与外币之间的相互买卖；二是不同币种的外汇之间的相互买卖，如英国居民以日元购买美元，或售出欧元换回瑞士法郎等。目前，不仅美元、英镑、日元、瑞士法郎、加拿大元、澳大利亚元等发达国家的货币在外汇市场上进行买卖，而且某些新兴工业国的货币以及欧洲统一货币——欧元也已进入外汇市场。

由于现代通信技术的发展，遍及全世界的电话、电报、互联网等已形成庞大网络，便于各地外汇市场能够按世界时区的差异相互衔接，出现了全球性，一天 24 小时不间断的外汇交易。目前，各主要国际金融中心，例如美洲的纽约、旧金山，欧洲的伦敦、法兰克福、苏黎世、巴黎、米兰、阿姆斯特丹，亚洲和中东的东京、新加坡、中国香港等都有大规模的外汇市场。这些外汇市场分别处于不同的世界时区。伦敦等欧洲的外汇市场每日营业，开始先和中国香港、新加坡等远东市场的尾市衔接，其开盘价格都参照中国香港和新加坡外汇市场的价格来确定。几个小时以后，纽约市场便开业。伦敦市场与纽约市场同时营业的几个小时是一天中外汇交易的高峰期。东京市场又在美国最后一个外汇市场——旧金山市场闭市前一个小时开始营业。所以国际外汇市场已成为 24 小时连续运行的市场。

二、外汇市场的种类、特征与结构

根据外汇市场的构成因素和业务特点，可以从不同角度对外汇市场进行分类。

（一）按照有无固定的交易场所分类

按照有无固定的交易场所可以分为有形市场和无形市场。

有形市场是指有固定的营业场所和规定的交易时间的外汇市场。历史上它流行于欧洲大陆的巴黎、法兰克福、米兰等地，因而又叫大陆式外汇市场。有形市场是早期形成的外汇市场，它如同一般的商品交易一样，参与外汇买卖的双方于一定的时间，集合于一定的地点，面对面地进行洽谈和交易。

无形市场是指无固定交易场所，外汇买卖双方无须面对面地直接进行交易，而是利用电报、电话、互联网等现代化电子通信工具所构成的交易网络。它流行于英、美等国，因而又叫英美式外汇市场。伦敦、纽约、东京、苏黎世等外汇市场均为无形市场。在无形市场上，一笔外汇交易瞬间即可完成，大大提高了外汇市场的运作效率。就目前而言，无形市场已成为外汇市场的主要形式。

（二）按照交易对象分类

按照交易对象可以分为客户与银行间外汇市场，银行与银行间外汇市场、中央银行与外汇银行间外汇市场，它反映了外汇市场交易的三个层次。

客户与银行间外汇市场也叫作商业市场或客户市场。客户可以是个人，也可以是厂商，包括进出口商、跨国公司以及出国旅游者等外汇的直接供给者和需求者。客户需要用汇时，按汇率向银行买入外汇；客户收到外汇时，按汇率向银行卖出外汇。客户也可以通过银行进行外汇投机交易。客户与银行间的交易是外汇市场的第一个层次。

银行与银行间外汇市场也叫作同业市场。银行之间进行外汇交易的目的，一是为了平衡外汇头寸；二是为了进行外汇投机。银行间外汇交易通常采取直接交易和间接交易两种方式。前者是指各银行间直接进行的外汇交易，后者是指以外汇经纪人为中介所进行的交易。同业市场的交易金额一般都比较大（每笔可达 500 万美元），因此，也有人称它为批发市场。它是外汇市场的第二个层次。

中央银行干预外汇市场所进行的交易是在它与外汇银行之间进行的。各国干预外汇市场主要是为了稳定本国货币的汇率和调节国际收支，而此目的正是通过中央银行在外汇市场上买进或卖出外汇得以实现的。中央银行与银行间外汇市场是外汇市场的第三个层次。

（三）按照政府对市场交易的干预程度分类

按照政府对市场交易的干预程度不同，外汇市场可分为官方外汇市场、自由外汇市场和外汇黑市。

官方外汇市场是指受所在国家的政府控制，按照中央银行或外汇管理机构规定的官方汇率进行买卖的外汇市场。由于一国的外汇数量以及汇率水平的变化会对该国经济产生相当的影响，所以各国政府都要或多或少地对外汇交易加以不同程度的限制。特别是那些外汇短缺的国家，政府对外汇收支或外汇交易管制是非常严格的。

自由外汇市场是指不受所在国家政府控制，基本按照市场供求规律形成的汇率进行交易的外汇市场。在这个市场上，一般来讲，任何银行或金融机构或个人均可从事外汇交易，外汇交易金额、币种、汇率由市场供求决定，外汇资金的进出国境不受任何限制。纽约、伦敦、东京、新加坡等外汇市场是目前国际上主要的自由外汇市场。

外汇黑市是在外汇管制比较严格，不允许自由外汇市场合法存在的国家所出现的非法的外汇市场。外汇黑市实际上是政府进行外汇管制的产物，它的存在，不仅干扰了正常的外汇买卖，也减少了外汇收入。但从另一方面来说，黑市汇率在一定程度上反映了该国汇率的真实水平。

（四）其他分类方法

此外，外汇市场还可以按照交易的参加者不同分为零售市场和批发市场；按外汇买卖的交割期限不同分为即期外汇市场、远期外汇市场和外汇期货市场等。

三、外汇市场的参与者

外汇市场的参与者主要由以下四个方面构成。

▶ **1. 外汇银行**

外汇银行是外汇市场的主体，它是指由各国中央银行指定或授权经营外汇业务的银行，包括专营或兼营外汇业务的本国商业银行、在本国的外国银行分行或代办处、其他可从事外汇业务的金融机构。

▶ **2. 外汇经纪人**

即中介于外汇银行之间或外汇银行与顾客之间，为买卖双方接洽外汇交易而收取佣金的汇兑商。他们并不以自有资金在外汇市场上买卖外汇，而是利用各种通信工具和交通工具，与各外汇银行、进出口商等保持紧密联系，掌握外汇市场的供求信息，媒介外汇的买卖双方成交。

▶ **3. 客户**

外汇市场中与外汇银行发生交易的客户包括外汇供求者，如进出口商、国际投资者、旅游者等；保值性的外汇买卖者，如套期保值者；投机性的外汇买卖者，即外汇投机商。

▶ **4. 中央银行**

各国政府为了自己的政策目标，通常通过中央银行对外汇市场加以干预，即通过中央银行在外汇市场抛、补外汇以平抑汇价的剧烈波动，或使汇价朝着预定目标发生调整。目前，许多国家都设立了专门的外汇平准基金账户，以供干预外汇市场之用。

由此可见，虽然中央银行和外汇银行都进行外汇买卖，但两者的性质和目的是截然不同的。后者的目的是为了获取利润，而前者则是出于宏观调控的目的，是非营利性质的。近几年来，西方国家的中央银行不仅单独干预外汇市场，而且一些主要国家的中央银行还经常采取联合行动，共同对外汇市场进行干预。因此，中央银行不仅是外汇市场的成员，而且还是外汇市场的实际操纵者。

第 二 节　主要国际外汇市场与交易

一、主要的国际外汇市场

国际上几个主要的外汇市场，包括伦敦、纽约、东京、苏黎世、法兰克福、巴黎、新加坡、中国香港等地的外汇市场，构成了目前庞大的国际外汇市场体系。由于时差的存在，上述各个市场的营业时间能够相互衔接，加上现代化通信工具在外汇交易中的大量应用，使得整个世界外汇市场实际上已经连成一体，形成了一个24小时不间断的交易网络。不过由于各国历史条件和经济制度上的差异，各地外汇市场仍表现出各自的特色。

（一）伦敦外汇市场

伦敦外汇市场是目前世界上规模最大的外汇市场，其交易额占世界外汇总交易额的30％。2015年，伦敦外汇市场日均交易额为2.48万亿美元，其中现汇日交易额为9730亿美元。伦敦外汇市场历史悠久，英镑长期以来充当国际间主要的流通手段和支付手段。虽然第二次世界大战后英镑不再是最主要的国际货币，但伦敦市场凭借其丰富的外汇交易经验、优越的地理位置和市场的灵活高效等独特优势，始终保持着世界外汇交易中心的地位。尤其是自1979年英国宣布完全取消外汇管制和1986年英国实行金融"大爆炸"改革后，伦敦外汇市场又获得了新的生机，对外开放程度也明显提高。截至2015年，大约有300家经英格兰银行批准营业的外汇指定银行，其中大部分是外资银行，它们的交易额也占到伦敦市场总交易额的80％左右。伦敦外汇市场是一个没有固定交易场所的无形市场，这里进行交易的货币种类很多，交易量最大的是美元对英镑和美元对马克的外汇交易。从外汇业务种类看，近年来即期外汇交易比重下降，远期外汇交易比重上升，外汇衍生产品交易比重虽小，但也在不断上升。从外汇交易形式看，通过外汇经纪人进行的交易日益减少。在伦敦外汇市场上，约有250个指定经营商。作为外汇经纪人，他们与外币存款经纪人共同组成外汇经纪人与外币存款经纪人协会。在英国实行外汇管制期间，外汇银行间的外汇交易一般都是通过外汇经纪人进行。1979年10月后英国取消外汇管制后，外汇银行的外汇交易就不一定通过外汇经纪人了。

（二）纽约外汇市场

第二次世界大战后，随着美国实力、地位的提高，美元取代英镑成为最主要的国际货币，纽约外汇市场也迅速崛起。目前，纽约外汇市场是世界第二大外汇市场，其交易额占世界外汇交易总额的 1/6 以上。纽约市场的一个明显特点是银行同业交易比重很高，占 90% 以上，这是因为美国居民在对外经济活动中多以美元收付，所以银行与客户间的外汇交易量较小。另一个特点是美国没有特别的外汇指定银行，所有商业银行都可以自由经营外汇业务，不过很多小银行为节约成本，仍然委托大银行办理外汇业务。从外汇交易币种结构看，该市场交易量最大的是欧元，其次是日元、英镑、瑞士法郎等。从交易形式看，大部分银行同业交易都是通过外汇经纪人办理的。纽约联邦储备银行在这里执行干预美元汇率的职能。

（三）东京外汇市场

第二次世界大战前，东京外汇市场规模较小，参加者主要是银行。20 世纪 50 年代后，日本逐渐放松外汇管制，自 70 年代起，日本又进一步推行金融自由化、国际化政策。随着日本外汇管制体制的演变，东京外汇市场迅速发展，从区域性外汇交易中心发展为世界第三大外汇市场，交易量超过世界总量的 10%。银行间交易同样是本市场外汇交易的核心，由于 1985 年日本取消银行间外汇交易必须通过经纪人的规定，因此目前银行直接交易的比重较高。在外汇业务种类上，掉期业务在东京市场上占比重最高。在交易币种结构上，由于日本对外经济往来大多以美元收付，所以美元成为该市场最主要的交易对象。在东京市场上对日元汇率进行干预的任务，是由日本的中央银行——日本银行承担的。

（四）香港外汇市场

中国香港外汇市场主要是在 1973 年中国香港政府取消外汇管制之后发展起来的。1983 年中国香港开始实行港币联系汇率制，规定港币发行必须有 100% 的美元准备，这一制度对中国香港货币与经济的稳定起到重要作用，推动了中国香港外汇市场的健康发展。目前，中国香港已经发展成为世界第六大外汇市场。中国香港外汇市场也是一个无形市场，市场参与者可分为商业银行、存款公司和外汇经纪商三大类，其中外资银行占大多数。市场上的交易主要在银行之间进行，占全部交易量的 80% 左右。从交易币种看，美元在中国香港市场占有中心地位，这是由于在联邦汇率制下，港币只能直接兑换美元，要想兑换其他货币必须套购美元。具体而言，美元对欧元和美元对日元交易在总成交量中都占很高比例。从业务种类看，市场上大部分交易是即期外汇买卖，远期和掉期交易约占 20%。中国香港外汇市场还有一大特点，那就是由于中国香港没有中央银行，因此控制汇率的方法除主要由汇丰银行利用外汇基金直接干预市场外，还依靠利率进行调节，将汇率风险转为利率风险。

二、主要的世界外汇交易系统

在当今世界，除了少数实行严格外汇管制的国家以外，多数国家都在不同程度上存在外汇买卖的市场，但只有少数国家的外汇市场才具有国际性的重要意义，即可被视为国际外汇市场。一国的外汇市场要成为国际外汇市场，其应具备的条件和其他国际金融市场应具备的条件是相似的，如外币兑换的自由，资本流入流出的自由等，但一国外汇市场的地位和该国货币作为国际支付手段即外汇的地位并无正相关的关系，原因是一国货币若是被接受为主要的国际支付货币的话，该国就可以主要以本国货币对外进行各种支付，故其外汇买卖的需求就不会旺盛，从而影响其外汇市场的发达。如美元在第二次世界大战后很长一段时间都是最主要的外汇，所以在该时期内美国的外汇市场都不如英国等国发达，只是在 20 世纪 70 年代后，随着美元地位的衰落，日元、马克等其他主要资本主义国家的货币地位的提高，美国的外汇市场才有了很大的发展。

目前，世界上已形成了一些主要的国际外汇交易中心，如伦敦、巴黎、纽约、法兰克福、苏黎世、中国香港、新加坡、悉尼、巴林等。这些外汇市场相互之间联系紧密，已形成一体化的全球大市场。这一体系的形成，是充分利用了各主要外汇市场的时差关系，以及便利的通信网络实现的。由于外汇市场遍布全球，因时差的关系，它们的营业时间是交错的。例如，各主要外汇市场营业时间一般是从上午 9：00 到 17：00。以美国纽约东部标准时间为准，洛杉矶于中午 12：00 点开始营业，而于 20：00 停止营业，而此时中国香港正好开始营业；当中国香港停止营业时（为纽约东部时间次日凌晨 4：00），英国伦敦刚好开始营业。这样从世界最东端的悉尼开始，经东京、中国香港、新加坡，到中东的巴林，再到伦敦及欧洲大陆的外汇市场，最后到美国纽约、洛杉矶，24 小时内世界上总有数个外汇市场在营业，因而外汇交易可以全天 24 小时不间断地进行。许多外汇交易商和经纪人在本地外汇市场停止营业后仍继续通过电话、电报及互联网等在仍在营业的外汇市场从事外汇交易。由于某些外汇市场（如巴林）全周营业，国际外汇交易事实上可以全年不间断地进行。

但由于各外汇交易中心所在国的历史背景、金融经营惯例、政府的金融监管政策等有很大差异，各外汇中心也多具备一些自身的特点。

第 三 节　外汇交易方式

即期外汇交易与远期外汇交易是外汇买卖的两种基本方式，下面分别介绍这两种不同的交易方式。

一、即期交易

（一）即期外汇交易

即期外汇交易又称现汇交易，是指在外汇交易契约达成后的两个营业日内进行交割的外汇交易，这是外汇市场中最基本的交易方式，它构成了所有外汇交易的基础。这种交易所依据的汇率称为即期汇率，对交易者而言即期汇率也有着十分重要的意义，其他一切交易的汇率都是以即期汇率为基础计算而得。按照交易的性质和参与者的不同，即期交易可分为商业性即期交易和银行间即期交易，前者是指银行与一般客户间进行的即期交易，主要产生于客户的对外货币收付；后者是指外汇银行出于调整外汇头寸和谋取投机利润目的而进行的同业间即期交易。

（二）即期外汇交易的交割日

即期外汇交易中进行交割的那一天称为交割日，它有三种情况：第一种为当日交割，即在成交当日进行交割；第二种为隔日交割，即在成交日后第一个营业日内进行交割；第三种为标准日交割，即在成交日后的第二个营业日内进行交割。目前世界外汇市场上只有少数交易如中国香港市场上港币对美元、港币对日元的交易实行当日和隔日交割，大多数即期交易都采用标准日交割，如交易在星期二达成，则要在星期四交割。交割日的确定对于即期交易来说非常重要，因为外汇交易遵循"价值抵偿原则"，交易双方都必须在同一时间进行交割，这样才能避免某一方因交割时间的差异出现早付迟收而遭受损失。外汇市场上之所以多采用标准日交割，也是因为要保证外汇买卖双方在同一时间收付资金。这里还需注意的是，上面所说的营业日是指在实际进行交割的双方国家内银行都营业的日子，如果遇到某一国的银行假日，则交割日要顺延，但对于美元对其他货币的交易，按国际惯例，如遇到美国银行假日，则交割日不必顺延。

（三）即期外汇交易的报价

即期交易的报价是由外汇银行报出的外汇买卖价格，是达成买卖的基础。外汇银行根据国际外汇市场行情、国内外经济政治领域的变动及本银行的外汇头寸情况等因素确定自己的报价价位。外汇银行的报价有以下特点。

（1）采取"双向报价"原则，即同时报出银行买入外汇的价格和卖出外汇的价格。在世界外汇市场上，通常都使用以美元为中心的报价方法，即以某种货币对美元买进或卖出的形式进行报价。其中除英镑、爱尔兰镑等少数货币采用间接标价法外，大多数交易货币的报价都采用直接标价法进行。

（2）按照外汇市场的报价惯例，银行报价的完整形式应是五位数字，即报出汇率的整数和小数点后4位数字，同时报出的买卖价中，数额较小的出现在前面，而数额较大的出现在后面。例如，在中国香港市场上某日的美元报价为

$$USD1 = HKD7.751\ 2 - 7.752\ 5$$

其中，7.751 2就是银行买入美元所愿意支付的港元数，即美元的买入价，7.752 5就是卖出价。

同日，伦敦市场上美元的报价为

$$GBP1 = USD1.533\ 8 - 1.534\ 9$$

由于伦敦市场采用的是间接标价法，因此 GBP1 = USD1.533 8 表示的是美元的卖出价，即银行卖出1.533 8美元就要收入1英镑，而1.534 9则表示美元的买入价，即银行买入1.534 9美元只支付1英镑。有的外汇市场在报价时往往只写出后面数额较大的价格

的简略形式，即只写出其最后两位数字，如上面的 GBP1＝USD1.533 8－1.534 9 就简写为 GBP1＝USD1.533 8/49。而各银行的外汇交易员在进行同业外汇买卖业务时，则无论买价还是卖价，通常都只取最后两位数字，如将上面的 GBP1＝USD1.533 8/49 报为 38/49。这是因为各外汇交易员熟悉市场行情，同时市场汇价中频繁波动的又主要是最后两位数字，因此不必进行完整形式的报价。

（3）在外汇报价中，报价的最小单位即小数点后最后一位数字，这被称为一个基点或一点。通常人们用点数的变化来考察一种货币汇率的变动。

（四）即期外汇交易的交易程序

由于大部分外汇交易属于银行间交易，所以这里主要介绍银行间即期交易的基本程序，它通常包括以下几个步骤。

▶ 1. 选择交易对手

正确选择交易对手对于外汇交易能否成功具有重要意义。因此银行在进行交易之前，应首先根据自身的外汇需求和交易经验，并结合市场动态，正确选择资信良好、与本行关系密切、所报价位对本行较为有利并具有较高工作效率和服务水平的银行作为交易对手。

▶ 2. 自报家门

在选定交易对手之后，银行就可以与对方联系，无论采取何种联系方式，都要首先说明自己的单位名称，以便对方马上做出交易对策。

▶ 3. 询价和报价

在报出本单位名称后，银行即可进一步向对方询价，询价内容一般包括拟交易货币名称、具体交割日期、欲交易金额等。对方银行接到询价后，即可做出报价，一般是以简略形式同时报出买价和卖价的最后两位。若询价行认为报价无法接受，可以结束磋商，若询价行在一定时间内未做答复，则报价行为避免汇率波动带来的损失，也会取消该次报价。

▶ 4. 成交

如果询价行认为对方报价可以接受，则可确认对方所报汇价并再次报出交易的具体金额，报价行将承诺按此金额进行交易，双方互相提供自己的开户行及账号，并承诺按对方要求将有关款项划拨指定账户，这样交易即告成功。

▶ 5. 确认

一般情况下，为避免出错，交易双方最后要互相确认交易汇率、金额、交割日及资金结算方法。

▶ 6. 记录与交割

在交易完成后，双方都要在相应的表格上做出记录，并在交割日办理货币收付。

（五）即期外汇交易的盈亏计算

在外汇交易中所处的盈亏状况如何是由对某种货币买入量与卖出量的不平衡造成的。如果对某种货币买入量比卖出量多，称为超买，俗称多头寸；如果对某种货币的卖出量大于买入量称为超卖，俗称缺头寸。

例如，某日假设客户做了如表 2-1 所示美元对日元交易。

表 2-1 美元对日元的交易明细

操 作	金 额	汇 率
买入美元	100 万	120.00
买入美元	200 万	120.10
卖出美元	200 万	118.80
卖出美元	100 万	119.90
买入美元	100 万	119.60

收盘汇率为 119.20/30。该客户在收盘时的头寸如表 2-2 所示。

表 2-2 收盘头寸　　　　　　　　　　　　　单位：万

美 元		汇 率	日 元	
买 入	卖 出		买 入	卖 出
100	——	120.00	12 000	
200	——	120.10	24 020	
——	200	118.80		23 760
	100	119.90		11 990
100	——	119.60	11 960	
400	300	——	47 980	35 750

美元多头寸为 100 万，日元缺头寸 12 230 万，若把超买的 100 万美元换成日元，则为 $100 \times 119.20 = 11\,920$（万日元）。以日元计算亏损 310 万日元（12 230 万 － 11 920 万），若把超卖的日元补进则需要 $12\,230 \div 119.20 = 102.6$（万美元）。以美元计算亏损为 $100 - 102.6 = -2.6$（万美元）。

二、远期外汇交易

远期外汇交易简称期汇交易，是指外汇买卖双方先签订合同，规定买卖外汇的币种、数额、汇率和将来交割的日期，到规定的交割日期，再按合同办理交割。远期外汇交易的最大作用是避免进出口贸易和国际借贷中的外汇风险。此外，投机者还可以通过预测汇率走势，利用远期外汇交易进行外汇投机。

与即期外汇交易不同，远期外汇交易的交割日是在买卖成交后两个营业日之后的任何一天。理论上讲，成交后第三个营业日办理交割的外汇交易都应算是远期外汇交易。但在实际业务中，远期外汇交易的交割日通常是按月计算的，主要有 1 个月、3 个月、9 个月和 1 年，最常见的是 3 个月期的远期外汇交易。

（一）远期外汇交易的类型

远期外汇交易按照交割日期是否固定，可以分为固定交割日的远期交易和选择交割日的远期交易。

▶ **1. 固定交割日期的远期交易**

这是与远期外汇交易概念相吻合的标准的远期外汇交易，即按照事先规定的交割时间，到期办理交割。例如，某港商与美国一家银行签订了一项购买美元的、期限为 3 个月的远期外汇合同，如果签约日为 3 月 16 日，则交割日应在 6 月 18 日。即在 6 月 18 日那天，按照双方合同约定的汇率，港商交付港币、银行支付美元，买卖双方"钱货两清"。

▶ **2. 选择交割日的远期交易**

选择交割日的远期交易又称择期外汇交易，是指交割日期不确定的远期外汇交易，即买卖双方可以约定期限内的任何一个营业日办理交割。如上例，签约日为 3 月 16 日，则交割日可以是 3 月 18 日至 6 月 18 日期间的任何一个营业日。这种交易方式对那些不能得知收付款的确切日子但又确知在某段时间内能收到款项或需要支付款项的客户来说是非常有利的，相应地对银行则不利。因此，银行将选择最不利于客户的汇率作为择期外汇交易的汇率。

(二) 远期汇率的报价方法

远期汇率的报价方法一般有以下两种。

▶ **1. 直接报价法**

直接报价法即直接报出远期汇率的实际汇率。例如，某天东京外汇市场上美元的即期汇率为 USD/JPY＝118.25－118.90，3 个月期的美元远期汇率为 USD/JPY＝119.25－119.95。目前，只有少数国家如日本和瑞士等采用这种方法，大多数国家采用第二种方法。

▶ **2. 以即期汇率为基础用远期差价来表示**

(1) 用升贴水表示。远期差价是指远期汇率与即期汇率之间的差额。由于远期汇率可能高于、低于或者刚好等于即期汇率，因此远期差价有升水、贴水和平价三种表示方法。升水是指远期外汇比即期外汇贵；贴水是指远期外汇比即期外汇贱；平价是指远期汇率与即期汇率相等。远期汇率可以用即期汇率加减升、贴水得出。由于汇率的标价方法不同，因此计算远期汇率的方法也不同。

在直接标价法下：

远期汇率＝即期汇率＋升水点数（－贴水点数）（小/大为升水，大/小为贴水）

在间接标价法下：

远期汇率＝即期汇率－升水点数（＋贴水点数）（小/大为贴水，大/小为升水）

例如，某日在法兰克福外汇市场上，美元的即期汇率为 EUR/USD＝1.092 2－1.095 2，此为间接标价，3 个月远期美元贴水 0.001 5－0.002 5 美元，则 3 个月期美元远期汇率由即期汇率加贴水求得：

$$即期汇率\ 1.092\ 2-1.095\ 2$$

$$美元贴水\ +0.001\ 5-0.002\ 5$$

$$远期汇率\ 1.093\ 7-1.097\ 7$$

（2）用点数表示。表明远期汇率与即期汇率差额的另一种标价法，是用"点数"表示。这是银行对外报价时汇率表达的基本单位。所谓点数是指有效数字的最后一位数，倒数第二位为"十点"，倒数第三位为"百点"。

通常情况下，银行公布的外汇汇率，其有效数字一般为 5 位。如 1 欧元＝1.092 2 美元，因此 1 点即相当于 0.000 1，而汇率在一天内也就是在小数点后的第三位数字变动，也即变动几十个点，不到 100 点。

表示远期汇率的点数有两栏数字，分别代表买入价与卖出价，直接标价法下，买入价在前，卖出价在后，间接标价法下则相反。判断升、贴水的方法是：当买价差额大于卖价时，为贴水；当卖价差额大于买价时，即为升水。实际的远期汇率即可通过即期汇率加减升贴水点数求得。例如，美国某银行报价：

即期汇率	EUR/USD＝1.092 2－1.095 2
1 个月远期贴水点数	100－95
3 个月远期贴水点数	90－95

可见，上述标价为直接标价法，一个月远期升贴水点数为 100－95，是前大后小，亦即买价差额大于卖价，是贴水，远期汇率等于即期汇率减去贴水，即：

$$1.092 2－1.095 2－0.010 0－0.009 5＝1.082 2－1.085 7$$

故 1 个月远期汇率为：EUR/USD＝1.082 2－1.085 7

同理，用加法可求得 3 个月远期汇率为

$$EUR/USD＝1.101 2－1.104 2$$

又如，在纽约外汇市场上，即期汇率：

$$USD/HKD＝7.796 2－7.801 8$$

1 个月贴水点数为 42－48。

由于该标价为间接标价法，1 个月升贴水点数为 42－48，是前小后大，亦即卖价差额小于买价，是贴水，远期汇率等于即期汇率加上贴水，即：

$$7.796 2－7.801 8＋0.004 2－0.004 8＝7.800 4－7.806 6$$

故 1 个月远期汇率为：USD/HKD＝7.800 4－7.806 6

将以上方法进行归纳，我们可以得出计算远期汇率的这样一个规则：即不管是什么标价法，如果远期汇率点数顺序是前小后大，就用加法，如果远期汇率点数的顺序是前大后小，就用减法。即"前小后大往上加，前大后小往下减"，如表 2-3 所示。

表 2-3　远期汇率计算规则

远期汇率点数排列方式	判别升、贴水	远期汇率
大一小	直接标价：贴水 间接标价：升水	即期汇率－差额
小一大	直接标价：升水 间接标价：贴水	即期汇率＋差额

(三) 远期汇率的决定及升贴水的计算

远期汇率与即期汇率一样，都是由外汇市场的供求状况来决定的。当远期外汇的需求大于供给时，远期外汇汇率上升；相反，远期外汇汇率则下跌。而影响市场远期外汇供求关系的因素很多，但对远期汇率有直接影响并且可通过计算反映出来的因素就是两种货币所在国的短期投资利率之间存在的差异。这是因为银行在为客户进行远期外汇交易时，有可能由于两种货币的利率差异而遭受损失。因此，银行必然将遭受的损失转嫁到远期外汇买卖者身上，举例说明如下。

假设伦敦市场上年利率为 10%，纽约市场上年利率为 8%，某天英国某银行超卖 149 万 6 个月期的远期美元，当时伦敦外汇市场上美元即期汇率为 GBP/USD=1.49，该银行为防范风险，于是动用 100 万英镑现金去购买 149 万美元现汇，并调往纽约某银行存放 6 个月，因美元利率比英镑利率低 2%，存款 6 个月，该银行将损失利息为：$100 \times (10\% - 8\%) \times 6/12 = 1$(万英镑)。

银行将会把这笔损失转嫁给购买 6 个月期美元外汇的客户身上，即银行向客户卖出 149 万美元期汇时，客户必须向银行支付 101 万英镑（100 万＋1 万），而不是像买进美元现汇那样只需支付 100 万英镑便可得到 149 万美元，从这里我们可求出该银行向客户卖出美元期汇的远期汇率为：GBP/USD=1.475 2（即 149 万/101 万=1.475 2）。

6 个月的远期美元比即期美元升水 0.014 8 美元，即 1.490 0－1.475 2＝0.014 8(美元)，这是从理论分析推导得出的，比较准确。

由此，我们可以得出这样一个结论：两种货币的利差是决定它们远期汇率的基础，利率高的货币，其远期汇率会贴水；利率低的货币，其远期汇率会升水。如果两种货币的利差为 0（即利率相同），那么这两种货币的远期汇率与即期汇率相等，即远期汇率为平价。这和利率平价原理结论一致。升贴水的具体数字可通过利率平价公式近似求得，即：

$$升水或贴水数字＝即期汇率 \times 两地利率差 \times 月数/12$$

如上例，美国某银行 6 个月美元远期外汇升水的具体数字应为：$1.49 \times (10\% - 8\%) \times 6/12 = 0.014 9$(美元)。

其结果与理论分析结果基本一致。

三、套期保值与投机交易

套期保值，是指卖出或买入金额相等于一笔外币资产或负债的外汇，使这笔外币资产或负债以本币表示的价值免遭汇率变动的影响。而投机交易则是根据对汇率变动的预测，为赚取汇率涨落的利润而进行的外汇买卖。人们往往利用期汇买卖达到套期保值或投机的目的。

(1) 进出口商和资金借贷者为避免商业或金融交易遭受汇率变动的风险而进行期汇买卖。在国际贸易中，自买卖合同签订到货款清算之间有相当一段时间。在这段时间内，如果计算货币的汇率出现变动，进口商就不能做出正确的成本和利润估计，而且还可能遭到损失。为避免这种损失，进出口商在签订买卖合同时，就可以向银行买入或卖出远期外汇。到支付或收进货款时，进出口商就可以按原先约定的汇率来办理交割，从而避免了因汇率变动带来的损失。

（2）外汇银行为平衡期汇头寸而进行期汇买卖。进出口商等顾客利用期汇交易，实际上是将汇率变动的风险转嫁给外汇银行。外汇银行在对顾客进行期汇交易时，同一种货币，同一种交割期限的买卖金额很难一致。一些货币的远期头寸出现多头，另一些货币的远期头寸则出现空头；甚至在同一种货币中，几种交割期限的远期头寸出现多头，另几种交割期限的远期头寸出现空头。这样汇率变动以后可能遭受损失的就是银行。银行为避免这种损失，就需要轧平各种货币、各种交割期限的期汇头寸，即将多头抛出，将空头补进。如某日在3个月期美元期汇的交易中，一家伦敦银行从顾客手中共买进18万美元，卖出8万美元。这家银行就拥有10万美元的3个月期美元期汇的多头。为避免3个月后美元跌价，这家银行就必须向其他银行卖10万美元的3个月期美元期汇。银行这种为轧平头寸而从事的外汇买卖操作称为外汇头寸调整交易。

（3）投机者为谋取汇率变动的差价而进行期汇交易。套期保值者为避免汇率变动的风险而轧平对外债和债务的头寸，而投机者则相反，他们是通过有意识地持有外汇多头承担汇率变动的风险。具体来说，外汇投机是指根据对汇率变动的预期，有意保持某种外汇的多头或空头，希望从汇率变动中赚取利润的行为。它的主要特征是，投机者进行外汇交易，并没有商业或金融交易与之相对应，而纯粹是为了赚钱。但外汇投机利润具有不确定性，当投机者对某种外汇汇率是趋于上升还是趋于下降的预期准确时，就可以赚取汇率变动的差价收益，但如果预期失误，则要蒙受损失。外汇投机有现汇投机和期汇投机两种，现汇投机是指外汇经营者根据自己对外汇的预测，买进或卖出某种外汇，希望这种货币汇率不久将出现上升或下降的外汇交易。如果投机者预期不久后某一货币的现汇汇率将高于目前的现汇汇率，就在市场上购入这一看涨的货币，希望到期以高价抛出。如果投机者预期今后一段时期的现汇汇率会低于目前的现汇汇率，就在市场上卖出这种看跌的货币，希望到时以低价补进。例如，纽约某公司预期澳元将由目前的 USD1＝AUD1.4 上升到30天后的 USD1＝AUD1.3，就在现汇市场上以100万美元购入140万澳元。如果30天后果真如其所料，澳元的现汇汇率上升到 USD1＝AUD1.3，那么该公司就可以抛出澳元130万，换回美元100万，由此，净赚10万澳元或7.7万美元。

但是，利用现汇市场来进行外汇投机，必须拥有本币或外币资金，交易数额视资金多少而定。而利用期汇市场来进行期汇投机，则不必持有很多资金。期汇投机是基于预测未来某一时点的现汇汇率与目前的期汇汇率不同而进行期汇交易。如投机者预期意大利里拉现汇汇率将在两个月后出现大幅度下跌，就在期汇市场上卖出两个月期的里拉现汇。到期若里拉汇率下跌，投机者就按下跌的汇率买进里拉现汇来交割里拉期汇，获取汇率变动的差价收益。这种先卖后买的投机交易成为卖空。又如，投机者预期日元将在30天后升值，就买进30天期的日元期汇，到期若日元汇率上升，就可以按上升的汇率卖出日元现汇来交割日元期汇，从而获取投机利润。这种先卖后买的投机交易称为买空。

由此可见，投机的实质是指持有外汇的多头或空头。因此，那些不轧平外汇头寸进行套汇保值的银行、进出口商等也属投机者之列。顾客通过外汇交易将汇率变动的风险转嫁给银行后，如果银行认为未来的汇率变动对其头寸有利，由此不将各种货币、各种交割期限的现汇和期汇头寸轧平，也是在进行外汇投机。同样，进出口商需要在一段时期后支付或收进以外币计价的货款，而不相应买进或卖出金额相同的期汇，这也意味着进出口商愿意承担汇率风险，希望从汇率变动中获利。

四、套汇交易与套利交易

(一)套汇交易

▶ 1. 套汇的概念

套汇是指套汇者利用不同外汇市场在同一时刻的汇率差异，在汇率低的市场上买进，同时在汇率高的市场卖出，通过贱买贵卖来赚取利润的活动。

在通常情况下，由于现代化通信设备的普遍使用，世界各主要外汇市场上某种货币的汇率水平是非常接近的。但有时在很短暂的时间内也会出现一定的差异，当这种差异大到足以抵补进行外汇买卖调动资金所发生的全部费用时，套汇将会发生。由于汇率差异存在的短暂性，这就要求套汇者必须及时准确地把握市场信息和迅速采取买卖行动，因此套汇者通常都是那些大的国际商业银行，它们在世界各大外汇市场都设有分支机构和代理行，信息灵通，头寸调拨便捷，资金力量雄厚。尽管短暂时间内存在的汇率差异很小，但套汇者投入的资金往往很大，因此套汇成功后的收益还是相当可观的。但需要强调一点，套汇者利用的是某时点不同外汇市场上存在的汇率差异，因此，"贱买贵卖"必须同时进行，否则这短暂的机会将会失去。

通过套汇，汇率低的外汇市场上，该货币的需求大大增加，从而使货币的汇率上升；汇率高的外汇市场上，货币的供给大大增加，从而使货币的汇率大大下降。这样，大量套汇的结果就使不同外汇市场上的汇率差异很快消失，起到了平衡汇率的作用。

▶ 2. 套汇的方式

套汇可分为直接套汇和间接套汇。

(1)直接套汇又叫两点套汇或两角套汇、两地套汇，指套汇者利用某种货币在外汇市场上同一时间的汇率差异，同时在两个外汇市场上买卖同一种货币，以赚取汇率差额利润的活动。

例如，某一时刻：伦敦外汇市场 GBP/USD＝1.459 5－1.460 5，纽约外汇市场 GBP/USD＝1.462 5－1.463 5，现某套汇者手中有英镑100万，他看到这两个外汇市场上英镑汇率有差异，于是就在纽约按 GBP/USD＝1.462 5 卖出英镑100万，买进美元，再在伦敦按 GBP/USD＝1.460 5 卖出美元买进英镑，其计算为：100×1.462 5/1.460 5＝100.136 9(万英镑)。

若不考虑套汇费用，该套汇者可赚 1 369 英镑。

(2)间接套汇又叫三点套汇或三角套汇、三地套汇，指套汇者利用三个或多个不同地点的外汇市场之间的货币汇率差异，同时在三个市场或多个市场进行买卖，以从汇率差异中牟取利润的外汇业务。

例如，某一时刻：纽约外汇市场 EUR/USD＝0.981 2－0.984 4，法兰克福外汇市场 EUR/GBP＝0.618 6－0.622 6，伦敦外汇市场 GBP/USD＝1.547 0－1.551 0，现有套汇者持有 100 万美元，如何进行套汇？

因该套汇者持有的是美元，以美元作为初始投放货币，按上面给出的汇率，套汇路线有两条：美元—欧元—英镑—美元；美元—英镑—欧元—美元。两条套汇途径的套汇结果分别为：USD1－EUR1/0.984 4－GBP 0.618 6/0.984 4－USD 0.618 6×1.547 0/0.984 4＝USD 0.972 1；USD1－GBP 1/1.551 0－EUR1/1.551 0×0.622 6－USD 0.981 2/1.551 0×0.622 6＝USD1.016 1。

显然，第一条套汇途径不可行。按第二条套汇途径套汇者可用 100 万美元进行套汇，在不考虑套汇费用的情况下，可赚 1.61 万美元。

▶ **3. 套汇机会的判断**

在直接套汇中，判断两个外汇市场上的汇率差异比较容易，三个外汇市场的汇率是否存在差别，很难一眼识别出来。这里介绍两种简单的判别方法。

（1）直接标价法下汇率连乘法。这种方法首先将各个外汇市场上的汇率都变成直接标价法，然后将每个市场的汇率进行连乘，若积数等于 1，说明没有套汇机会，若积数不等于 1，则说明可以进行套汇。

以上例为例，首先将所有标价变为直接标价：纽约外汇市场 EUR/USD＝0.981 2－0.984 4，法兰克福外汇市场 GBP/EUR＝1/0.622 6－1/0.618 6，伦敦外汇市场 USD/GBP＝1/1.551 0－1/1.547 0。然后，将所有汇率(卖出价)连乘：0.984 4×(1/0.618 6)×(1/1.547 0)＝1.028 7，结果不等于 1，因此可以进行套汇。

（2）套算汇率法。这种方法是将实际汇率与套算所得汇率进行比较，从而判断不同外汇市场同一种货币汇率是否存在差异，从而决定是否进行套汇活动。为计算方便，通常用中间汇率进行计算。

例如，在前例中各外汇市场中间汇率分别为：纽约外汇市场 EUR/USD＝0.982 8(式 1)，法兰克福外汇市场 EUR/GBP＝0.620 6(式 2)，伦敦外汇市场 GBP/USD＝15 490(式 3)，用(式 1)除以(式 3)，得 EUR/GBP＝0.634 5。

可见，法兰克福外汇市场欧元对英镑实际汇率与套算的汇率不一致，故有套汇机会。又由于法兰克福外汇市场欧元的汇率低于套算汇率，因此，可进一步说明欧元在法兰克福外汇市场汇率低。根据"贱买贵卖"原则，套汇的路线应是：英镑—欧元—美元—英镑或美元—英镑—欧元—美元或欧元—美元—英镑—欧元，视初始资金情况而定。以初始资金英镑为例，先在法兰克福卖出英镑买欧元，再在纽约卖欧元买美元，最后在伦敦卖美元，买回英镑。

（二）套利交易

▶ **1. 套利交易的概念和种类**

套利又称利息套汇，是指利用不同国家或地区短期利率的差异，将资金由利率低的国家或地区转移到利率高的国家或地区，以赚取利差收益的一种外汇交易。其主要形式有两种：非抵补套利和抵补套利。

（1）非抵补套利又称非抛补套利，是指把短期资金从利率较低的市场调往利率较高的市场，从而牟取利差收益。

设美国的3个月期国库券年利率为8%，而英国3个月期国库券年利率为10%。一美国投资者拥有100万美元可投资于3个月期国库券，他应该选择在美国还是在英国？

该投资者若将100万美元投资于美国3个月期国库券，则到期可获本利和为：$100 \times (1+8\% \times 3/12)=102$（万美元）。

如果当时英镑与美元的即期汇率为GBP/USD＝1.65，则该投资者先用100万美元兑换成$100/1.65=60.606$（万英镑），再将这些英镑投资于英国3个月期国库券，到期本利和为：$60.606 \times (1+10\% \times 3/12)=62.1212$（万英镑）。

若3个月后英镑与美元的汇率不发生变化，该投资者最终将英镑兑换成美元，可获得美元为：$62.1212 \times 1.65=102.5$（万美元）。比他用美元购买美国国库券可多获利0.5万美元。显然，这种套利投资者需承担高利率货币贬值的风险。因为3个月后汇率保持不变的可能性是很小的，若3个月后英镑汇率下降，假设为GBP/USD＝1.6，那么，购买英国国库券所得收益兑换为美元只有99.394万美元，比购买美国国库券损失2.606万美元。因此，这种投资方式实际中使用较少。

（2）抵补套利又称抛补套利。是指套利者在把资金从利率低的国家调往利率高的国家的同时，还通过在外汇市场上卖出远期高利货币，以防范汇率变动的风险。这是一种常见的投资方式。

例如，在上例中，该美国投资者在把在美元兑换成英镑用于购买英国国库券的同时，马上在远期外汇市场上卖出期限为3个月，数量为在英国投资的本利和，即62.1212万英镑的远期外汇。为简便起见，假设远期外汇合同中商定的英镑远期汇率仍为GBP/USD＝1.65，那么，3个月后，无论英镑实际汇率如何变化，都可确保投资者获得0.5万美元的利差收入。

▶ 2. 抵补套利原理

抵补套利的基本原理是利率平价说。按照利率平价理论，在没有交易成本的情况下，远期外汇的升贴水率必定等于两地的利率差额。这时货币市场与外汇市场趋于均衡状态，套利活动即行停止。

由于存在两地利差，套利者总要买进即期高利率货币，卖出即期低利率货币，同时为了避免汇率变动的风险，必然要卖出远期高利率货币，买进远期低利率货币。这样必然导致高利率货币贴水，低利率货币升水，并且升（贴）水不断增大，当升贴水率增大到等于两地利差时，套利即自行停止。因此最终远期外汇的升贴水率等于两地利差。这就是利率平价原理的具体运用。

因此，我们要判断套利是否可行，只要看高利货币的贴水率是否小于两地利差，现举例如下。设纽约市场年利率为8%，伦敦市场年利率为10%，此外，纽约外汇市场英镑对美元的即期汇率为GBP/USD＝1.7300－1.7320，1年期英镑贴水为0.02－0.01美元，现有一投资者持有 USD200 万进行套利，试问可获利多少？

首先标出英镑年贴水率：年贴水率＝贴水×12×100％/即期汇率×月数＝0.02×12×100％/1.732 0×12＝1.15％。年贴水率为 1.15％，小于两地年利差 2％，套利可进行。

其次，进行套利计算：在纽约市场按 GBP/USD＝1.732 0 汇率以美元 200 万买入英镑：200/1.732 0＝115.47（万英镑），将之存入伦敦银行，一年后可获本息［115.47×（1＋10％）］＝127.017（万英镑），同时卖出一年期英镑 127.017 万，可获美元［127.017×（1.730 0－0.02）］＝217.20（万），而如果将美元 200 万存入纽约的银行可获本息 200×（1＋8％）＝216（万美元），故从套利所得 217.20 万中减去套利成本 216 万，可获套利净利润 1.20 万美元。

（三）互换交易

▶ 1. 互换交易的概念

互换交易也称为掉期交易，时间套汇、调期交易或套期保值，是指交易者在外汇市场上将交割日期不同的同种货币进行等额（或数额相当）的，买卖方向相反交易的一种外汇交易。它实际上有两笔交易，即一买一卖，它可以是一笔即期交易和一笔远期交易构成，也可以由两笔期限不同的远期交易构成。买卖两种不同期限的外汇所使用的汇率之差价称为"掉期率"。对于"即期对远期"的掉期交易，其掉期率实际上就是升水或贴水，掉期率对掉期交易至关重要，因为对交易者的盈利有直接影响。

在外汇市场上，银行同业远期外汇交易通常为掉期交易方式，当掉期交易与套取两种货币的利率差异同时考虑时就成为前面介绍过的外汇套利交易。

▶ 2. 互换交易的类型

互换交易可分为以下几种类型。

（1）纯粹的互换交易和分散的互换交易。纯粹的互换交易是指两笔期限不同的交易，都是同时与同一对手进行的。例如，A 客户向 B 银行卖出一笔即期美元的同时又向 B 银行买进一笔等额的远期美元。分散的互换交易，是指两笔期限不同的交易，是与不同的对手分别进行的。例如，A 客户在向 B 银行买进一笔即期美元的同时又向 C 银行卖出一笔等额的远期美元。在实际业务中，以这种形式为多。

（2）即期对远期的互换交易。它是在买进或卖出某种即期外汇的同时，卖出或买进同种货币的远期外汇。这是互换交易中最常见的形式。在短期资本投放或短期资金调拨活动中，如果将一种货币换成另一种货币，通常需要运用掉期交易，以避免由于汇率波动可能造成的损失。

（3）即期对即期的互换交易。它是指在买进或卖出一笔即期某种货币的同时，卖出或买进另一笔同种货币的即期。两笔即期交易区别在于它们的交割日期不同。根据到期日的不同，可以分为今日对明日掉期、明日对次日掉期以及今日对后日掉期。这类掉期交易主要用于大银行之间的交易，目的在于避免同业拆借过程中存在的汇率风险。

（4）远期对远期的互换交易。它是指在买进或卖出较短期限（如 3 个月）的某种远期货币的同时，卖出或买进较长期限（如 6 个月）的远期该种货币。即将两笔同种货币、买卖金额相等但不同期限的远期外汇结合进行。这种掉期交易可以利用有利的汇率机会，从汇率变动中获取好处。

▶ 3. 互换交易的作用

（1）用于货币转换。互换（掉期）可以用于从甲货币转换成乙货币，然后从乙货币转换回到甲货币，以满足客户出于套期保值对不同货币的需求。例如，某银行出于业务原因需要欧元，但当时市场上很难借到欧元，银行便可利用掉期交易：先借入美元，然后在即期市场上用美元买入欧元，同时在远期市场上将欧元售出，这样，银行通过掉期交易使借入的美元变成了欧元，并在买入即期欧元的同时卖出了远期欧元，从而既实现了货币转换，又避免了汇率风险。

（2）用于套期保值。例如，某银行在某天代客户买卖远期外汇时出现了"超买"3 个月期的远期英镑。假如 3 个月后英镑贬值，银行将受损失，为平衡外汇头寸以防范外汇风险，该银行理论上应该当天卖掉"超买"的那部分远期英镑。但在实际中，银行要进行单独的远期交易很难找到愿意承担单买或单卖远期外汇带来的损失的对手，而要进行掉期交易却很容易找到交易对手，因为掉期交易意味着"双向交易"，对对方没有风险。因此，该银行在出现"超买"远期英镑后，应进行一笔买进即期英镑而同时卖出远期英镑的掉期交易。这样，原来"超买"的远期英镑可通过掉期交易卖掉，进行掉期交易而买进的即期英镑则很容易在现汇市场上卖出，该银行的远期和即期英镑头寸最终可获得平衡，起到了防范风险和资金保值作用。

第四节　外汇期货与外汇期权

一、外汇期货交易

（一）外汇期货交易的概念

期货是指买卖双方在未来某个特定日期购买或出售的实物商品或金融商品凭证，故也称为契约买卖。一般来说，凡是在数量、品质上能够标准化的商品，如谷物、橡胶、金属等都可以成为期货商品，而难以标准化的商品，如服装、食品等，一般不能成为期货商品。

根据契约的标准不同，期货具体分为：一般的商品期货和金融期货，而金融期货又包括黄金期货、股票期货、利率期货以及外汇期货等。其中，外汇期货交易是在 20 世纪 70 年代中期由于浮动汇率制的出现，而由传统的商品期货交易发展起来的一种新型的金融期货业务。它是指在固定的货币交易场所，交易双方通过公开竞价的方式买卖期货合约的一种外汇业务活动，目前，全世界有几十个国家和地区进行外汇和其他金融期货交易，其中，以芝加哥国际货币市场和伦敦国际金融期货交易所规模最大，所进行的外汇期货业务交易量占世界外汇期货交易总量的 50% 以上。

（二）外汇期货交易的特点

外汇期货交易是由远期外汇业务引申出来的，它们都是以事先约定的汇价，在未来某一特定日期进行交割的外汇业务，其交易目的都可作为外汇保值和投机。但是，外汇期货交易又不同于远期外汇交易，它具有许多自身的特点，其主要表现有以下几个方面。

▶ 1. 期货合同是标准化合同

外汇期货交易所买卖的对象并不是外汇本身，而是期货合同。对于能够进行期货交易的每种货币而言，其合同除价格外，其他如合同金额、交割月份、交割日期等都具有统一的规定。例如，在芝加哥"国际货币市场"上，英镑的期货合同交易单位为 GBP2.5 万。期货交易的总额是标准合同额的倍数。交割日期具体只能在 1、3、4、6、7、9、12 月份的第三个星期三，因此，期货合同是标准化的合同。而远期外汇交易一般对交易数量、交割期限等无统一规定，买卖双方可自行议定。

▶ 2. 保证金制

凡是在交易所进行期货交易的客户，都必须缴纳规定比例的保证金。一般为合约金额的 5%～15%，由期货清算所掌握，而所有的期货合同都是与清算所之间的交易，因此，客户不必担心交易的另一方违约。而远期外汇交易一般不收保证金，买卖双方交易时完全根据双方的信用进行，因而风险也大大增加。

▶ 3. 清算所制

期货交易都有固定的交易场所，交易所都设有清算所，外汇期货每天由清算所结算盈亏，获利可以提走，而亏损超过最低保证金时，及时通知交易人补充或退出交易。而外汇远期交易可以在任何地点发生，通过电话或电传即可完成。

▶ 4. 日内限价制

外汇的期货交易是在交易所内公开喊价，以竞价的方式成交，为避免由于人为因素导致短期内期货价格暴涨暴跌，出现市场失控，交易所对期货交易的外币都规定当日的价格波动的最低限额和最高限额，只要价格达到限额，交易即告终止。而远期外汇交易是以双方协商的价格交易，一般无限额规定。

▶ 5. 外汇期货合同以对冲为主

外汇期货合同最后进行实际交割的只占合同总数的 1%～3%，其余绝大部分期货合同都是在合同到期之前通过买卖相反的合同予以冲销，只需交割价格涨落差，如果在到期日前没有相反的合同冲销，称为未结清权益，到期才需以合同的数量实际交割，但所占比重极小。而远期外汇交易往往只能在合同规定的日期按合同数量进行实物交割，很少能予以冲销。

（三）外汇期货交易的基本操作原理

外汇期货交易的参加者主要有两大类：套期保值者和投机者，下面分别予以说明。

▶ 1. 套期保值者的基本操作原理

套期保值者一般是当他们将要发生预期货币收付时，为了避免收付货币汇率变动造成损失，预先买入或卖出该货币期货，等到将来实际收付时，再进行一笔同数量同交割期的反向期货买卖，冲销原来的期货合同，也即如开始为买进（或卖出），则到期之前卖出（或买进），从而赚取期货交易的好处，利用期货交易的盈利来补偿或抵消现货交易中因价格变动而带来的损失，起到了保值作用。

▶ 2. 投机者的基本操作原理

由于在期货市场上，只需要交纳少量的保证金和佣金即可参与外汇期货交易，因此为投机者利用少量资金进行大规模的投机活动提供了可能。

一般在外汇市场上，投机者仅仅是为了获取投机利润而对汇率变动进行短期或长期的预测后，朝着对自己有利的方向进行投机交易。因此，当他们预测某种货币汇率下跌时，先卖出该货币期货而"做空"，等到该货币汇率下跌，新的期货价格也下滑，于是就买入同数量同交割期的新的期货，平仓获利；同样，如果预测某种货币汇率将上涨，就买入该货币期货而"做多"，等到该货币汇率上涨，新的期货价格也上扬，于是就卖出同数量、同交割期的新的期货，平仓获利。

对于期货市场而言，适度的投机对于期货市场是有利的，其作用主要体现在以下几个方面。

（1）承担了套期保值者不愿承担的风险，使保值者的外汇期货合约买卖得以顺利实现。

（2）投机者的介入，对于外汇期货市场起着润滑剂的作用，促进了市场的流动性。

（3）促进了合理价格的形成。因为期货交易都是以公开喊价的方式竞价成交，因此，如果价格低→买进增加→需求上升→最终价格提高；相反，如果价格高→卖出增加→供给上升→最终价格降低，从而能使价格趋于稳定合理。

二、外汇期权交易

（一）外汇期权的概念

外汇期权，又称货币期权或外币期权。它是指在合同规定的日期或期限内，按照事先约定的汇率购买或出售一定数量货币的权利。

期权实际上是一种选择的权利。对于购买期权合约的一方（即买方）来说，在支付了一定金额的期权费之后，就获得了一定的权利，这种权利就是在一定期限内按合同规定的汇价，买进或卖出一定数量货币的权利；如果行市对其有利，他可不履行合同，也即放弃按合同规定的汇价、数量买卖某种货币，让合同自然失效，其最大的损失就是付出的期权费。而对于出售期权的卖方来说，其收入就是买方付出的期权费，但一旦出售了期权，就承担了交割履约的义务。

在外汇期权交易中，出售期权合约的一方称为合同签署人，一般为外汇银行，购买外汇期权合约的一方称为合同持有人，一般为企业或商业银行，统称为客户。在这种交易中，买卖双方签约，客户向外汇银行支付一定的行使选择权的费用（称为期权费或者期权价格、保险费），则外汇银行就允许其在规定的有效期内任何交割日或合同规定的到期日按合约规定的汇率(称为协定汇率或协定价格)买进或卖出一定数量的某种外汇,而客户有选择执行合约或放弃合约让其逾期作废的权利。

（二）外汇期权的特点

外汇期权具有以下特点。

(1)期权业务下的保险费不能收回。由于期权的卖方一旦出售了期权就承担了汇率风险,也即不论市价如何变化,只要期权的买方要求执行合约,卖方就责无旁贷,不管行市对其是否有利。因此,为了弥补卖方在汇率上可能遭受的经济损失,期权交易规定合约的买方必须向卖方支付保险费,这笔费用在期权合约成交后第二个营业日一次性付清,而且不可退回。

(2)期权业务保险费费率不固定。保险费的多少取决于费率的高低,而期权业务保险费的费率实际中并不固定,在具体确定时要考虑多种因素,如成交当天市场上即期汇率与期权合约中协定汇率之间的差别、期权有效期的长短、汇率的波动性等。一般来说,即期汇率与协定汇率差别越大,汇率越不稳定,到期时间越长,则保险费率就越高;反之,则越低。

(3)外汇期权是一种选择的权利,而不是义务。期权合约的买方在购买了期权后,仅仅是获得了在一定期限内执行合约的权利,如果协定汇率于己有利就执行,否则可放弃,因此具有较大的灵活性。它弥补了远期外汇交易和期货交易必须执行合约的不足,为客户提供了防范汇率风险的更为灵活的交易方式。

外汇期权交易产生于 20 世纪 70 年代,至 80 年代遍及各主要国际金融中心,发展甚为迅速。目前,外汇期权交易越来越规范化,已有了标准化契约,现已成为国际金融市场上极为流行的创新金融工具之一。

（三）外汇期权的类型

▶ **1. 按照行使权力的有效日分类**

外汇期权按照行使权力的有效日可分为欧式期权和美式期权。

(1)欧式期权对期权买方何时可以行使买卖权是有一定限制的,一般情况下,期权的买方只能在期权到期日这一天纽约时间上午 9:30 前,向期权卖方宣布是否行使买权或卖权。

(2)美式期权十分灵活,期权的买方可以在期权到期日前任何一个工作日上午 9:30 (纽约时间)之前,宣布是否行使买权或卖权。不过,由于美式期权的这种灵活性,它的保险费要高于欧式期权。

▶ **2. 从期权买方买入或卖出某种货币的角度分类**

外汇期权从期权买方买入或卖出某种货币的角度,又可分为看涨期权和看跌期权。

(1)看涨期权,又称买入期权、买进期权、简称买权,是指外汇期权的买方,在合同的有效期内,有权按规定汇价买入一定数量某种货币的权利。当客户预测某种外汇的价格要上涨时,便会购买看涨期权。如果将来的外汇汇率果真上升,并且高于合同中协定汇率,客户(即期权买方)可要求执行合同,即按照协定汇价买进一定数量的外汇;如果将来的汇率低于合同汇率，客户可不执行合同。

例如，某客户按约定汇率 USD/JPY＝122 购买了一定数量美元外汇的看涨期权，如在合同到期前美元汇率上升为 USD/JPY＝123，则客户行使权力，买入美元，如不考虑期权费，他要比在市场上直接购买 1 美元便宜 1 日元。如果到期美元汇率下跌为 USD/JPY＝121，则他可放弃执行合约，直接在市场上购得美元。

（2）看跌期权，又称为卖出期权或卖权，是指外汇期权的买方，在合同的有效期内，有权按协定汇率卖出一定数量某种货币的权力。当客户预测某种外汇的价格要下降时，便会购买看跌期权。如果将来的外汇汇率果真下跌，并且低于合同汇率时，客户可要求执行合约，即按照协定价卖出一定数量的外汇，如果将来的汇率高于合同中的汇率，客户可不执行合同。

如上例中，协定汇率为 USD/JPY＝122，若到期市场汇率 USD/JPY＝121，则对于看跌期权的客户来说，执行合约，卖出一定数量的美元，若不考虑期权费，每美元可以比按市场价卖出多得 1 日元，若到期美元汇率变为 USD/JPY＝123，则可放弃执行合约，直接在市场上按上升的汇率抛出美元。

小　结

外汇市场是指由经营外汇业务的银行、各种金融机构以及公司、企业、个人进行外汇买卖和调剂外汇余缺的交易场所。外汇市场按照有无固定交易场所可分为有形市场和无形市场；按照交易对象可分为客户与银行间外汇市场、银行与银行间外汇市场、中央银行与银行间外汇市场；按照政府对市场交易的干预程度，可分为官方外汇市场、自由外汇市场和外汇黑市。外汇市场主要由外汇银行、外汇经纪人、客户、中央银行四个方面构成。

国际上主要的外汇市场包括伦敦、纽约、东京、苏黎世、法兰克福巴黎、新加坡、中国香港等地的外汇市场，构成了目前庞大的国际外汇市场体系。由于时差的存在，上述各个市场的营业时间能够相互衔接，加上现代化通信工具的大量应用，使得整个世界外汇市场连成一体，形成了一个 24 小时不间断的交易网络。

外汇交易方式是本章的重点内容，需要掌握并在实际中运用。主要交易方式有即期交易与远期交易，套期交易与投机交易、套汇交易与套利交易、互换交易、外汇期货交易与外汇期权交易等。即期交易与远期交易是外汇买卖的两种基本方式。即期交易又称现汇交易，是指在外汇交易契约达成后的两个营业日内进行交割的外汇交易。这是外汇交易中最基本的方式，它构成了所有外汇交易的基础。主要产生于客户对外汇的收付、银行调整外汇头寸和谋取投机利润。远期外汇交易又称期汇交易，是指交易双方事先签订契约，约定在未来某一日按照契约规定的汇率和金额进行交割的外汇交易。进出口商和外币资金借贷者为避免其交易遭受外汇风险而进行远期交易，外汇市场上的投机者为获取投机利润而进行远期交易。

套期保值是指卖出或买入金额相当于一笔外币资产或负债的外汇，使这笔外汇资产或负债以本币表示的价值免遭汇率变动的影响。而投机交易则是根据对汇率变动的预测，为赚取汇率涨落的利润而进行的外汇买卖。人们往往利用期汇买卖来达到套期保值或投机的目的。套汇交易是利用不同地点、不同时间的两个或两个以上外汇市场的汇率不同而赚取利差的一种交易。

套利交易则是同时利用不同国家或地区利率差异和货币汇率的差异，将资本进行转移赚取利润的活动。互换交易又叫掉期交易，是指交易者在外汇市场上将交割日不同的同种货币进行等额（或数量相当的），买卖方向相反的一种外汇交易。其目的是为了避免汇率风险，对远期外汇头寸进行保值。外汇期货交易是指通过交易所内公开竞价，买卖未来某时期交割的外汇期货合同的一种外汇交易方式，其主要目的是为了对汇率的变动提供套期保值。外汇期权交易是向期权购买者提供在未来一定时期按固定汇率购买或出售一定数量的某种外汇的权力。期权的价格由相关基础资产市场价格与期权协议价格之间的关系、期权的到期日汇率的易变性、利息率等因素所决定，它具有保值和投机的功能。

思考题

1. 什么是外汇市场？它由哪几方面构成？

2. 国际上主要的外汇市场有哪些，各自有哪些特点？

3. 试比较抵补套利和非抵补套利。

4. 什么是外汇期权？它有哪些特点？

实务题

1. 假设 A 银行某日进行了 5 笔日元兑换美元的即期外汇交易，最终日元多头寸 125.35 万日元，美元缺头寸 2.006 5 万美元，若当日市场收盘价为 USD1＝JPY120.50，则该银行以美元计算的最终盈亏是多少？为了防止日后美元价格进一步上涨，银行可以采取何种交易避免风险？

2. 某英商持有英镑 100 万，当时纽约市场上年利率为 6%，伦敦市场上年利率为 10%，伦敦市场即期汇率为 GBP/USD＝1.487 3－1.488 6，3 个月远期差价为 10－8。

（1）该英商应将英镑 100 万投放于哪个市场？能获利多少？

（2）这种操作过程如何进行？

3. 某日纽约和巴黎市场的汇率分别如下：USD1＝HKD7.745 6/86 和 USD1＝HKD7.755 0/80。

（1）问此两地是否存在套汇条件？为什么？

（2）若有 100 万美元，如何套汇能获利？获利多少？

案例分析

1. 日本 A 公司和美国 B 公司签订了一份化妆品进出口合同，总金额为 100 万美元，日本公司支付美元货款结算日期为 3 个月后，签订合同时美元与日元之间的汇率为 USD1＝JPY117.020 0/117.950 0。3 个月远期汇水为 600/800。日本公司预计 3 个月后美元会升值，于是签订了买入 100 万美元的远期合同。如果 3 个月后美元兑换日元的即期汇率为 117.820 0/118.860 0，请分析日本公司做远期外汇交易是否划算？

2. 2013 年 10 月 2 日，某家英国大公司从远东获得一张出口商品订单，交割和支付在 6 个月之后，而且是以美元支付。公司财务主管不能肯定财务账上何时会收到这笔款项，而且担心公司在收到款项之前，美元价格可能下跌（贬值），出口商品的发票金额为 USD225 000 0。如果不采取任何措施，那么如果到期时美元下跌，公司从外汇兑换中收取的英镑将会减少，从而在成本补偿和获利方面受到损失。但如果到期时美元升值的话，会大幅获利。虽然不能肯定美元将向哪个方向变化，但按公司的政策，由于存在货币亏损的可能性，所以不能置之不理。如果与某银行进行一笔远期外汇交易，那么当美元向有利的方向发生变化时，就得不到这笔意外的收获，但如果进行的是一笔期权交易，那么当美元向不利的方向变化时，可以保值，而美元向有利方向变化时，可以保留获利机会。

思考：该公司具体应如何操作？利用期权保值与利用其他外汇交易方式保值有何异同？

3 第三章
Chapter 3
外汇风险管理

>>> **学习目标**

1. 掌握外汇风险一些基本概念，阐述外汇风险的成因、衡量方式以及对经济的影响。

2. 明确外汇风险管理的业务范围、基本环节、原则等，对外汇风险与管理有个初步的认识与了解。

3. 学会在投资、融资及进出口业务中有针对性地灵活应用避免和降低外汇风险的措施，以提高企业的经济效益。

第 一 节　外汇风险概述

一、外汇风险的含义、类型与构成

（一）外汇风险的定义

外汇风险，是指国际外汇市场汇率的变化对企业、银行等经济组织及政府、个人以外币计值的资产（债权、义务）带来损失的可能性。

对负有外汇资产和负债的关系人来讲，外汇风险可能有两个结果：获得利益，或遭受损失。

外汇风险有广义和狭义之分。狭义外汇风险仅仅指汇率变化引起的风险，即汇率风险。广义外汇风险不仅仅是指汇率变化引起的风险，还包括信用风险、资金周转风险、交收风险和国家风险、交易员风险或交收员作弊风险等。

（二）外汇风险的类型

▶ **1. 交易风险**

在经营活动中产生的，即由于外汇汇率波动而造成的应收资产与应付债务价值变化的风险称为交易风险，是国际企业的一种最主要的外汇风险，这些风险包括以下几方面。

（1）以即期或延期付款为支付条件的商品或劳务的进出口，在货物装运和劳务提供后，而货款或劳务费用尚未收付前，外汇汇率变化所发生的风险。

（2）以外币计价的国际信贷活动，在债权债务未清偿前所存在的汇率风险。例如，某项目借入是日元，到期归还的也应是日元，而该项目产生效益后收到的是美元。若美元对日元汇率猛跌，该项目要比原计划多花许多美元，才能兑成日元归还本息，结果造成亏损。

（3）向外筹资中的汇率风险。借入一种外币而需要换成另一种外币使用，则筹资人将承受借入货币与使用货币之间汇率变动的风险。

（4）待履行的远期外汇合同，约定汇率和到期即期汇率变动而产生的风险。

▶ **2. 会计风险**

会计风险又称转换风险，主要指由于汇率变化而引起资产负债表中某些外汇项目金额变动的风险。它是一种账面的损失和收益，并不是实际交割时的实际损益，但它却会影响企业资产负债的报告结果。例如，某企业进口设备 30 万美元，当时汇率为 100 美元＝890元人民币，换算为 267 万人民币，并记录这一负债。在会计期末对外币业务账户金额进行换算时，汇率发生了变化为，100 美元＝830 元人民币，这时资产负债表上外汇资金项目的负债为 249 万元人民币。其中，18 万元人民币就成为汇率变化而产生的会计风险。

▶ **3. 经济风险**

经济风险，指由于外汇汇率发生波动而使国际企业的产品的销售量、价格与成本发生影响，从而引起国际企业未来收益发生变化的一种潜在风险。

例如，我国某集团公司在美国有一子公司，利用当地资源和劳动力组织生产，产品以美元计价销售。突然美元出现了较大幅度的贬值，这就会给子公司的经济绩效带来潜在的风险。

▶ **4. 储备风险**

储备风险是指外汇作为储备资产因外汇汇率变动而引起价值下跌或上升的可能性。

（三）外汇风险的构成要素及其相互关系

外汇风险有三个构成要素：本币、外币和时间。具体体现在下面三个方面。

▶ **1. 时间风险**

时间风险是指由于债权债务的产生与清偿之间存在时间差而造成的风险，时间越长，则在此期间发生汇率波动的可能性就越大，因而风险也相对越大；反之，则外汇风险也越小。

▶ **2. 价值风险**

价值风险是指由于外币存在空头或多头地位而产生的风险，只要存在外币的空头或多头地位就存在价值风险，而不管时间结构如何，都存在价值风险，因此，改变时间结构不能改变价值风险。

▶ 3. 不同的货币(本币与外汇或者不同外币之间)之间

如果一个企业在其整个经营过程中，始终是用一种货币，就不存在汇率风险。这种情况，对于涉外企业或者跨国企业来说可能存在于某些业务(交易)中，但在其他业务中就不会如何。即使是某些交易过程始终以某一外币计价、结算，在最终考核企业经营业绩时，仍需折算成另一种货币并账核算，仍存在货币换算和汇率风险。

例如，一个企业 90 天后有一笔外汇收入。这里，既存在着时间风险，又存在着价值风险。现该企业借入一笔外汇贷款，其金额与未来的外汇收入相等，并将这笔贷款的偿付时间也规定在 90 天后，即以 90 天后的外汇收入来偿还这笔外汇贷款。这样，把将来的时间风险转移到现在，从而消除了时间风险，但是受汇率波动影响的价值风险仍然存在。要想消除该价值风险尚须采取措施，即将外币借款换成本币，然后以本币进行投资，借以获得一定的投资利润。这样，才能消除全部风险。

总之，凡是外汇风险均包括本币、外币和时间的因素，而且不同货币兑换越多，风险越大；反之，则小。涉外应收账或者应付账时间越长，其间汇率波动的可能性也越大，汇率风险越大；反之，则小。不管时间的长短、结构如何，都会存在价值风险，即使改变了时间结构也不能改变价值风险。

(四) 外汇风险对经济的影响

外汇风险对经济的影响主要表现在外汇汇率的变动对经济总体运行产生影响。汇率是一国货币以他国货币表示的价格，在国民经济中，属于最重要的价格之一。而一国的汇率上升表示其货币贬值，若下降则相反。任何重要价格的改变，对于一国经济会有深远的影响。经由汇率，国内商品价格可转化为外国价格，可决定国货是否可出口；国外商品价格也可转化为本国价格，可决定外国货品是否可进口。汇率一变，很多商品价格都会跟着调整，竞争能力也跟着变；汇率变动影响不同企业的生产与利润，以及消费者的相对成本；对生产者、消费者及投资人是买国货或外国货、出口或进口、投资国内或国外，会带来很大的影响。就贸易和投资来说，就会对国家的经济造成很大的变动。例如，国家的国民生产总额(GNP)，因为进出口会影响一国的产量，从而影响国民所得，也会造成物价的改变，进口商品价格的上升往往会提高进口国的消费和零售物价指数，而出口商品的国际价格上升一般也会产生产品价格的上升。

第 二 节　外汇风险的产生原因与衡量方式

一、外汇风险的产生原因

总体来说，外汇风险主要是由于外汇汇率变动所导致的外汇波动。外汇波动的原因有两个：一是商业银行的信贷需求造成了外汇的市场波动；二是货币发行国的整体经济状况以及货币的购买力平价，这造成了货币波动的长期运行趋势。

但是，具体在金融学和会计学中，由于这两种学科中外汇风险的防范的方法不一样，产生的原因也略有差异。在金融学中，外汇风险产生的原因主要是市场波动和现金头寸的平衡问题。

在会计学中，汇率风险主要来源于长期应收账款和应付账款以及短期应收（付）账款，相对而言，会计学中面对的外汇风险是市场风险和利率风险。利率风险主要是长期应收（付）账款所约定的利率水平和即期的利率水平之间有差异造成的。

二、外汇风险的衡量方法

在外汇风险管理实践中，有三种常用的方法来计算、测量外汇资产的风险：极限测试、情景分析和风险价值。其中，极限测试和情景分析侧重在分析市场变量发生变化所带来的风险度大小，而风险价值则重在描述发生风险的可能性。

（一）极限测试

极限测试被用来衡量某些市场变量发生一定方向、一定程度的变化对投资组合价值产生的影响程度。例如，对于一个 1 亿美元的 5 年期固定利率债券投资组合，当 5 年期国债收益率上升 50 个基点时，这一组合将出现多大的损失。极限测试的程序如下。

（1）选定测试的对象和相关的市场变量，设定测试的幅度和时间段。

（2）如果风险因素是多个市场变量，需要对变量之间的相关性做出考察。

（3）计算各个变量在测试幅度内的变化对投资组合的价值影响，即重新评估资产组合的价值。

（4）根据评估结果，决定下一步的风险管理计划。

下面我们以一个简单的例子来说明极限测试法的具体运用。

假设欧元兑美元的即期汇率是 0.950 0，某银行拥有一份远期合约，合约到期时需要在当时的汇价水平卖出 1.5 亿欧元。表 3-1 展示了欧元汇率上下波动 6%、波动性为 10% 时对该笔交易损益影响的测试结果。

表 3-1　欧元汇率变动的测试结果（波动性为 10%）

欧元远期合约：即期汇率＝0.950 0，执行价格＝合约到期时的即期汇率								
欧元兑美元汇率变动的百分比	−6%	3%	−2%	−1%	0	1%	2%	3%	6%
欧元汇率	0.893 0	0.215	0.931 0	0.940 5	0.950 0	0.959 5	0.969 0	0.978 5	11 070
损益（万欧元）	−855	−427.5	−285	−142.5	0	142.5	285	427.5	855

选择哪些市场变量进行测试，以及在多大的范围内、多长时间段内进行测试，是极限测试法衡量外汇风险的技术难点，此外，极限测试法只考虑了发生损失的数额，没有考虑

这种损失发生的可能性，在实际操作中有一定的局限性。

（二）情景分析

情景分析和极限测试有许多相似的地方，通常可以互相替代。它们都对未来的情况做出假设，都对现有产品组合价值将受到的影响做出测试，而且都没有考虑相关时间的发生概率。但是在实务中，两者还是有重要区别的。极限测试对影响金融资产组合价值的市场变量做了大量的研究，并测试这些变量的特定变化会带来什么样的结果。情景分析则有所不同。情景分析典型的程序是：首先对未来的市场状况做出一个替代假设，然后由此推论出这一假设条件下的相关市场变量，最后将新的市场变量的价值通过模型计算转换成为对现有金融资产组合价值的影响效果。因此，极限测试可以被认为是一种自下而上的方法，而情景分析则是一种自上而下的方法。

在衡量一个或几个关键市场变量的波动产生的风险时，极限测试可以起到很好的作用。然而，在某些灾难性的情况发生而需要做出假设和引申时，就需要使用情景分析法来估计风险。因此情景分析法常常用于衡量重大的政策变化、罢工、大规模信用危机等事件对特定的金融资产组合可能带来的损失。

（三）风险价值

风险价值是一种衡量风险的方法，它使用标准的统计学技巧，衡量在一特定的时间段里、正常的市场条件下、特定的置信水平上，一个涉外经济主体可能蒙受的最大损失。例如，假设一家银行在未来的一年时间里，在99%的置信水平上的风险价值是5 000万美元。这意味着在这一年时间里，在正常的市场条件下，汇率变动100次中将有1次，该银行会蒙受超过5 000万美元的损失。风险价值不仅表示了该银行对市场风险的暴露程度，也指出了发生这一损失的可能性即概率。如果该银行的管理层或者股东对这一风险度感到不满意的话，他们可以运用风险价值的计算方法，确定另外一个合适的风险程度。

▶ 1. 风险价值的作用

（1）信息报告。风险价值可以被用来向管理层和股东大会揭示源自投资和市场交易活动的金融风险。它非常符合信息透明和风险揭示的原则。

（2）资源配置。对不同的业务种类，风险价值表示不同的风险分配情况，因此它可以被涉外经济主体用来设定各类交易的操作限额，也可以用来决定如何分配有限的资金。通过这种操作，涉外经济主体可以更合理地分配业务风险的承受方向和程度。

（3）业绩评估。涉外经济主体既然是根据风险价值的数据来决定风险的分配格局，那么它也就可以利用这些数字来评估合理的收益状况。这种工具对于交易性业务特别重要，尤其是当涉外经济主体对额外的风险和收益都保持中性立场时。

▶ 2. 正确运用风险价值需要注意的问题

"风险价值"是用于衡量外汇风险管理准备程度的标准。

（1）必须能够在任何情况下确定并评估自身的头寸，这是市值评估所提出的要求。

（2）必须能够确定各种结果发生的可能性，这是概率模型提出的要求。有了为市场风险因素的分布状况而设计的概率模型，加上市值评估的计算方法，就可以得出投资组合未来价值变化的分布模型，进而根据这个模型来确定风险管理的准备程度标准。

正态分布大量地被统计学家们用来衡量某一事件的所有可能结果的发生概率。在外汇风险管理工作中，这一模型也得到了充分地利用。风险价值实际上就是正态分布曲线上的一个点，如图 3-1 所示，该点在模型的 x 轴和 y 轴上的坐标分别代表了某个结果的数值（例如前面例子中某银行在某个投资组合上发生 5 000 万美元的损失），以及这个结果的发生概率(如 1%)。如果将这个点在曲线上移动，就可以得出不同的结果及其发生概率的所有组合。

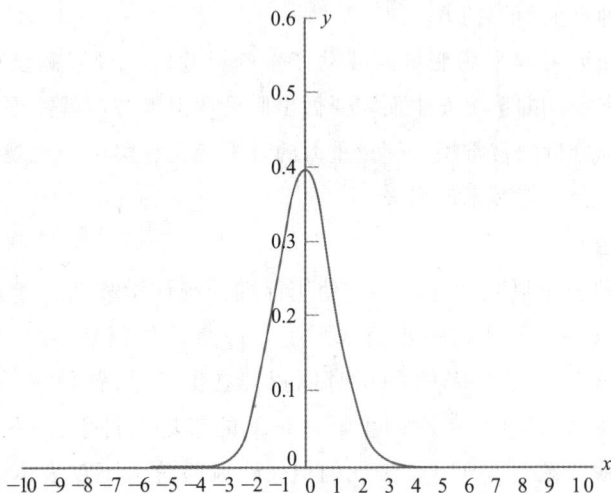

图 3-1 风险价值正态分布

在测量风险价值时还应该考察另外一个必需的标准，那就是时间段。因为讨论未来某个外汇风险价值的分布位置时，必须明确其所处的时间段。使用不同的时间段，例如 1 天、1 个月、1 年、10 年，将得出完全不同的分析结果。

综上所述，在衡量某一涉外经济主体的风险价值时，简单地讲，该经济主体的风险价值为 1 亿美元是毫无意义的。只有指明特定的一个时间段以及一个发生概率，才能解释该经济主体的风险价值的含义，即在指定的时间段内，在给定的发生概率下，该经济主体蒙受外汇风险最大损失的数额。

▶ **3. 计算风险价值的步骤**

风险价值的计算，需要按照下述的五个步骤来进行。

(1) 确定涉外经济主体持有的外汇风险头寸。不同的经济主体的风险头寸规模、形成的渠道各不相同，在确定外汇风险头寸时必然有不同的信息渠道。但是无论如何，应该对这些外币头寸建立起一个完整的数据库，其中包括交易头寸、资产或负债头寸、外币价格、资产或负债存续期、价格的敏感度分析指标等。

(2) 确定影响风险头寸价值的市场风险因素。市场风险因素的选取是非常烦琐的工作，不仅如此，在建立风险价值模型的过程中，确定将多少市场风险因素纳入分析范围也是一项非常棘手的工作。纳入的因素越多，分析的结果就越准确，但同时所要求的数据就越多，系统也就越复杂。当然，没有哪一组风险因素是完整的，总会出现一些概算错误。市场风险因素是否足够需要视不同的情况而定。为了获得更加准确的结果，风险价值模型需要纳入尽可能多的市场风险因素，而且这些市场风险因素需要在市场环境发生变化时不断更新。

（3）确定市场风险因素的背景并分派发生概率。在为市场风险因素建立概率分布模型时需要考虑很多问题，例如某一个变量的历史波动性、它与其他变量之间的相关性、它的分布曲线的形状等。如果我国某银行拥有 1 000 万美元的 10 年期美国国债，如何确定美国国债的市场风险因素并对其分派概率呢？

（4）建立所有风险头寸的定价函数，并以此作为市场风险因素的价值函数。现实中可以采取一系列不同的方法。对大多数有价证券而言，对其进行市值评估的过程就是建立一个相对简单的市场风险因素的价值函数。在其他更加复杂的产品如衍生产品中，可以使用衍生产品定价模型，将风险因素的价值输入模型中，从而得出其价值函数。

（5）使用上述定价函数为所有头寸定价，建立风险结果的分布模型。风险价值就是这条曲线中的一个点。概率分布在第 3 步完成后，使用第 4 步中的市值评估方法，就可以得到投资组合价值变化的数值和发生概率。多次重复这个步骤，就可以得出整个风险价值分布曲线。

风险价值工具是现代风险管理艺术中的一个核心内容，但它同样也有缺陷：某些极端的会导致巨额亏损的事件，可能不会在模型的数据库中出现，但是它的确有可能会发生。在这种情况下，需要将前面所述的极限测试和情景分析两种工具与风险价值结合起来，才能全面地、真实地认识开放经济中各涉外经济主体所面临的外汇风险状况。

第三节　外汇风险管理

一、企业外汇风险管理

在变幻莫测的世界外汇市场上，如何避免外汇风险成为外向型企业经营管理的重要内容之一。外汇风险管理，即对外汇风险的特性及因素进行识别与测定，并设计和选择防止或减少损失发生的处理方案，以最小的成本达到风险处理的最佳效能。

（一）交易风险的防范

交易风险是企业面临的最主要的外汇风险，使企业进行外汇风险管理的关键。

▶ 1. 尽可能地判断有关货币汇率的走势（要综合考虑汇率和利率变动趋势）

自 20 世纪 70 年代初布雷顿森林体系崩溃后，国际上浮动汇率制取代了固定汇率制。各国货币汇率频繁变动，尽管是采取盯住汇率制的货币（一篮子货币）保持了固定汇率，但与其他货币的汇率仍然要随着被盯住货币汇率的浮动而浮动。因此，要想主动地规避汇率风险，最主要的措施之一就是尽可能准确地判断有关货币趋势，以便恰当地选用资产或负债的货币组合，以及适时适度地采取市场运作的措施。

企业在国际市场上筹集资金时要特别注意，低利率的债务不一定就是低成本的债务，高利率的债务也不一定就是高成本的债务，必须把利率和汇率变动趋势综合起来考虑。一般地讲，硬币利率低，软币利率高。例如有 A 和 B 两笔债务，A 债务以美元计价，年利率 12%；B 债务以日元计价，年利率 8%，而美元将贬值 4%，日元将升值 4%。这样，A 债务的实际利率是 8%，B 债务的实际利率是 12%。因而，实际上 A 债务的成本比 B 债务的成本低。当企业对汇率预测把握不大的情况下，从稳妥着眼，在市场允许情况下，借入多种货币共同构成一笔借款比较合适，可以分散风险。

▶ 2. 恰当地选用货币或货币组合

（1）合理选用货币。从汇率因素考虑选用货币的基本原则是：对于资产业务，尽可能地多用硬通货，也就是汇率稳定的货币；对于负债业务，则尽可能多用软通货，即汇率有下跌趋势的货币。

（2）软硬货币搭配。鉴于在实务中，不可能只用一两种货币，以及在一定条件下，强、弱货币地位可能发生转化，因此，可考虑采用适当比例的多种货币组合，将硬、软货币按一定比例搭配组成一篮子货币作为计价货币进行结算、借贷或储备货币，以避免使用单一货币的风险。因为一篮子货币中硬、软搭配，此降彼升，可以较好地保持了总值的稳定或大致稳定。将这样安排用于大宗交易的计价结算或借贷，可以兼顾双方利益，只要货币结构合理，也容易获得对方的接受。

（3）尽可能减少货币兑换次数。汇率是两种货币的比价。假如在借用外债中，减少以至消除货币种类的兑换次数，则可以减少、避免汇率风险。同理，凡是外汇收支业务者，尽量做到在一定时期内收、支种类相同、金额对等的货币，这可以在一定程度上避免汇率风险。

（4）要选择自由兑换的货币。这样有助于外汇资金的调拨和运用，也便于及时将一种外汇风险较大的货币调换成风险较小的货币。

（5）在签订进出口合同时，应尽量采用本国货币计价结算，这样进出口商就不需要买卖外汇，也不承担汇率变动的风险。当然，如果本国发生严重的通货膨胀，应采用外汇货币计价结算，可以避免本国货币贬值的风险。

▶ 3. 平衡法

平衡法，指在同一时期内，创造一个与存在风险相同货币、相同金额、相同期限的资金反方向流动，以此消除该货币的汇率风险。因此，首先应注意对资金较大的业务做好平衡。假如未能做到"一对一"的平衡，也可以考虑通过若干个较小的资金反方向流动的交易做到综合平衡；其次，注意交易市场的多元化，以分散风险；再次，为了安排好平衡交易，银行（企业）内部各部门必须密切配合，及时互通信息。

例如，某企业进口合同1月1日签订，7月1日需付款100万美元，4月1日出口价值100万美元，正好是7月1日收款，则7月1日100万美元收付相抵。当然这种完全相吻合的外汇规避风险是不存在的。

▶ **4. 本币计价法**

出口商向国外出口商品的计价货币一般有三种选择：以出口商本国货币计价、以进口国货币计价和以该商品的贸易传统货币计价。如石油贸易均用美元，一国的进出口商品均以本币计价，可免除外币与本币价格比率之波动，减缓外汇风险，但这有赖于商品市场情况，如为买方市场，则易争取，如为卖方市场则不易实现。

▶ **5. 调整合同价格条件法**

在进出口贸易中，出口方以本币或"硬"通货计价，进口方以本币或"软"通货计价，都是一种向国外交易对手转嫁外汇风险的方法。在确定价格时，如对方坚持以对其有利的货币计价，则本方应采取灵活变通的方法，要求对方在价格上做出让步，可通过调整合同条件的方法，以避免使用不利的计价货币可能蒙受的损失，以抵消外汇风险。

在进出口贸易中，如发生汇率风险损失，企业一般通过将汇率损失摊入出口商品中或将汇率变动可能造成的损失从进出口商品价格中剔出的方法，来转嫁汇率风险损失。

例如，我国某进出口公司从日本进口原材料卖给国内生产厂家，贸易合同中规定以日元计价，考虑到日元对于出口方（日方）是本币且属于"硬"通货，这样选择显然对出口方（日方）有利而对我方不利。为了避免外汇风险，进口方可以采取的方法有：第一，适当调低进口货物的价格；第二，采用对进口方有利的支付方式，例如，从即期L/C改为远期L/C，或者从D/P改为D/A；第三，提高国内销售价格，将风险转嫁给国内生产厂家。

▶ **6. 采取保值措施，订好保值条款**

这是指在签订贸易合同和贷款合同时，在合同中列加保值条款，以防止汇率多变的风险。在签订贸易、信贷或投资等协定时，若确定以某种货币作为计价支付手段，则按当时的市场汇率将该货币折算成相应的"一篮子货币"额，到结汇时再按结汇时的市场汇价将"一篮子货币"额折算成相应数额的计价货币进行偿付。"一篮子货币"是多种货币的组合货币，它实际上是利用多种货币之间的负相关效应，币值较稳定，是理想的保值工具，完全可以用来综合抵消降低风险。

常见保值条款有以下几种。

（1）外汇保值。外汇保值条款虽然都以硬币保值，以软币支付，但有三种类型，根据业务具体情况，选择一种使用。这三种类型是：①计价用硬币，支付用软币，支付时按计价货币与支付货币的现行牌价进行支付，以保证收入不致减少。②计价与支付都用软币，但签订合同时明确该货币与另一硬币的比价，如支付时这一比价发生变化，则原货价按这一比价的变动幅度进行调整。③确定一个软币与硬币的"商定汇率"，如支付时软币与硬币的比价超过"商定汇率"一定幅度时，才对原货价进行调整。

（2）综合货币单位保值与外汇保值的性质、形式相同，但不是以硬币保值，而是以综合货币单位保值，如以特别提款权、欧洲货币单位来保值。

（3）滑动价格保值条款在签订贸易合同时，买卖商品的部分价格暂不确定，根据履行合同时市场价格或生产费用的变化，加以调整。

（4）物价指数保值即以某种商品的价格指数或消费物价指数来保值，进出口商品货价根据价格指数的变动相应调整。

▶ 7. 选好结算方式

（1）出口收汇原则：出口收汇应贯彻"安全及时"的原则，这样使得出口收汇不致遭受汇价波动的损失，外汇收入不致遭到拒付。

（2）出口收汇原则与支付方式。一般而言，即期 L/C 结算方式，最符合安全及时收汇的原则；远期 L/C 结算方式，收汇安全有保证，但不及时，因此汇率发生波动的概率就高，从而削弱了收汇的安全性。至于托收结算方式，由于商业信用代替了银行信用，安全性大大减弱。D/A 方式安全及时性最差，自不待言，就是 D/P 方式，在贸易对手国家出口商品行情下跌，外汇管制加强的情况下，进口商往往不按时付汇，收汇落空的风险也很大。所以，为达到安全及时收汇的目的，要根据业务实际情况，在了解对方资信的情况下，慎重而灵活地选择适当的结算方式。

（3）利用托收支付方式应注意的问题。如果出售商品库存积压，国际市场价格疲软，款式陈旧，在贸易对手资信可靠，该出口商品在对方国家尚有一定销路，并且对方国家外汇控制相对不严的情况下，也可接受托收方式。

▶ 8. 金融交易防险法

金融交易防险法即利用外汇市场与货币市场业务消除汇率风险。常见的方法有即期合同法、远期合同法、期权合同法、货币期货合同法、掉期合同法和投资法等。

（1）即期合同法通常是指合同主体在业务经营中两天内存在外汇汇率风险，则该合同主体可以与外汇银行签订购买外汇的即期合同来消除风险，但是要注意实现资金的相反方向流动。

例如，美国某公司在两天内要支付一笔金额为 1 亿日元的货款给日本出口商，该美国公司可直接与外汇银行做一笔即期外汇交易，即以美元购买 1 亿日元现汇。两天后，该外汇银行交割给美国公司的这笔日元就可用来支付给日本出口商。这样就可消除了两天内美元兑日元汇率可能波动的风险。

（2）远期合同法，就是具有远期外汇债券或债务的企业与银行签订远期外汇交易合同，通过远期外汇交易来消除或减少外汇风险。利用远期合同法，通过合同的签订把时间结构从将来转移到现在，并在规定的时间内实行与外币的冲销。

（3）货币期货合同法，就是具有外汇债券或债务的企业，通过外汇期货市场进行外汇期货买卖，以消除或减少外汇风险的方法。也就是在金融期货市场上，根据标准化原则与清算公司或经纪人签订货币期货合同，来防止外汇风险的一种方法。

例如，2月10日英国某公司进口一批商品，付款日期为4月10日，金额为15万美元。2月10日伦敦市场美元对英镑的即期汇率为1英镑：1.5美元，6个月交割的比价也为1英镑：1.5美元。但是，调研机构预测美元将上浮，英国某公司为避免汇率上涨的风险，以金融期货市场买进6月份第三个星期三交割的远期美元合同4个（因为期货市场成交单位与交割时间标准化，以英镑买美元期货的每一标准为2.5万英镑，某公司要买4个2.5万英镑的美元即订立10万英镑购买15万美元的期货合同）以便6月份第三个星期三到期时，以10万英镑换得15万美元。4月10日该公司支付15万美元货款时，美元汇价果然上涨，美元对英镑比价为1英镑：1.45美元，该公司此时支付15万美元货款则要付出103 488英镑（150 000.45美元＝103 488英镑），比2月10日成交时美元对英镑的比价要多付3 488英镑，也即损失了3 488英镑。但是，由于该公司签有购买以英镑购买美元期货的合同，保证它能以1英镑：1.5美元兑得15万美元。它以这15万美元按4月10日1英镑：1.45美元的比价再换回英镑，可得103 488英镑，减去原成本10万英镑，获利3 888英镑，从而抵销了损失，防止了风险。如果到6月10日，英镑继续贬值，1英镑可换到的美元数低于1.45美元，则在6月10日卖出美元的获利将超过3 888英镑，既抵销了损失，还可以获得净利。

（4）外汇期权合同法，拥有应收外币账款或应付外币账款的企业，也可以通过外汇期权来抵补外汇风险。从外汇期权的交易特点可以看出外汇期权比上述的几种外汇交易都更具有保值作用。

（5）掉期合同法，在买进或卖出一种期限货币的同时，卖出或买进另一种期限的同种货币，以避免风险。在掉期业务中，两笔外汇买卖的金额相同，买卖方向相反，买卖所使用的汇率不同。利用掉期合同，同样可以消除时间和价值风险。

（6）利率互换业务，根据大卫·李嘉图"两利相较取其重，两弊相较取其轻"原理，在金融领域创新中的利率互换能对两个债务人筹资时根据各自优势实现互补互利，利率能够互换的原因是每个企业在各自金融市场上的优势不同，筹资的利率优惠也就不同，但为了使自己的资产与负债币种结构对应，对不具备优势筹资的货币的需求，又无法避免。如果另一国家企业同样有以上原因和不利因素存在，则互换就是可能的。互换结果可以使双方实现互利。有关内容详见金融市场业务创新部分。

（7）利用借贷法，借贷法是有远期外汇收入的企业通过向其银行借进一笔与其远期收入相同金额、相同期限、相同货币的贷款，以达到融通资金、防止外汇风险和改变外汇风险时间结构一种方法。如果借款不换成本币，则消除了时间风险，而仍存在着价值风险。另外，运用借款法防险是有成本的，因为借款要支付利息，但运用这些资金又都可以取得利息收入，如果取得利息收入小于支付的利息，就会出现亏损。

例如，我国某公司半年后将从美国收回一笔100万美元的出口外汇收入，为了防止半年后美元贬值的风险，于是向银行借款100万美元，期限为半年，并将这笔美元作为现汇卖出，以补充其人民币的资金流动。半年后再利用其从美国获得的美元收入，偿还其从银行取得的贷款，半年后，即使美元严重贬值，对我公司也无任何影响，从而避免了外汇风险。

（8）利用投资法。对公司来说，投资意味着现时有一笔资金流出，而未来有一笔反方向的该笔资金外加利息地流进。在存在外汇风险的情况下，投资的作用像借款一样，主要是为改变外汇风险的时间结构。具体操作如下：若企业有未来的应付外汇账款，这时企业可将一笔资金（一般为闲置资金）投放于某一金融市场，一定时期后连同利息收回这笔资金，从而使这笔资金增值，并用于支付。运用投资法资金投放的典型市场为短期货币市场，投资的对象为规定到期日的银行定期存款、存单、银行承兑票据以及国库券和商业票据等。

例如，日本某公司有为期半年的 10 万英镑的应付账款，如果在半年内英镑汇率上升，它将蒙受风险损失。在外汇风险管理中它可使用国际投资法，即按当时的汇率买入 10 万英镑并用它进行为期半年的投资；半年后用收回的英镑投资偿付应付账款。尽管它得到了半年的利息收入，但是它也提前半年付出了日元。国际投资法可以使外币债务人将计划的未来外汇交易提前进行，从而可以避免汇率风险损失。

投资法与借贷法的相似之处是都能改变外汇风险的时间结构，而两者的区别是，投资法是将未来的支付转移到现在，借贷法则是将未来的收入转移到现在。

（9）福费廷交易法。福费廷交易是指出口商将期限长、金额大、经进口商承兑的远期汇票无追索权地卖给办理福费廷的银行或大金融公司进行贴现，提前取得外汇现款，从而将汇率风险转嫁给承办福费廷业务的银行或公司。这种方法避险非常有效，但费用较高。

（10）BSI 法。BSI 法即"借款—即期合同—投资法"（borrowing-spot-invest），其运作过程为：以借款消除外汇的时间风险，以即期外汇买卖消除外汇风险；以短期资金市场的投资来免除利息损失，最终以达到彻底避免外汇风险的目的。

① BSI 法在外币应收账款中的具体运用。在有应收账款的情况下，为防止应收外币的汇价变动，先借入与应收外汇相同的外币，将外汇风险的时间结构转变到现在办汇日。借款后时间风险消除，再通过即期合同，将借到的外币卖与银行换回本币，即消除了价值风险。再将卖得的本币存入银行或进行投资，所赚得的收入，可抵冲一部分采取防险措施的费用支出，等应收账款收回日就用收到的外币清偿借款。

② BSI 在外币应付账款中的具体运用。在有应付账款的情况下，先从银行购买应付外币所需的本币，然后与银行签订购买外币的即期合同，买进外币，将这些外币投资于短期资金市场，到期时，收回投资，支付应付账款。投资所得的收益也可以抵冲因采取防险措施而产生的部分费用支出。在采取 BSI 法防止应收账款外汇风险时，如果公司流动资金充裕，也不从银行借款，而利用流动资金购买即期外汇，这样可能比从银行借款的成本低。

例如，英国某公司有 1 000 万日元的应收账款，该敞口头寸使其承受外汇风险。在外汇风险管理中，它可以借入 1 000 万日元，通过即期外汇交易将其兑换成英镑，并用该英镑进行投资。在收回投资时，它用英镑投资利息偿付日元借款利息。如果前者不足以偿付后者，则它为避免外汇风险付出了一定的代价。BSI 法与国际借款法的主要区别是：在操作中多出一道投资程序，从而未能提前利用资金，同时也不必完全承担借款利息的代价。

BSI 法不仅可以作为外币债权人的外汇风险管理工具，而且可以被外币债务人作为避险手段。

例如，假定英国某公司有 1 000 万日元的应付账款，支付期限在半年之后。如果在半年内日元汇率上升，该公司将蒙受风险损失。在外汇风险管理中，可先借入一笔相当于 1 000 万日元的英镑，通过即期外汇交易转换成 1 000 万日元，然后用这笔日元进行国际投资，在半年之后，用收回的日元投资支付 1 000 万日元账款。如果日元投资利息不足以偿付英镑借款利息，则其差额是它进行外汇风险管理的代价。如果日元投资利息高于英镑借款利息，则该公司不仅避免了汇率风险，而且获得了一定的利息差额收入。

（11）LSI 法。LSI 法即"提早收付—即期合同—投资法"（leading-spot-invest）。通过提早完成收付，避免时间风险；通过即期买卖，避免外汇风险；通过短期资金市场的投资，避免利息损失。

① LSI 在外币应收账款中的具体运用。在有应收账款的情况下，在征得债务方的同意后，给其一定折扣，请其提前支付货款，以消除时间风险；以后再通过即期合同，换成本币从而消除货币风险，为取得一定利益，将换回的本币再进行投资，投资收益少的用来抵补因提前收付而让出的折扣。

② LSI 在外币应付账款中的具体运用。在有应付账款的情况下，先借进一笔本币，通过即期合同买入外币，以买得的外币提前支付货款。从而消除了时间风险和价值风险，将来，只需以本币偿还本币借款，这个过程实际是先借款，再与银行签订即期合同，最后提前支付，即 BSI，但国际传统习惯均不叫 BSI，而叫 LSI。

例如，英国某公司有 1 000 万日元应收账款，为避免日元汇率下降的风险损失，它可要求对方提前支付，并给对方相应的折扣。然后它通过即期外汇交易将这笔日元兑换成英镑并进行投资。如果收回投资的时间与原计划的应收账款支付时间一致，则该业务流程并未超过公司取得资金的时间；如果折扣率和投资收益率一致，那么该公司并未为汇率风险管理付出实质性代价。LSI 与 BSI 相似，只不过将借款改为要求对方提前支付。

又如，英国某公司有 1 000 万日元应付账款，则它担心日元汇率上升可能带来的风险损失。此刻 LSI 法涉及借款而非投资，有关程序明显改变。首先，该公司借入相当于 1 000 万日元的英镑，然后通过即期外汇交易将这笔英镑兑换成 1 000 万日元，最后用这笔日元提前支付并获取相应的折扣。如果折扣率与英镑借款利率相同，则该公司并未付出实质性的汇率风险管理代价。

（12）易货贸易

易货贸易是在换货的基础上，把同等价值的进口和出口直接联系起来，构成一笔商品互换的交易。狭义的易货贸易是指买卖双方各以一种等价物的货物进行交换，同时成交，同时付货，不用支付货币。广义易货贸易是指双方交换的货物都通过货款支付清算，双方都存在购买对方同值货物的义务。易货贸易计价货币和结算货币同为一种货币，因此可以避免外汇风险。

（二）经济风险的防范

经济风险可按不同的时间阶段划分为短期、中期和长期三种类型，经济风险包含有效管理的预期以及汇率不可预期变化对公司未来现金流量的不同程度的影响。但不管是哪种类型经济风险，都难以精确地测定，这既给管理带来了难度，也说明了灵活性是管理经济风险的关键，它要求公司对复杂的经济风险影响做出迅速反应，也就是说，根据销售、生产设施的地理位置、原材料供应和融资等具体情况，在国际范围内分散风险，这种分散化管理经营有利于灵活地对实际汇率变化做出反应。一般而言，在寻求降低经济风险方面，需要在营销管理与生产两个方面做出多样化经营策略的调整。

有两个需要注意的方面。

（1）它所针对的是意料之外的汇率变动，意料之中的汇率变动不会给企业带来经济风险。

（2）它所针对的是计划收益，由于意料之中的汇率变动对企业收益的影响已经在计算计划收益的过程中加以考虑，所以经济风险并未包括汇率变动对企业收益的全部影响。经济风险可分为真实资产风险、金融资产风险和营业收入风险三方面。

（三）转换风险的防范

会计人员在处理会计报表时，面临的一个严重问题是，在资产负债表中，某些以外币计量的资产、负债、收入和费用折算成以本国货币计价的账目时，应使用什么汇率。使用的汇率不同，则账面结果不同，会计风险也不一样。折算中可供选择的汇率有两个：历史汇率和现行汇率。一般来说，若采用历史汇率进行折算，则以外币计价的资产负债项目不存在转换风险；若采用现行汇率折算则项目存在转换风险。

例如，假设美国某公司因业务需要在银行中存放了 1 亿日元，存款时，也即该资产产生时，汇率为 USD/JPY＝100，将它折算转换成美元，该公司拥有 100 万元美元的资产。到结算时，美元贬值，汇率为 USD/JPY＝90，若此时仍以该资产产生时的汇率，即历史汇率折算，则该公司的资产负债表上，这笔日元存款折成美元仍为 100 万美元，和存款一样，既无损失亦无获利，这说明，当要以历史汇率对外币计价的资产、负债进行折算时，不存在转换风险。若以结算日的汇率折算，该公司存款折成美元从 100 万美元变成 11 111 111 美元，在该公司账面上的资产增加了 111 111 美元。如果结算日的汇率为 USD/JPY＝110，该公司存款只相当于 909 909.9 美元，和以历史汇率折算的结果 1 000 000 美元相比，损失了 90 909.1 美元。这说明由于结算日汇率和资产、负债产生日的汇率可能不同，在结算日以现行汇率折算某项目将存在转换风险。

转换风险的防范方法主要是实行资产负债表保值法，即设法使企业资产负债表上的外币资产和外币负债在币种与金额上趋于一致，从而使净头寸等于零。进行资产负债管理，从某种意义上讲，是一种协调手段，故它必须以牺牲经营效益为代价来改变资产负债表账户有关项目的货币和规模，以求得资产和负债受险部分平衡，所以应慎重对待，权衡利弊。在实际工作中，鉴于转换风险是纯粹会计上的损益，对企业的现金流量并无实质性的影响，所以有的企业也采取听之任之的态度。

综上所述，企业外汇风险的防范有些是在风险已经存在后采取的，有些是风险发生前采取的。有些风险防范技术只能消除时间风险，有的只能消除货币风险，有些则两者均可消除。

二、银行外汇风险管理

（一）外汇风险管理策略

▶ **1. 完全抵补策略**

完全抵补策略即采取措施消除外汇敞口额，固定预期收益或固定成本，以达到避险的目的。也就是说银行或企业将手中持有的外汇头寸，进行抛补。采用这种策略主要适用于实力单薄、涉外经验不足、市场信息不灵敏、汇率波动幅度大等情况下的操作。

▶ **2. 部分抵补策略**

部分抵补策略指银行或企业采取措施消除部分敞口金额，但为了盈利，试图留下部分敞口金额以寻求赚钱的机会，同时也留下了赔钱的风险可能。

▶ **3. 完全不抵补策略**

将外汇敞口风险暴露在外汇风险之中，这种情况适合于汇率波幅不大、外汇业务量较小的情况。有时，当外汇汇率看涨时，银行和企业在选择应收账款时也可以使用这种策略。

（二）外汇风险的管理原则

▶ **1. 分类防范原则**

不同类型的风险要采取不同的防范措施。因此要正确识别企业或银行的外汇风险。一般来讲识别的方法可以采取风险分析问询法、财务报表法、流程图分析法、外部环境法等来分析外汇风险。

（1）风险分析问询法是采用问卷方式，直接获得专家的意见，借助广泛的社会力量发现外汇风险。

（2）财务报表分析法是企业或银行将其外汇风险负面结果直接在当期财务报表上显示出来，通过其资产负债表、损益表、财务状况表将财务预测与预算等联系起来。

（3）流程分析法是指建立一个流程图系列，以展示经济实体全部外汇经营内容，将整个经营中潜在的损失做动态分布，找出影响全局的瓶颈，以识别外汇风险存在的可能。

（4）外部环境分析法是通过分析外汇变化的客观原因，进而分析外汇汇率变化与本经济实体内部风险的联系程度及特点，以便分清主次，对企业可能拥有的风险及时处理。以上各种方法，在运用时要根据实际情况灵活使用。

▶ 2. 风险最小化原则

在银行与企业经营中，没有风险是几乎不可能的。问题是应如何实现风险最小化，即将风险降到最低程度。因此企业和银行尽可能采用远期汇率、期货期权、抵补套利等方式来规避风险，同时也应该尽可能减少外汇敞口风险的头寸。例如通过提前收汇实现本币防范的目的。

(三) 银行经营中的外汇风险管理

一般情况下，外汇银行经营外汇业务主要有三个目的：第一，为客户提供尽可能满意的服务；第二，管理银行本身的外汇头寸，使各种外币存量保持在本身经营所需要的水平；第三，在保证上述两个目标的前提下，为银行本身的盈利服务。因此银行不仅要积极创造条件为客户提供良好的服务，而且还要对银行本身的外汇头寸进行管理，并采取适当的管理措施和操作方法，对本身在经营有关外汇业务中可能遇到的外汇风险进行防范或回避，以减少这种风险对银行及其客户的影响程度。

▶ 1. 外汇买卖风险的管理

在银行外汇买卖风险中，银行的受险部分是以外汇头寸来表示的(即外汇持有额)，因此银行外汇管理的关键是制定适度的外汇头寸。

银行的外汇头寸，包括净外汇头寸、现汇头寸和期汇头寸等，对于银行头寸的管理又包括内部交易限额和外部交易限额管理两部分，在这里所说的买卖风险主要体现在内部限额上。

具体来讲，主要有以下几方面。

(1) 即期外汇头寸限额，这种限额一般根据交易货币的稳定性、交易的难易程度、相关业务的交易量等因素。

(2) 同业拆放头寸限额，这种限额主要考虑交易的难易程度、拆放期限长短、拆放货币利率的稳定性等。

(3) 掉期外汇交易限额，主要受同业拆借市场利率的影响，掉期外汇限额制定必须考虑其期限长短和利率的稳定性。

(4) 敞口头寸的币种、时间和数额限制等。例如，一家银行制定其敞口头寸是1000万美元，则该行在开盘时剩余的未平盘头寸，无论折算成何种货币，其头寸都应是1000万美元，若未平盘头寸的余额超过规定限额，被视为越权行为。一般来讲，各国都要求银行每日轧平的外汇头寸与其资本额的具体比例。在时间上，敞口头寸只允许交易员拥有时间头寸(一天的营业过程中的头寸)，不允许其持有隔夜头寸(一天营业终了时的头寸)，即不允许其持仓过夜。

(5) 止蚀点限额，即银行对外汇交易员、交易主任、首席交易员和资金主管的最高损失的额度。各银行对即期交易、远期交易、同业拆借都有止蚀点规定，一旦达到止蚀点则不问情由，一律斩仓，以避免更大损失(例如，止蚀点为敞口头寸的0.5%、1%或1.5%等)。

▶ 2. 信用风险的管理

信用风险管理主要是对银行对外交易时制定信用限额，即外汇指定银行在办理外汇业务过程中，不论交易对方是企业还是银行，也不管对方是国内的还是外国的，都要根据其信用制定出某个时期特殊的授信限额。该限额又包括两个方面。

（1）总限额与分支行限额。各外汇指定银行总行要根据有关交易国家或将来一定时期政治经济状况，制定出授信的总限额，并落实到各分支行，各分支行则要对具体的交易对方制定出具体的信用限额，使有关人员在办理有关业务时能有依据。

（2）建立拆放限额。由于同业拆借是一种无抵押的信用贷款，风险比较高，银行应根据同业银行的资产与负债、经营状况和财务状况，确定拆放额度。对于不同的银行，拆放的额度是不一样的。

▶ 3. 外汇借贷风险的管理

对外汇借贷管理，要做好以下工作。

（1）分散筹资或投资，即在几个或多个国家或地区筹借外汇资金或进行外汇投资。其分散化主要是使借款货币或投资货币与其预期收入货币结构相一致，可以减轻外汇市场动荡而带来的其中某一外汇汇率下降的影响程度等。

（2）争取借什么货币，存什么货币，用什么货币，还什么货币。即借、还、存、用都是同一货币，以降低外汇风险，在当今外汇市场资金充足情况下，这是完全有可能实现的。

（3）要综合考虑借贷货币汇率与利率变化趋势。如果在多种货币筹资中，选择了利率较低的一种货币借款，但到了还本付息时，借入货币汇率上升，且其上升带来的损失已超过较低货币，就会使银行得不偿失。所以，一般银行要设立专门机构对外汇借贷活动进行监督管理，特别是在期限、汇率、还款币种等各方面要给予监督管理。

▶ 4. 交易员作弊的风险管理

要从根本上杜绝人为风险，必须要有完善的制度及严格的监督机制。另外，经理层不应对交易员的失败横加指责，应区分情况，有些亏损是有客观原因的，如突发性的政治经济事件、正常的行情研判失误等，对此，经理层应予以充分的理解，帮助交易员分析失败的原因，总结经验教训，为以后的交易打下更为坚实的基础。交易员能在一种宽松的环境中以一种正常的心态完成交易，才能取得更大的成功概率，也才不至于隐瞒亏损、孤注一掷。

对于交易员作弊风险的防范和管理，主要必须做好以下几个方面的工作。

（1）必须加强对交易员和交收员的职业教育。上级要关心交易员的交易进度，经常给予鼓励和帮助。要帮助交易员正确对待盈亏，对那些已经在交易中发生亏损或未平盘，但损失在即的交易员及时给予正确的关注，防止赌博心态的发生。要培养交易员严明的纪律，对于违反制度、越权交易和不执行止亏限额的交易员应当进行批评教育，情况严重者应给予处分，或者调离工作岗位。

（2）必须设置交易电话记录。交易时装置录音设备，把交易员的电话交易对话全部记录下来，供交收员复核和在有争议时查核。录音机的开关密码由交易室的经理或其他负责人掌握，交易员无权自行开启或关闭录音机。

（3）必须检查和保管好原始交易凭证。当以路透社交易机交易时，由于路透社按一个键配两台打印机提供设备，因此，交易对话实际上一式两份地打印出来，作为原始交易记录。其中，一份交易单交给后线交收员作为交易凭证；另一份由交易时留存，首席交易员、经理可在需要时查核交易原始记录。目前，多数银行都采用双联自动复写打印纸，首联撕下来作为交易凭证，底联任何人不得随意撕下来，从而保证交易原始凭证的连贯性。经理应当经常查阅交易记录，防止作弊事端发生。电传机的交易记录，也要使用双连自动复写打印纸，作用同理，不再赘述。

（4）必须将自营业务与代理业务分开。银行设立客务组，专门负责代客买卖，同自营交易员分开作业。这种分工不仅有利于发展代客买卖，也起到防范作弊的作用。代客买卖的汇价均由自营交易员给出，客务组仅作代理，不再改变汇价。这样，代客买卖人员与客户之间就不易在汇价上进行舞弊。

（5）必须严格传票的交叉复核制度。交易的清算由交收员办理，为了防止交收员串通客户作弊，交收员开出的传票必须严格交叉复核，保证与客户的结算汇价准确无误。外汇交易、外汇结算及会计几个部分应当严密联系。交易后线对前线交易员具有监督的职能，他们最了解交易的情况和进度。交易员有权向后线科长或处长甚至越级向总经理报告交易员的情况，防范恶性越权事故的发生。另外，会计、稽核对交收人员也有监督的权力和职责，从而形成一种相互监督的整体功能。

（6）必须加强稽核与检查。不定期稽核账目、核算盈亏、抽查交易原始凭证、通过客户证实未到期合约等方法都是防范交易员和交收员作弊的有效措施。

小 结

外汇风险是指国际外汇市场汇率的变化对企业、银行等经济组织及政府、个人以外币计值的资产（债券、权益）和负债（债务、义务）带来损失的可能性。外汇风险分为企业外汇风险和银行外汇风险。本币、外币和时间是外汇风险的三大构成要素。外汇风险主要是由于外汇汇率变动所导致的外汇波动。外汇波动的原因有两个：商业银行的信贷需求造成了外汇的市场波动；货币发行国的整体经济状况以及货币的购买力平价，这造成了货币波动的长期运行趋势。外汇风险的衡量方法，在外汇风险管理实践中，有三种常用的方法来计算、测量外汇资产的风险：极限测试、情景分析以及风险价值。

外汇风险管理就是对外汇风险的特性及因素进行识别与测定，并设计和选择防止或减少损失发生的处理方案，以最小成本达到风险处理的最佳效能。企业外汇风险具体包括交易风险、经济风险和转换风险，其中，交易风险是企业面临的最主要的外汇风险。防范交易风险可以采用灵活选择结算货币、货币保值法、调整合同价格条件法、运用适当的外汇交易与衍生工具、BSI 法、LSI 法、外汇风险保险法和提前或延期结汇等手段。银行外汇风险主要包括外汇买卖风险、外汇信用风险、国家风险和人为风险。防范银行外汇风险主要采取制定和完善银行的外汇交易制度和资产负债的管理制度；提高银行业务人员的道德与业务素质。国际结算中的外汇风险主要是在不同的结算方式和资金融通方式下的欺诈风险，对此，银行与贸易商都应提高结算风险防范意识，针对其各种情况下的结算风险，甄别对待，采取行之有效的防范措施。

思考题

1. 什么是外汇风险？试述外汇风险的构成因素。
2. 外汇风险如何测定？外汇风险的类别怎样划分？有哪几类？
3. 什么是外汇风险管理？企业、银行应如何防范外汇风险？
4. BSI 法在应收外汇账款中如何运用？

实务题

1. 各国中央银行和商业银行的经营原则和目标是截然不同的，则它们在承担和控制外汇风险的目标不同，风险控制的方法也不一致，请比较它们之间的区别。

2. 中国 B 公司在美国订购了 100 万美元的商品，约定 6 个月后付款。现汇汇率为 1 美元：120 日元，而 6 个月后远期汇率为 1 美元：116 日元。为了防止汇率风险，请问按照掉期合同法，B 公司该如何操作规避风险？

案例分析

利用外汇交易规避汇率风险

某进出口企业情况如下，该企业进口支付的货币主要有欧元和英镑，而该企业的外汇收入主要以美元为主，该企业在 2004 年 1 月签订了一批进口合同约合 500 万美元的非美元（欧元、英镑），那时欧元兑美元汇价在 1.1 美元，英镑兑美元也在 1.5 美元，该企业大约还有 300 万美元的外汇收入，这样该企业存在收入外汇的币种、金额与支付外汇的币种、金额不匹配，收付时间也不一致，而且这种不匹配的情况在可预见的未来一段时期内依然存在，主要是支付的外汇金额大于收入的外汇金额，收入的货币主要是美元，而支付的货币主要是欧元、英镑等非美元，表明公司有必要采取积极的保值避险措施，对未来可测算的外汇支付（特别是非美元货币的对外支付）锁定汇率风险。该企业可以采取以下几种方法。

1. 积极分析当前汇率的走势，如果认为汇率将向有利的方向变化时，可以不必采取任何保值措施，而获得超额的汇率收益。但此种方法必须依赖对汇率波动的准确预测，否则将给企业带来更大的风险。

2. 在签订进出口合同时，事先确定货币汇率，以防范未来资金支付时汇率剥夺的风险。为更好地达到公司保值避险的目标，在签订非美元商务合同或开立非美元远期信用证时，将支付时的汇率提前确定，避免出现到实际支付时，由于市场的即期汇率大幅升值造成汇率风险损失的局面。

3. 利用远期合同法，规避汇率风险。公司在做远期外汇买卖时交易当天并没有实际的资金交换，而是在预先确定的到期日才按照交易时已确定的远期汇率完成实际资金交割。买进远期的英镑和欧元，卖出美元，在交割时，公司可以选择用已收入的美元支付。

4. 利用外汇期权合同法，规避汇率风险。期权的买方(公司)有权在能够执行该期权的时间决定是否按期权的协议价和金额买入该货币、卖出美元。一旦期权买方决定执行，则期权的卖方(银行)有义务按协议价卖出该货币。如果期权费用小于汇率波动带来的风险收益，期权交易将优于远期交易。

思考：结合该公司的做法，你认为还有其他更好的做法吗？

4 第四章
Chapter 4
国际收支与国际储备

>>> **学习目标**

1. 了解和掌握国际收支与国际储备的相关概念和常识。

2. 了解国际储备的概念、构成、特点、来源、作用和管理，以及发展中国家的债务危机等有关问题。

第 一 节 国际收支与国际收支平衡表

一、国际收支概述

国际收支反映一个国家(或地区)对外经济交往活动和交往的结果。国际收支的含义是随着国际经济交往的不断扩大而不断丰富和发展的。

早在 17 世纪初，欧洲重商主义盛行，强调出口大于进口，保证对外贸易顺差以获取他国的金银货币来增加本国财富。当时国际信用不甚发达，国际资本流动甚少，国际间的经济交易仅限于有形商品的贸易，因而对外贸易收支构成了一国国际收支的全部内容。

随着国际经济交易内容和范围的不断扩大，国际收支已从过去的贸易收支扩展到国际间经济交往中产生的债权债务关系以及由此引起的债权债务的清偿，这种一国在一定时期内(通常为一年)同其他国家为清算到期债权债务所发生的外汇收支总和，称为狭义的国际收支。狭义的国际收支具有两个特点：一是它强调的是现金基础，即仅指具有外汇收支的国际经济交易；二是外汇收支必须是立即清算的，对未到期的债权债务不能计入当年国际收支。

"二战"以后，国际间经济、政治、文化、科技等往来日益频繁和广泛，国际贸易形式和结算方式越来越多样化，有许多国际经济交易，如政府间无偿援助、易货贸易、记账贸易、补偿贸易等均不涉及外汇收支，侨汇无偿性质的资金转移以及国际资本大规模地流动等，都大大超出了狭义的国际收支概念。于是各国普遍采用广义的国际收支概念，这也是国际货币基金组织所定义的国际收支概念，可以表述为：国际收支是一国居民与外国居民在一定时期内所发生的各项经济交易的货币价值总量的系统记录。

对上述的概念的正确理解，注意以下几点。

▶ **1. 国际收支是一个流量概念**

国际收支是指一定时期内国际间经济交易的总量。

▶ **2. 国际收支所反映的内容是以货币记录的交易**

根据性质和方向，交易可分为四类。

（1）交换，即一交易者向另一交易者提供的可以得到等价回报的经济价值，其中经济价值包括实际资源（货物、服务、收入）和金融资产。

（2）转移，即一交易者向另一交易者所提供的无偿的经济价值，包括无偿的单向的实际资源和金融资产的转移。

（3）移居，指居民或非居民从一经济体迁移到另一经济体的行为，由于移居活动会引起两个经济体的对外资产、负债关系发生变化，因此必须记入国际收支之中。

（4）根据推论而存在的其他交易，有些交易表面上看没有发生流动，而实际上仍属于国际间的交易范畴，因而需要在国际收支中予以记录，如外商直接投资收益的再投资等。

▶ **3. 国际收支所记载的交易是在一国居民与非居民之间发生的**

判断一项交易是否应记入国际收支范围，所依据的不是交易双方的国籍，而是依据交易双方是否有一方为该国居民。这里的居民是指一国经济领土内有一定经济利益中心的经济单位。所谓一国经济领土，通常包括一国政府所管辖的地理、领土、领空、水域以及该国在世界其他地方的驻外使馆等。按照这一标准，一国的驻外机构为所在国的非居民，而国际组织则是任何国家的非居民。所谓经济利益中心是指该单位在一国经济领土内一年或一年以上的时间中已经大规模地从事经济活动或交易。对一经济体来说，居民包括个人、政府、非营利团体和企业四类。

二、国际收支平衡表

（一）国际收支平衡表的概念、内容和结构

国际收支平衡表是以复式记账原理系统记录一个国家（或地区）在一定时期（通常为一年）所从事的全部对外经济交易的项目及金额的统计表。

国际收支平衡表有如下特点。

（1）不是用数量而是用货币额来表示。

（2）国际收支平衡表既不是资产负债表，也不是损益表。

（3）采用复式记账法，设借贷两方。

（4）国际收支失衡，可以通过平衡项目来平衡，但并不表明一国的债权与债务必然相等。

（5）国际收支平衡表并不表示所有贸易都必须通过外汇市场结清。

国际收支平衡表作为概括性统计表，不可能把所有交易都一一记录，因此必须把复杂的对外经济交易在表中分类设立项目。世界各国因各自的具体情况和需要不同，在编制国际收支平衡表时，在格式和项目分类上也有所不同，各有特点。但其主要内容与结构和国际货币基金组织所给定的项目大体一致，都体现为三个项目，即经常项目、资本项目和平衡项目。

▶ 1. 经常项目

经常项目是本国与外国经济交往中经常发生的国际收支项目，也是国际收支中最基本、最重要的项目，构成国际经济关系的实体。该项目具体包括贸易收支、劳务收支和单方面转移三个部分。

（1）贸易收支，是指因商品进出口而产生的所有权在居民与非居民之间的变化。商品出口所得款项列入国际收支平衡表的贷方，商品进口所付款项列入借方，两者之间的差额若出口大于进口则为顺差，反之则为逆差。根据国际货币基金组织的规定，商品进出口以本国海关统计为准，并且都按离岸价计算。有些国家在具体操作上，统计出口商品时按离岸价，而统计进口商品时用到岸价，这些国家在向国际货币基金组织报送国际收支平衡表时，需要从到岸价格中扣除运费和保险费，并将其列入劳务收支或非贸易往来项目中，否则会影响国际收支平衡表的准确性、一致性和可比性。

（2）劳务收支，是反映一国因对外提供劳务或接受劳务所发生的收支，具体包括以下内容。

① 因商品进出口或运送旅客所发生的运费、保险费、港口服务费等费用。

② 本国居民到国外旅游或外国旅游者到本国旅游支付的交通费、食宿费等构成的外汇收支。

③ 因资本输出而产生的利息、股息和利润的汇出汇入。

④ 因政府间的交往而发生的使领馆费等。

⑤ 其他费用，如邮电费、广告、佣金及银行手续费等。

（3）单方面转移收支，也称转移收支或无偿转移收支，是指无须偿还或无须等价交换的单方面、不对等价值转移所引起的收支。单方面转移包括私人转移和官方转移，私人转移包括侨民汇款、赠予等。政府转移包括对外经济援助、军事援助、战争赔款、政府间的捐赠款项等。单方面转移收支与贸易收支、劳务收支的区别在于前者不形成债权债务关系，而后者则形成明确的债权债务关系。

▶ 2. 资本项目

资本项目是指资本的流入与流出，用以反映一国资产或负债的增减情况。资本项目主要有直接投资、证券投资和其他资本三个部分组成。资本的流入流出从期限上看，有长期资本流动和短期资本流动；从性质上看，有政府资本与私人资本。

长期资本是指期限在1年以上或未规定期限（如股票）的各种资本，又分为政府长期资本与私人长期资本。政府长期资本流动包括政府间的借贷和投资，以及国际金融机构贷款等，但国际货币基金组织的贷款不被列入资本项目而被列入储备项目。私人长期资本包括直接投资如私人企业直接在国外投资办企业以及用国外企业所得的利润在当地进行再投资，证券投资如购买外国政府债券、外国公司的股票和债券等。

短期资本是指期限在一年或一年以下的资本。短期资本也可分为短期政府资本和短期私人资本。短期资本形式主要包括各国银行间的同业拆借和调拨、国际贸易的短期融通、购买短期证券以及通过套汇、套利、抵补等方式进行外汇买卖、黄金市场和外汇市场上的投机活动等。

▶ 3. 平衡项目

平衡项目，也称储备项目或结算项目。该项目是为平衡上述经常项目与资本项目的收支差额而设立的，反映的是一国官方储备资产的增减变化情况，因此也是一个调节性项目，包括官方储备和错误与遗漏两大项目。

（1）官方储备，是指一国货币金融管理当局（中央银行、财政部或其他官方机构）持有的储备资产和对外债权，具体包括黄金储备、外汇储备、在国际货币基金组织的储备头寸、基金组织分配给该国而尚未动用的特别提款权余额。一般来说，一国的国际收支在一定时期不可能完全平衡，这就要通过增减官方储备或国际债权债务进行平衡。为使国际收支平衡表平衡，其项目的增加用负号"－"表示，减少用正号"＋"表示。

（2）错误与遗漏，也称统计偏差，这是一个人为设置的项目。由于平衡表统计数字的资料来源不一、不全不实，加上统计失误，使得平衡表的数字难免出现借方总额与贷方总额不相等的情况，需要设计"误差与遗漏"这个项目，使国际收支人为地达到平衡。造成不相等的主要原因如下。

① 统计口径不同，如有的采用海关资料，有的用银行报表等。

② 资料不完全，有的数字如商品走私、非法资金的外流等难以掌握，只能估算。

③ 资料本身的错漏。

该项目一般是放在资本项目之后，储备项目之前。

以上所述国际收支平衡表的三大项目以及若干二级项目，是对各国国际收支平衡表的概括描述。实际上，各国国际收支平衡表所列项目详简不一，但基本内容与结构是一致的。表 4-1 为一般的国际收支平衡表。

表 4-1　一般的国际收支平衡表

借方（－）	贷方（＋）
一、经常项目	
1. 商品进口离岸价	1. 商品出口离岸价
2. 劳务进口	2. 劳务出口
① 运费支出	① 运费收入
② 保险支出	② 保险收入
③ 银行佣金支出	③ 银行佣金收入

续表

借方（－）	贷方（＋）
④ 旅游支出	④ 旅游收入
⑤ 外交费用支出	⑤ 外交费用收入
⑥ 其他支出	⑥ 其他收入
3. 利息、利润、佣金支出	3. 利息、利润、佣金收入
4. 外国援助支出	4. 外国援助收入
5. 侨民汇款支出	5. 侨民汇款收入
	经常项目差额（＋或－）
二、资本项目	
1. 长期信贷支出	1. 长期信贷收入
2. 短期信贷支出	2. 短期信贷收入
3. 直接投资支出	3. 直接投资收入
4. 购进有价证券	4. 出售有价证券
	资本项目差额（＋或－）
三、官方储备项目	
1. 国际银行在国外存款的增加	1. 国际银行在国外存款的减少
2. 黄金库存的增加	2. 黄金库存的减少
3. 特别提款权的增加	3. 特别提款权的减少
四、错误与遗漏	
借方差额（－）	贷方差额（－）

（二）国际收支平衡表的编制原理

国际收支平衡表是按照复式簿记原理编制的。在平衡表中全部经济交易活动被划分为借方交易和贷方交易。借方交易是对外国居民支付的交易，贷方交易是接受外国居民支付的交易。

借方交易记作负号（－），贷方交易记作正号（＋）。因此，凡属于收入项目、对外负债增加项目和对外资产减少项目均记入贷方；反之，凡属于支出项目、对外负债减少或对外资产增加项目均记入借方。国际收支平衡表的记账方法是按照"有借必有贷，借贷必相等"的复式记账原则来系统记录每笔国际经济交易。这一记账原则要求，每笔经济交易都要以相等数量记录两次，即一次记在贷方，一次记在借方。单方面转移虽不发生支付问题，但也要列入平衡表的借贷两方。国际货币基金组织对经济交易的日期规定为以所有权变更为准。为便于理解，下面以美国国际收支为背景，举例说明如何将同一笔交易分别填入对应的借贷两方。

（1）一家美国出口商向意大利客户出口 2 000 美元的商品，根据销售条款，这笔交易应在 90 天内支付。

（2）一个日本游客到美国旅游，到达美国机场后，在机场银行用日元兑换了 1 000 美元，当他离开美国时兑换的 1 000 美元全部花完。

（3）一个成为美国公民的匈牙利移民向他在匈牙利的朋友寄出 1 000 美元的支票。

（4）一家瑞士银行购买 3 000 美元的美国短期财政部国库券（证券投资），用该行的美国银行的账户提款支付。

（5）一个美国公民购买一家德国公司新发行的公司债券 1 000 美元，用他在纽约银行的账户支付，结果是美国公司持有德国公司发行的债券，而德国公司拥有美元的存款。

下面把以上交易汇总记录在国际收支平衡表上，如表 4-2 所示。

表 4-2　美国国际收支平衡表示例　　　　　　　　　单位：美元

借方（一）	贷方（＋）
	1. 有形资产输出（出口）
	（1）出口商品 2 000
	2. 劳务输出
	（2）旅游劳务 1 000
3. 单方面转移	
（3）向匈牙利汇款 1 000	
4. 长期资本	
（5）对外长期债权增加	
购买德国债券 1 000	
5. 短期流动资本	5. 短期流动资本
（1）对外短期债权增加	（3）对外短期债务增加
应收出口 2 000	支票 1 000
（2）对外短期债权增加	（4）对外短期债务增加
收入日元 1 000	财政部国库券 3 000
（4）对外短期债务减少	（5）对外短期债务增加
现金 3 000	美元存款 1 000
借方总额 8 000	贷方总额 8 000

根据复式簿记原理编制的国际收支平衡表，原则上表中所有项目的借方总额与贷方总额总是相等的，其差额为零。但就某一具体项目来说，其收入支出却不一定相等，收支相抵后会出现一定的差额，这就需要具体分析差额形成的原因并采取对应的调节措施。

（三）国际收支平衡表的分析方法

国际收支平衡表表面上给定的是一些简单的数字，但每一具体数字都代表特定的对外交易活动，分析国际收支平衡表必须采取历史的、唯物的、科学的态度。

分析本国的国际收支平衡表的意义在于：能全面及时地了解本国经济交往的状况，并从中找出国际收支顺差或逆差形成的原因，以便采取相应的调节措施；使货币金融管理当局及时掌握本国的外汇资金的来源和运用情况，以及国际储备的增减情况；全面掌握本国的国际经济地位和实力状况，以制定相应的贸易、金融、外汇政策等。

分析他国的国际收支平衡表的意义在于：了解该国的国际收支顺差、逆差额度，储备资产的增减幅度，以此预测其汇率变动趋势及可能采取的货币、金融及财政政策，有利于对外贸易中结算币种的选择，避免外汇风险，有利于外汇市场的业务操作。可以预测该国的国际资本移动趋势、利率变动趋势及国际储备和债务情况，测试其偿还能力，并据此制订对该国的贸易和投资政策；全面分析世界各国的国际收支平衡表，特别是主要经济大国的国际收支情况，预测世界贸易和金融的发展趋势，相应制订本国对外经济发展的总体战略和具体对外经济政策措施。

国际收支平衡表的主要分析方法如下。

▶ 1. 静态分析或逐项分析

静态分析是对某国在一定时期的国际收支平衡表进行逐项细致的分析。一般来说，分析方法如下。

（1）应充分分析各个项目，了解哪个项目存在什么问题。例如，分析长期资本项目中直接投资和政府贷款的比例，由此了解本国对外资本输出和引进外资的一般情况。

（2）分析各个项目的局部差额。例如，分析商品贸易项目中出口结构和进口结构的变化情况，了解贸易差额产生的原因。

（3）分析局部差额平衡。例如，分析商品贸易差额和劳务差额、单方面转移收支是否相抵等。

（4）分析国际收支总差额，一般要分析国际收支总额数产生的原因、官方储备增减情况等。

▶ 2. 动态分析或时期分析

动态分析是对某国连续的不同时期的国际收支平衡表进行分析。由于一国对外经济政策的连续性和经济结构调节的时效性，一般来说，一个时期国际收支的状况与上一时期和下一时期的国际收支都有着紧密的联系，因此，分析国际收支平衡表也应将不同时期的国际收支情况联系起来，以掌握其长期变化趋势。就一国国际收支不平衡而言，暂时性顺差或逆差与持续性顺差或逆差其含义是完全不同的，为调节国际收支不平衡采取的政策和措施也存在较大差异。动态分析实际上是对一国国际收支不同时期的情况进行的纵向比较分析。

▶ 3. 横向比较分析

横向比较分析是以不同国家相同时期的国际收支平衡表进行分析比较，以了解一国的经济地位和实力，了解各国对外经济发展情况，更好地把握世界经济的发展趋势。

▶ 4. 结合实际进行分析

分析一国的国际收支平衡表必须紧密结合国际收支发生期及其前后期的国内外政治经济实际情况，尤其是一些主要工业国的政治、经济政策、汇率变动、外汇管制以及国际资本流动，一些突发事件等因素。只有对国内外的宏观经济、政治背景情况进行全面考察和分析，了解各因素对国际收支可能产生的影响，才能使分析得出的结论更全面、更客观和更科学。

第二节　国际收支的失衡与调节

一、国际收支平衡的含义

国际收支平衡是指一个国家在一定时期内国际收支数额大体相等。它是一个国家对外经济管理的基本目标，也是一国宏观经济政策的最终目标，为实现这一目标，各国政府都通过制订各种宏观和微观经济政策来调节国际收支。国际收支平衡从不同角度分析，有各种不同的含义。

（一）账面平衡和真实平衡

将国际收支分为两大项目，即实质项目和平衡项目。只有实质项目的平衡才是真实平衡，其他平衡都是账面平衡。实质项目包括商品、劳务、单方面转移和资本项目，这是造成国际收支顺差或逆差的项目。平衡项目包括黄金外汇和其他流动资产，这是弥补国际收支逆差或反映国际收支顺差的项目，即一国的国际储备。实质项目产生的顺差表现为黄金外汇储备的增加，逆差表现为黄金外汇储备的减少。各国政府通常根据自己的政策和需要对储备下定义，从而确定国际收支的顺差和逆差。如存在大量顺差的国家，往往想缩小其顺差，以免引起贸易伙伴国的不满；存在大量逆差的国家，有时也想缩小其逆差，以便掩盖严重的经济问题，但有时又想夸大其逆差以便得到更多的外援或贷款。因此，各国在划分上没有统一的标准。如日本在计算国际收支顺差和逆差时，只将中央银行的黄金外汇作为平衡项目，德国除黄金外汇外，还包括中央银行的流动资产，其他一些主要西方国家在平衡资产的界定上也存在差异。一般做法是将一国货币金融管理当局能够较快得到并用于弥补国际收支逆差的那些资产作为平衡项目，来计算国际收支的顺差和逆差。

（二）数额平衡和内容平衡

一国国际收支在数额上的平衡只能是表面上的平衡，这种表面上的平衡不一定对本国的经济发展有利，因此还要分析一国对外经济交易的全部。如果出口的货物是对本国经济发展有利的交易，而进口的货物并不影响本国产业结构和产品结构的发展，这种平衡才是内容平衡。如果进出口是以牺牲本国经济而实现的平衡，则不是真正的平衡。

（三）主动平衡和被动平衡

西方许多国家对国际收支的分析，常常着重于国际交易的性质，将国际经济交易分为自主性交易和调节性交易。自主性交易即指实质项目交易。如果一国自主性交易能够自动平衡或基本平衡，即为主动平衡。这种情况下就无须依靠调节性交易来调节和维持平衡。调节性交易即指平衡项目交易，如果一国自主性交易不平衡就必须利用调节性交易来弥补而达到平衡，这种平衡就是被动平衡。被动平衡是形式上的平衡，实质上的不平衡。

二、国际收支失衡的含义

国际收支失衡是指一个国家在一定时期内国际收支数额不平衡，引起收入大于支出（顺差）或支出大于收入（逆差）。国际收支运动规律表明，国际收支的均衡是暂时的，而国际收支不平衡是长期的。引起一国国际收支不平衡的原因很多，概括起来主要有临时性因素、收入性因素、货币性因素、周期性因素和结构性因素。据此，可以将国际收支不平衡分为临时性不平衡、收入性不平衡、货币性不平衡、周期性不平衡和结构性不平衡。

（一）临时性不平衡

临时性不平衡是指短期的、由非确定或偶然因素引起的国际收支不平衡。自然灾害、政局变动等意料之外的因素都可能对国际收支产生重大的影响。例如，政局动荡会造成资本外逃，引起国际收支逆差。这种性质的国际收支不平衡一般程度较轻，持续时间不长，具有可逆转性。

（二）收入性不平衡

收入性不平衡是指各国经济增长速度不同所引起的国际收支不平衡。一国国民收入相对快速增长，会导致进口需求的增长超过出口需求的增长，从而使该国国际收支出现逆差。特别是发展中国家，在经济增长初期，往往需要引进大量生产设备和原材料及技术，容易引发国际收支逆差。

（三）货币性不平衡

货币性不平衡是指货币供应量的相对变动所引起的国际收支不平衡。一国货币供应量增长较快，会使该国出现较高的通货膨胀，在汇率变动滞后的情况下，国内货币成本上升，出口商品价格相对上升而进口商品价格相对下降，从而出现国际收支逆差。货币性不平衡可以是短期的，也可以是中长期的。

（四）周期性不平衡

周期性不平衡是指一国经济周期波动所引起的国际收支不平衡。一国经济处于衰退时期，社会总需求下降，进口需求也随之下降，在长期内该国国际收支会出现顺差，而其贸易伙伴国则可能出现逆差。反之，一国经济处于扩张和繁荣时期，国内投资消费需求旺盛，对进口的需求也相对增加，在短期内国际收支出现逆差。但将整个生产周期作为一个整体进行考察，国际收支状况总体是平衡的。

（五）结构性不平衡

结构性不平衡是指一国经济、产业结构不适应世界市场变化而出现的国际收支不平衡。结构性不平衡分为产品供求结构不平衡和要素价格结构不平衡。例如，一国出口产品的需求因世界市场变化而减少时，如果不能及时调整产业结构，就会出现产品供求结构不平衡。一国工资上涨程度明显超过生产率的增长，如果不能及时调整以劳动密集型产品为主的出口结构，就会出现要素价格结构不平衡。由于产业结构的调整是一个长期的过程，因此结构性不平衡具有长期性。

除以上引起国际收支不平衡的因素以外，国际政治关系、自然条件、心理预期等因素以及政府的政策等方面的变化，都会影响一国国际收支的稳定，从而导致国际收支的不平衡。

一般而言，一国国际收支不平衡是一种普遍的经济现象，在一定情况下具有积极意义。如一定的顺差会使一国的国际储备得到适度的增加，可以增强一国对外支付能力；一定的逆差可使一国适度利用外资，引进急需的技术和设备，加快本国经济的发展。但长期、大量的顺差或逆差得不到及时地调整和改善，对本国经济的发展往往会带来负面的影响。

▶ 1. 国际收支逆差的影响

当一国国际收支发生长期、大量的逆差时，通常会给本国经济带来负面影响。

（1）制约了本国经济的增长。经济增长作为一国的宏观经济政策目标，当一国存在大量的逆差时，导致本国的外汇储备大幅度下降，发展本国经济所需的原材料和技术无法进口，阻碍本国经济的发展。

（2）大量的逆差会使本国货币对外贬值，政府为保证本国货币对外价值稳定，要干预外汇市场，必然会紧缩通货，促使国内利率水平上升，制约本国经济增长。

（3）会影响投资者的信心。由于本币不断贬值，以本币表示的进口商品的价格不断上升，在价格比较效应作用下，国内物价水平上涨，诱发通货膨胀。严重的通货膨胀会影响投资者的信心，可能导致资本外逃，造成国内资金短缺，影响金融市场的稳定。

（4）会损害一国的国际信誉。国际储备作为一国对外偿还债务的保证，长期大量的逆差会使一国国际储备下降，对外偿债率降低，不利于对外通融资金，同时可能导致债务危机。

▶ 2. 国际收支顺差的影响

当一国国际收支发生长期、大量的顺差时，同样也会给本国经济带来不同的负面影响。

（1）导致本币升值。长期大量的顺差使得本国外汇市场上外汇供给大于需求，本国货币汇率上升，不利于本国商品出口，影响与出口相关的产业和产品的发展。

（2）导致本国发生通货膨胀。为维持本国货币的对外价值的稳定，货币金融管理当局必然增加市场上本国货币的供给，从而引起本国的通货膨胀。

（3）不利于发展国际经济关系。一国的顺差即为他国的逆差，大量的顺差形成的最直接原因是进口少而出口多，在不改变贸易政策的条件下，必然遭到逆差国的报复，引起贸易摩擦，进而影响国际经济关系。

此外，长期大量的顺差还会使一国货币在外汇市场上过于坚挺，引发大规模的套汇、套利及外汇投机活动，造成国际金融市场的动荡。

三、国际收支失衡的调节

国际收支不平衡对有关国家的国内经济和对外经济产生诸多的不利影响，而且通过市场本身对国际经济收支不平衡的调节是一个相对缓慢的过程。因此，政府有必要采取措施对国际收支不平衡进行调节，使之趋于或达到均衡状态。但在各国政府心目中特别重视逆差，即只有逆差才是国际收支不平衡。这是因为顺差不会对国内经济立即带来不利影响，而且对顺差的调节比对逆差的调节相对容易。在不同的国际货币制度下，国际收支不平衡的调节机制存在较大的差异。在国际金本位制度下，通过黄金在国际间自由流动来调节国际收支不平衡；在美元—黄金本位制度下，通过国际货币基金组织对会员国融通资金等方式来调节国际收支不平衡。下面着重分析在浮动汇率制度下，国际收支不平衡的调节。

（一）外汇缓冲政策

外汇缓冲政策是指一国通过外汇储备的变动或临时向外借款抵消超额外汇需求或供给的调节国际收支短期性不平衡。当国际收支出现逆差时，货币当局减少外汇储备或临时向外借款，在外汇市场上抛售外汇，以弥补超额外汇需求；反之，当国际收支出现顺差时，货币当局在外汇市场上购进外汇，增加外汇储备，消除超额外汇供给。

外汇缓冲政策不仅可以调节国际收支平衡，而且还可能稳定汇率。但是由于一国的外汇储备或举债能力的有限性，这种调节政策只适用于以下两种情况。

（1）调节临时性失衡，避免本币汇率因临时性失衡而遭受无谓的波动。

（2）调节长期性失衡时作为其他政策的辅助管理措施，避免过猛的调整对国内经济造成难以承受的打击。

（二）财政与货币政策

财政政策与货币政策也称支出调整政策，是各国进行宏观经济调控和进行需求管理的主要手段。财政政策主要是通过改变税收和政府支出来调节总需求，货币政策在于调节货币供应量。

当国际收支出现逆差时，政府可以采取紧缩性的财政政策和（或）紧缩性的货币政策。紧缩性的财政政策包括增税和减少政府支出。紧缩性的货币政策包括在公开市场卖出政府债券、提高再贴现率和提高法定存款准备金等。反之，当国际收支出现顺差时，宜采取扩张性的财政政策和(或)扩张性的货币政策。

支出调整政策可以通过三个渠道来影响国际收支，以紧缩性财政货币政策调节国际收支逆差为例。

▶ 1. 收入效应

收入效应即通过乘数效应倍数减少国民收入，造成国内需求和支出下降，其中包括对进出口品的需求和支出，从而达到改善国际收支的目的。

▶ 2. 价格效应

价格效应即通过降低本国商品的价格，提高本国商品的竞争力，使国外居民增加对本国出口品的需求，同时使国内居民需求从进口品转向本国生产的进口替代品，从而使出口增加，进口减少，达到改善国际收支的目的。

▶ 3. 利率效应

利率效应即紧缩性货币政策造成本国利率上升，吸引外国资本流入，减少本国资本流出，从而改善国际收支的资本账户收支。

(三) 汇率政策

汇率政策也称支出转移政策，是指政府运用汇率的变动来调节国际收支。在固定汇率制度下，汇率政策表现为对本国货币实行法定升值或法定贬值；在浮动汇率制度下，货币金融管理当局或明或暗地干预外汇市场，使本国货币升值或贬值。

当国际收支出现逆差时，货币金融管理当局可以采取使本币贬值的措施。本币贬值，一方面，本国出口品的外币价格降低，从而提高其在国际市场的竞争力，刺激出口，增加国际收入；另一方面，进口品的本币体格上升，从而削弱其在本国市场上的竞争力，抑制进口，减少国际支出。在两方面因素的作用下，国际收支的逆差会逐步缩小，乃至消除。通过本币贬值来改善一国的国际收支，取决于两个条件：一是贸易对手不给予报复；二是进出口需求价格弹性之和的绝对值大于1。反之，当国际收支出现顺差时，货币金融管理当局可以采取使本币升值的措施，但很少有国家将本币主动升值的。

(四) 直接管制

运用财政货币政策和汇率政策调节国际收支是通过收入、价格、利率等市场机制来发挥作用的，政策效应时滞较长，难以立竿见影，特别是对结构性国际收支不平衡难以收到预期的效果。因此，在国际收支出现结构性逆差的情况下，许多发展中国家往往采取直接管制措施。直接管制措施是指政府直接干预国际经济交易的政策措施，包括货币管制、财政管制和贸易管制等。

▶ 1. 直接管制的目的

综合而言，直接管制的主要目的如下。

(1) 调节国际收支。当一国不愿或不能采用支出调整政策和支出转移政策消除国际收支不平衡时，特别是逆差情况下，可以通过直接管制强行恢复国际收支平衡或缓解平衡。

（2）稳定汇率。主要是通过对国际收支中资本项目的管制来实现的。当一国经济迅速发展，国际收支出现长期大量顺差时，该国货币的汇率就会上升，反之，当一国国际收支出现长期大量的逆差时，货币汇率就会下跌。若这种变化超出政府所能承受的水平，政府可以通过直接管制稳定汇率。

（3）保障国内经济目标的实现。如通过各种贸易管制来保护国内的进口替代产业或产品，促进国内经济的发展。

（4）作为要求贸易对手国改变贸易条件的手段。

（5）增加政府财政收入。

▶ **2. 直接管制的方式**

直接管制的具体方式很多，具体有如下几方面。

（1）外汇管制，即对外汇的供给和需求进行直接干预，以达到间接管制商品、劳务的进出口和资本的流动，实现国际收支平衡的目的。

（2）汇率管制，即对不同的国际收支项目或不同的贸易对手国实行不同的汇率。

（3）进口关税。在对进口品的需求富有价格弹性的条件下，以提高进口关税减少进口，改善国际收支。

（4）出口补贴。其目的是降低本国出口商品的价格，以增加出口数量，但实行出口补贴，一方面要求政府筹措大量的补贴资金；另一方面，长期进行出口补贴，会使出口企业的生产效率降低。

（5）出口信贷。出口信贷是商业银行在政府有关当局的利息补贴和信贷保险等政策的支持下，对本国大型机器设备或成套机器设备出口给予的优惠低息贷款，旨在促进本国大型机器制成品的出口。

（6）进口许可证制度为代表的进口配额制。

（五）国际经济金融合作

上述支出调整政策和支出转移政策，主要是从本国利益出发，而没有太多地去考虑他国利益。若各国都自行其是，势必造成国际经济合作混乱使各国利益受到损害。因此，在解决国际收支不平衡问题上，各国都注重加强国际经济金融合作，具体包括以下几方面。

（1）协调经济政策。为避免贸易摩擦，各贸易伙伴国加强磋商和对话，协调彼此间的政策，有助于各国国际收支不平衡的调节。如一年一度的七国财政会议、十国集体会议等，在协调经济政策方面都收到了很好的效果。

（2）推进经济一体化。随着地区经济一体化和全球经济一体化进程的加快，加速了贸易自由化，促进了生产要素在国际之间的转移，使生产要素在国际之间得到最优配置，提高了各国的劳动生产率，有助于从根本上解决国际收支不平衡问题。

（3）加强国际间的信用合作。当一国由于国际收支出现不平衡尤其是出现严重逆差时，极易引发金融危机，需要国际间的紧急信贷来调节国际收支不平衡。

（4）充分发挥国际金融机构在平衡一国国际收支中的作用。

第 三 节 国 际 储 备

一、国际储备概述

（一）国际储备的含义及特点

国际储备是指一国货币金融管理当局为弥补国际收支逆差，维持本国货币汇率的稳定以及应付各种紧急支付而持有的、为世界各国所普遍接受的资产。

根据上述定义，国际储备资产一般应该具备以下五个基本特点。

（1）国际性，即国际储备资产应该是能为世界各国在事实上普遍承认和接受的资产。

（2）官方性，即国际储备资产是一国货币金融管理当局（或政府）所持有的，并且可以自由地无条件支配使用的官方资产而非私人资产。

（3）流动性，即国际储备资产必须具有充分的流动性，能在其各种形式之间自由兑换。

（4）稳定性，即国际储备资产的内在价值必须相对稳定。

（5）适应性，即国际储备资产结构和规模必须能适应国际经济活动和国际贸易发展的要求。

（二）国际储备的构成和来源

▶ 1. 国际储备的构成

国际储备资产的内容随着历史的发展而不断变化。根据国际货币基金组织的有关计算方法，一国国际储备应包括该国的黄金储备、外汇储备、该国在国际货币基金组织的储备头寸以及国际货币基金组织分配给该国的尚未动用的特别提款权余额。

（1）黄金储备。长期以来，黄金一直作为各国国际储备中的重要储备资产。历史上，黄金作为天然的国际货币，曾是世界各国都能接受的支付手段和财富的代表。布雷顿森林体系解体后，随着黄金非货币化，黄金已不能作为直接用于对外支付的手段，也不能按某种固定的兑换机制兑换成其他储备资产，这与国际货币基金组织所定义的国际储备标准不相符合，严格来说它已不再是国际储备资产。但由于历史形成的习惯，大多数国家货币金融管理当局仍将黄金作为本国国际储备的重要组成部分，这是因为尽管黄金不能作为对外直接支付的手段，但其作为一种特殊的商品，可在黄金市场上将其出售，换成可自由兑换的外汇，因此黄金仍间接地充当国际储备资产。黄金受其产量的限制，国际黄金储备总量一直比较稳定，近些年大致维持在 10 亿盎司水平，但由于外汇储备的增长，黄金储备在国际储备中所占的比重呈下降趋势，目前为 6% 左右。

黄金之所以成为国际储备构成中的重要组成部分，在于其具有其他任何形式储备资产所不具备的特点：一是黄金本身是特殊商品，是一种最可靠的保值手段；二是黄金储备是完全属于一国的主权所拥有的国家财富，不受他国权利的支配和干预。但是，黄金储备与外汇储备比较，流动性较差，并且黄金储备不能升值，也没有利息，所以黄金储备的多少取决于一国的黄金政策。但在国际局势动荡特别是有战争爆发的危险或战争爆发中，黄金储备是一国国际储备中最坚实的部分。

(2) 外汇储备。外汇储备是一国货币金融管理当局持有的对外流动性资产，其主要形式为国外银行存款与外国政府债券。IMF(国际货币基金组织)对外汇储备的解释为：它是货币金融管理当局以银行存款、财政部国库券、长短期政府证券等形式所保有的，在国际收支逆差时可以使用的债权。

"二战"后，外汇储备在国际货币基金组织会员的国际储备总额中所占的比重越来越大。外汇储备是目前国际储备资产的主要构成部分。作为储备货币，必须满足以下四个基本条件：一是必须是可兑换货币，即不受任何限制而随时可与其他货币进行兑换的货币；二是必须为各国普遍接受，能随时转换成其他国家的购买力，或偿付国际债务；三是价值相对稳定；四是供给数量相对适当。从 20 世纪 60 年代开始，国际储备货币出现多元化的局面，目前各国普遍接受的储备货币有美元、英镑、日元、法国法郎及 1999 年 1 月 1 日问世的欧元等。

(3) 在 IMF 的储备头寸。在国际货币基金组织的储备头寸亦称普通提款权，它是指会员国在 IMF 的普通资金账户中可自由提取和使用的资产。一国的储备头寸包括三部分：一是会员国向 IMF 认缴份额中 25% 的黄金或可兑换货币。按照 IMF 的规定，会员国可自由提用这部分资金，无须经特殊批准，故此它是一国的国际储备资产；二是 IMF 为满足会员国借款需要而使用的本国货币。按照 IMF 的规定，会员国认缴份额的 75% 可用本国货币缴纳。IMF 向其他会员国提供本国货币的贷款，会产生该会员国对 IMF 的债权，一国对 IMF 的债权，该国可无条件地提取并用于支付国际收支逆差；三是 IMF 向该国借款的净额，也构成为该会员国对 IMF 的债权。普遍提款权在 IMF 会员国国际储备资产总额中所占比重较小。到 1994 年年底，会员国的普通提款权总额为 317.26 亿美元，仅占会员国国际储备资产总额的 3.8%。

(4) 特别提款权。特别提款权是 IMF 于 1969 年 9 月正式决定创造的无形货币。它作为会员国的账面资产，是会员国原有普遍提款权以外的提款权利，故称特别提款权。这种无形货币只能用于 IMF 会员国政府之间的结算，可同黄金、外汇一起作为国际储备，并可用于会员国向其他会员国换取可兑换货币外汇，支付国际收支差额，偿还 IMF 的贷款，但不能直接用于贸易与非贸易支付。作为使用资金的权利，特别提款权与储备资产相比，有着显著的区别：第一，它是一种凭信用发行的资产，其本身不具有内在价值，是 IMF 人为创造的，纯粹账面上的资产；第二，特别提款权不像黄金和外汇那样通过贸易或非贸易交往取得，也不像储备头寸那样以所缴纳份额作为基础，而是由 IMF 按份额比例无偿地分配给会员国，接受者不付任何代价；第三，特别提款权只能在 IMF 及各国政府之间发挥作用(向成员国换取可自由兑换货币，支付国际收支逆差或偿还国际债务)，任何私人、企业不得持有和运用，不能直接用于贸易或非贸易的支付，因此对其用途有严格的限定。

IMF 从 1970 年开始向会员国分配(亦即所谓"发行")特别提款权,其分配的办法是:按照会员国向基金组织交付的份额,依照正比例关系进行无偿地分配,到 1999 年底,会员国共持有 157.62 亿特别提款权,占会员国国际储备总额的 1.87%。特别提款权刚创立时其价值是用黄金来表示的,即单位特别提款权含金量为 0.888 671 克,与贬值前美元等值,即单位特别提款权等于 1 美元。随着美元两次贬值,特别提款权与美元的比价相应调整为 1.085 71 美元和 1.206 35 美元。实行浮动汇率制后,IMF 决定自 1974 年1 月 1 日起,特别提款权定值不再与黄金挂钩,改用一篮子 16 种货币作为定值标准。但由于这种定值方法在技术上比较复杂,国际货币基金组织决定,从 1980 年 9 月 18 日起改为 5 种货币定值,即美元、马克、日元、法郎和英镑,它们的计算权数每 5 年进行一次调整,到目前为止,基金组织已对 5 种货币在特别提款权中所占的权数进行了三次调整,如表 4-3 所示。

表 4-3 特别提款权的权重变动情况表

货币名称	1980 年的权数	第一次调整后的权数(1986 年 1 月 1 日生效)	第 2 次调整后的权数(1991 年 1 月 1 日生效)	第 3 次调整后的权数(1996 年 1 月 1 日生效)
美元	42%	42%	40%	39%
原德国马克	19%	19%	21%	21%
日元	13%	15%	17%	18%
法国法郎	13%	12%	11%	11%
英镑	13%	12%	11%	11%

▶ **2. 国际储备的来源**

目前的国际储备体系包括黄金、外汇、特别提款权和在国际货币基金组织中的储备头寸。所以世界储备供应是以这四个要素的增减为转移的,就一国而言,国际储备供应来源主要如下。

(1) 国际收支顺差。国际储备资产大多是以国际收支顺差积聚而成。在汇率固定的情况下,国际收支顺差(逆差)意味着该国国际储备存量的增加(减少),或者说是该国国际储备支出流量的减少(增加)。如忽略误差与遗漏项目,两者的关系可用国际收支恒等式来表示:

国际储备变动额＝经常项目差额＋资本项目差额

(2) 国际借贷。国际借贷是指一国政府或银行直接向国外借款,如从国际金融机构或他国政府贷款,以及中央银行间的互惠信贷等均可补充其外汇储备。随着各国资本市场的开放,各国中央银行采取互换货币以及随着国际金融市场的迅速发展,使一国通过国际借贷融通国际收支逆差和官方储备不足的能力有很大程度的提高,这使得各国国际储备的来源具有较大的弹性。

(3) 在外汇市场买入外汇。一国货币金融管理当局为保证本国货币对外价值稳定,干预外汇市场而购进的外汇可增加一国的国际储备存量。值得注意的是，依赖这一方式增加一国外汇储备仅限于少数硬通货国家，而且采取这种方式增加一国外汇储备，通常情况下是迫于某种压力而不是主观愿望。

（4）IMF分配的特别提款权。国际货币基金会组织分配给成员国的特别提款权也是各国国际储备的一个来源。从前几次分配的情况来分析，由于分配的额度较小，并且分配不均衡，对发展中国家而言，不能成为其国际储备的主要来源。

（5）在IMF获得储备头寸。一国在国际货币基金组织中债权头寸的增加可以增加该国的国际储备。由于基金组织的有关稀缺性货币条款规定，对于大多数国家的货币贸易各方并列需求，增加基金会组织的储备头寸仅限于少数工业化国家。

（6）收购黄金。目前一国货币金融管理当局所持有的黄金仍作为一国的国际储备。一国黄金储备的增加可以通过从国内收购和在国际黄金市场上收购两种方式。对于大多数国家而言，由于其货币兑换的限制，若在国际黄金市场上收购黄金，仅改变了其储备的结构，并未改变其储备的总量。

（三）国际储备的作用

国际储备是一国的国际金融实力、在国际经济中的地位和参与国际经济活动能力的标志，其作用具体表现在以下几个方面。

▶ 1. 调节国际收支不平衡

当一国由于各种原因而发生临时性国际收支逆差时，通过动用国际储备加以弥补，可以使国内经济免受采取调整政策产生的不利影响，有利于国内经济目标的实现，而不至于通过减少进口等方式进行调节。即使一国国际收支发生结构性不平衡，不得不采取调整措施时，动用国际储备也可以对调整政策的实施形成一定缓冲，从而避免调整政策所导致的国内经济的波动。

▶ 2. 稳定本国货币汇率

在浮动汇率制度下，国际金融市场汇率波动频繁而剧烈，严重影响有关国家经济发展与稳定。为防止汇率波动给本国经济带来影响，一些国家动用国际储备干预外汇市场，在一定条件下可以使本国汇率稳定在政府所希望的水平上。当外汇汇率上升，本币汇率下降，且超过政府所能承受的目标区间时，一国货币金融管理当局便向市场抛售外汇，购回本币，抑制本币汇率继续下跌。反之，则抛售本币以稳定外汇汇率。必须强调的是，外汇干预只能短期内对汇率产生有限的影响，它无法从根本上改变汇率变动的长期趋势。而且要使国际储备充分发挥干预的作用，一国必须具备比较发达的外汇市场和本国货币必须具有完全的可自由兑换性。

▶ 3. 充当对外借债和偿债资信的保证和物质基础

国际储备状况是评价一国偿债能力和资信的重要标志之一。如果一国有充足的黄金外汇储备，偿还能力就强，就容易从各种渠道借入需要的国外资金和及时安排还本付息；反之，就比较困难。另外，在开放经济条件下，一国经济发展在一定程度上依赖于国际储备的实力，并可促进国内经济目标的实施。

二、国际储备的管理

（一）国际储备管理的原则

在国际储备管理的目标上，世界各国大体上是一致的，即保持国际储备资产的实际价值不受损失，并在可能的情况下，使实际价值发生增值，为实现上述目标，国际储备管理一般应遵循以下三个原则。

▶ 1. 安全性原则

这是国际储备管理的首要原则。所谓安全性，是指储备资产（主要是外汇储备资产）不因种种因素的变化而使其价值受到损失。安全性和保值性可以视为同一概念。由于外汇资产一般要放在国外的银行，所以在确定外汇资产存放的国家和银行时，必须对西方主要的外汇制度、银行资信、币种及信用工具的种类等情况进行认真调研。通过调查研究，确定将储备资产存放于哪些国家的哪些银行，投资于哪些国家的哪些金融资产才比较安全可靠。一般原则是要把储备资产投放到外汇管理宽松的国家、资信卓著的银行、相对稳定的币种和安全的信用工具上。同时，安全性原则还应贯彻于外汇储备多元化策略的实施中。

▶ 2. 流动性原则

所谓流动性是指储备资产能根据需要随时兑现和灵活调拨使用。因此，在安排储备资产时，应根据未来（一般是本年度内）国际支付的时间、币种和金额的估算，将外汇储备进行相应投资，以使各种信用资产的期限与对外支付的日期相一致，保证顺利及时进行国际支付。

▶ 3. 营利性原则

所谓营利性，是指储备资产在原有价值的基础上能够增值。遵循这一原则，就要对储备资产进行科学的运用。目前，国际金融市场活跃，金融工具越来越多，而且金融工具风险不一、收益率高低不等，因此，应进行综合考察和分析，在风险程度相当的情况下，将储备资产投放于收益较高的金融工具上，以实现储备资产的增值。

以上三种原则同一般商业银行的经营管理原则在形式上是一致的。但商业银行作为一类特殊的企业，以追求利润作为其最终目标。而一国货币金融管理当局作为国家管理机构，营运国际储备时，首要原则应是安全性，其次是流动性，并在保持安全性、流动性的前提下，兼顾其营利性。在管理实践中，三个原则往往会出现矛盾，安全性强、流动性高的金融工具，其营利性较差，而营利性高的金融工具，其安全性和流动性得不到保障。因此，需要合理协调三者之间的关系。

（二）国际储备水平管理

▶ 1. 国际储备水平的概念

国际储备水平是指一国的国际储备总量与国内其他经济指标的对比关系。例如一国国际储备总量同国民生产总值、国际收支差额、外债总额以及一定时期的进口用汇等指标的比较。从本质上说，国际储备水平就是研究一个国家国际储备适度性问题。国际储备数量的多少与增长速度的快慢，对国际经济和金融都有着重大的影响。国际储备不足，往往引起国际支付危机和对外借款的困难或借款成本增加；国际储备过多，就会影响一国的投资和消费，影响一国的经济发展，同时还可能引发国内通货膨胀，因此需要适度确定国际储备的水平。然而，要确定适度的国际储备水平，目前还没有一个确切的衡量标准，只能根据不同国家的不同发展阶段，针对经济发展的具体情况，分析影响国际储备的因素，具体加以确定。

▶ 2. 影响国际储备水平的因素

影响一国国际储备水平的因素很多，包括社会、政治、经济生活的各个方面。就一国经济因素而言，主要有以下方面。

(1) 国家的经济发展规模。一国的经济发展规模与该国的国际储备成正比例关系。一般来说，经济规模越大，投资规模越大，所需进口也就越多，国际储备相应就要增多，反之亦然。

(2) 经济的对外开放程度或对外依赖性。一国的对外开放程度越高，国际经济往来也就越频繁，国际支付活动也就越多，对国际储备的需求也就越大，国际储备就应多一些。反之，在一个封闭的自给自足的社会里，就不需要太多的国际储备。另外，开放型经济也有不同的情况，出口导向性经济的国家对国际储备的需求相应少些，而原材料主要依赖进口的国家对国际储备的需求就相应多一些。在经济开放的条件下，一国对外贸易的竞争力也影响该国的储备水平。出口商品缺乏竞争力，国际储备就要多一些，出口商品有较强的竞争力，国际储备就可以少一些。

(3) 国际收支调节机制的效率和调节速度。一国国际收支的调节机制运转顺利且效率较高，需要国际储备就可以少一些，反之则应多些。如果调节机制失灵，就要动用储备调整逆差。当然，不同国家或同一国家不同时期，对国际收支调节机制的选择不同。选择以自动调节机制作为国际收支的主要手段，国际储备就可以少一些。如果选择以人为调节机制作为调节国际收支的主要手段，国际储备就要多一些。另外，国际收支的调节速度也影响国际储备水平。在国际收支长期失衡的情况下，如果政府选择小规模的快速调整，就需要较多的国际储备；反之，如果政府选择规模较大的快速调整，比如同时发挥各种经济政策的调节作用，国际储备就可以少一些。

(4) 汇率政策和外汇管制。一国要稳定本币的对外汇率，国际储备就要多一些。因为稳定汇率往往要动用国际储备，干预外汇市场；相反，如果实行完全开放的汇率政策，或对外汇市场偶作干预的国家，则不必要留有太多的国际储备。在外汇管制方面，其宽严程度也影响储备水平。外汇管制比较严格，能有利控制进口，需求储备就少些，反之则应多留国际储备。这是因为，在严格的外汇管制下，对外收支逆差可由控制进口来解决。

(5) 国际融资的能力。随着国际经济的发展，通过短期资金融通弥补国际收支逆差的做法已成为重要的调节手段，从而对各国国际储备水平起着制约的作用。一国国际储备规模与该国对外融通短期资金的能力成反比。一般来说，工业发达国家比较容易在国际市场和国际金融组织筹到资金，而发展中国家则较难。

（6）持有国际储备的机会成本的大小。根据机会成本理论，同一笔资金不可能同时在两个或多个方面使用，当该笔资金在某一方面使用时，必然放弃在其他方面的使用机会。这种放弃其他投资所能获得的最大收益就是该笔资金在某一方面使用的机会成本。同理，一种资产充当国际储备后，就不能同时再作他用，比如进行国内投资。这种放弃其他投资所能带来的收益就是该项资产作为国际储备的机会成本。这种机会成本是一国持有国际储备需要付出的代价，机会成本越高，所需持有的储备就越少。当然，持有储备所能获得的收益越大，其机会成本显得越小，对储备的需求也就越大。适度的国际储备水平，从理论上来说，就是储备资产的边际收益与边际成本相均衡的状况。

（7）国际经济合作和政策协调。一国对外经济合作发展越好，经济政策的国际协调融洽，需要的国际储备就越少，反之则多。因为只要各国共同干预国际经济、金融事务，国际收支与汇率问题都比较容易解决。

▶ **3. 国际储备规模管理**

根据本国的经济状况，确定出适合本国国情的最适度储备规模及其增长率，既要防止国际储备过少产生不利的影响，又要避免国际储备过多，影响本国经济增长速度。根据适度储备理论，适度储备取决于持有储备的收益与成本的平衡，当持有储备的边际收益等于边际成本时，储备规模便是最适度的储备规模。不过，要将适度储备规模理论用于实际国际储备的战略管理，技术上还有不少难度。下面介绍常用的几种国际储备战略管理方法。

（1）储备—进口比例法。这一方法最初由美国金融学家特里芬于 1947 年提出。1960年在他的《黄金与美元》一书出版后，这一方法受到人们的普遍重视。它是以储备需求随贸易增长而增加为根据，运用储备量与进口额的比率，来测定国际储备的适度水平。特里芬通过对 60 多个国家历史上国际储备—进口比例进行研究得出结论：一国适度的国际储备应与该国的贸易进口额保持一定比例关系，这一比例在 40％左右较为合理，低于 30％就需要采取调节措施，而 28％为最低限。根据这一结论，一般认为，如果按全年储备对进口额的比例计算，一国的储备量应满足三个月的进口需要，即全年进口额的 25％左右。这一方法由于简便易行，而且被国际基金组织所接受，所以对各国的国际储备政策影响很大。但是，这一方法也存在明显的缺陷，首先，从理论上讲，影响国际储备适度水平的因素很多，仅仅用进口贸易来确定储备需求，难以反映当今世界错综复杂的经济关系对国际储备的影响。其次，从目前世界各国储备实践来看，由于具体情况不同，这个比例也有很大的差别，从最多的 10 个多月（如沙特阿拉伯）到最少的一个多月（如美国）不等。总之，储备出口比例法所提供的指标只能作为一种参考数值，而不能完全作为一种依据，要根据经济发展的不同阶段，国际金融形势的不断变化，综合考虑各种因素不断加以调整。

（2）上下限分析法，也称临界点分析法或储备区分析法。这一方法是根据历年国民经济发展水平找出最高储备量和最低储备量两个临界点，两个临界点之间的区域为最适度储备区，区内的某一变动点便是适度储备量。这一分析认为，从一国来看，拥有的国际储备量至少要能保证该国最低限度进口贸易所必需的对外支付要求。最低点是下限临界点，称为经常储备量,低于这一要求就要引发支付危机。国际储备量的最高点是应付该国经济高速增长,进口量急剧增长,经济发展达到最高水平和任何偶然事件对国际储备的需求量。最高点是上限临界点,称为保险储备量。超过保险储备量则会造成储备资产的浪费。理论上说,包括最低点和最高点在内的区间内任意一点都可以作为适度储备量,但从实际上看,取上下限中间的储备量最为合适。至于在某一具体时期,在储备区间内,适度储备动点确定在哪里,则应根据该国的具体情况由影响国际储备的综合因素来确定。同时,适度储备动点要随着国民经济发展中随时出现的各种相关因素的变动在储备区间移动,使国际储备经常保持在最佳水平上。

(3)储备—外债比例法。这种方法是通过确定一国国际储备与该国外债总额比例的方法来测定适度储备量。目前,一般认为一国国际储备应占该国外债总额的50%较为合理。但是偿还外债除了决定于一国的国际储备量多少之外,还受限于该国的出口能力和重新举债能力的制约。

除了以上定量分析外,还有成本—效益分析法、储备—内外平衡法等。

国际储备适度水平的确定涉及许多经济变量和各种主客观因素。尽管目前还没有在理论上取得一个较一致的结论和较统一的标准,具体操作尚有一定的难度,但各国在实际具体运用中都根据本国的具体经济情况灵活运用和配合使用各种决定方法,并尽量考虑各种影响因素,努力把握本国国际储备的最佳适度规模。

(三)国际储备结构管理

一国国际储备资产除了水平上适度外,还需结构上合理。各类储备资产的结构如何安排,即各种资产之间如何做到最佳构成,外汇储备中不同的币种结构如何确定,如何进行恰当的资产组合和资金调度以分散和避免风险,这些都构成了国际储备结构管理的主要内容。

一国国际储备由外汇储备、在国际货币基金组织的储备头寸、特别提款权和黄金储备四个部分构成,其中黄金储备由于黄金价值相对稳定,黄金储备的数量和规模基本保持不变;而在国际货币基金组织的储备头寸和特别提款权不以各国的意志而改变,主要由货币基金组织依据一定的条件给予规定和控制。因此国际储备结构管理主要是外汇储备结构的管理,即外汇储备货币的种类和不同储备货币的比例安排。一国外汇储备结构管理通常要考虑下列因素。

(1)本国对外投资和对外负债的货币结构和期限结构。重点考虑从国外借款的货币构成及本国获取某种储备货币的能力和途径。

(2)本国内部经济均衡发展对储备货币的要求。如保持本国货币对外价值稳定和干预外汇市场所需的储备货币的种类和数量等。

(3)本国对外贸易的国家和地区结构。重点考虑本国进口主要来源和出口流向、规模和有关国际支付惯例。

(4)影响储备货币汇率的因素。如储备货币发行国的政治、经济、金融、利率和价格的变动情况等。

（5）各种储备货币在国际货币制度中的作用和地位及其投资收益情况。

三、我国的国际储备管理

（一）我国国际储备的现状及特点

我国国际储备的具体构成主要是外汇储备、黄金储备、普通提款权和特别提款权。从统计资料分析来看，目前我国的国际储备具有下列特点。

（1）我国一直实行稳定的黄金储备政策。从 1981 年以来，我国的黄金储备一直维持在 1267 万盎司的水平上。

（2）外汇储备快速增长，占我国国际储备资产总额的 90％以上，截至 2015 年 9 月底，我国的外汇储备已达 9879 亿美元。

（3）目前，我国的外汇储备主要是美元。从国际储备发展的趋势和特点可以看出，外汇储备应多元化，以避免单一币种储备的风险。我国的国际储备也应在充分调研的基础上，实施多元化的国际储备方案，以获得较大的安全性和较高的收益性。

（4）随着我国不断对外开放、经济快速发展，综合经济实力的加强，在国际货币基金组织的储备头寸份额也在不断增加。

（5）国际货币基金组织分配的特别提款权没有变化。

（二）我国的国际储备管理

▶ **1. 我国国际储备管理的原则**

对于国际储备的管理，国际间普遍遵循的原则是安全性、流动性和盈利性相结合的原则，但各国又根据本国的实际情况的不同而有不同的侧重和区别。我国的国际储备侧重于安全性，其基本原则如下。

（1）保持多元化的货币储备，以分散汇率变动的风险。

（2）根据支付进口商品所需的货币币种和数量，确定不同储备货币在外汇管理中的比例。

（3）选择储备货币的资产形式时，既考虑收益率，又考虑流动性和安全性。

（4）密切注意国际市场汇率变动的趋势，随时调整各种储备货币的比例。

（5）外汇储备管理以保值而非牟利为中心原则，因此决不允许利用外汇储备进行外汇投机活动。

（6）根据国际黄金市场和国际金融形势的变化及我国的实际需求对黄金储备进行适当的调整。

▶ **2. 我国国际储备规模管理**

我国的国际储备资产(主要是外汇储备资产)究竟多少是适度，是一个不明确且需要深入研究的问题。前面已经说过，一国国际储备过多和过少都不好，储备过少会造成支付困难，储备过多会造成资金积压和浪费。由于目前世界上还没有一个科学的储备计量模型，所以，我国的外汇储备额应根据我国的具体情况而定。一般来说，我国国际储备的规模要受到以下因素的制约：经济发展的目标和速度、对外举债情况、获取国际资金的能力、国际收支的波动幅度、调节进口的能力、汇率安排和其他需要。只有综合考虑这些因素才能做出较为稳妥与可行的结论。另外，在具体量的确定上，国际上比较常用的储备—进口比例法与储备—外债法也可以作为参考。在定性、定量分析的基础上，可考虑一定时期内储备的上限和下限，并根据时期的变动不断进行调整。这样可能比较符合目前我国国际储备适度规模管理的实际。

▶ **3. 我国国际储备管理存在的问题**

我国国际储备管理存在的主要问题如下。

（1）国际储备管理缺乏统一协调。由于我国国际储备管理机构呈多元化，难免使国际储备管理缺乏协调性，有时甚至延误时机。

（2）国际储备总量目标管理的随机性过强。储备总量目标的确定缺乏科学的预测依据，出现总量目标模糊不清的状况，只能随机管理。

（3）外汇储备币种结构有不尽合理的现象。我国外汇储备币种的选择长期受"购买力理论"的影响，往往忽视外汇收入中主要币种与用于外汇支付的主要币种之间的协调配合，造成储备币种有脱离我国国际收支实际需要的现象。

（4）国际储备资产的保值和风险防范技术不完善，国际金融市场信息来源单一，外汇储备资产管理的信息不够全面及时，管理人才比较缺乏。

第四节　发展中国家的债务危机

一、外债与债务危机的相关概念

（一）外债的定义

20 世纪 80 年代初爆发的国际债务危机对国际经济产生了巨大的影响，引起各国政府对外债的广泛重视，外债管理成为宏观经济管理的重要内容。根据国际货币基金组织和世界银行的定义，外债是指在任意特定时间内，一国居民对非居民承担的具有契约性偿还责任的债务，包括本金的偿还和利息的支付。根据我国外汇管理局的定义，外债是在中国境内的机关、团体、企业、事业单位、金融机构或其他机构对中国境外的国际金融组织、外国政府、金融机构、企业或其他机构用外国货币承担的具有契约性偿还义务的债务。

根据上述界定，外债应包括国际金融机构贷款、外国政府贷款、外国商业贷款、发行国际债券和其他情况。而外国的股权投资如外商直接投资和股票投资就不属于外债。

（二）债务危机的概念与考察债务规模的主要指标

所谓国际债务危机是指一国到期不能按时足额偿还债务本金和利息并由此所引起的一国经济和金融秩序的混乱。

导致一国无力偿还外债的原因有很多，但从根本上说是由于外债规模过大，使得本国无力承担。所以，使本国的对外债务保持在一个适度的规模上，是一国外债管理的重要内容。而衡量一国外债规模是否适度，就要参考一些指标。

▶ 1. 偿债率

偿债率是指一定时期（通常为一年）偿债额占出口外汇收入额的比重，公式为：

偿债率＝本年度外债还本付息额/本年度商品与劳务出口收汇额

偿债率是目前国际上广泛采用的衡量一国外债清偿能力的指标。这一指标说明，一国当年出口商品和劳务的外汇总收入中有多大比重用于偿付外债本息。偿债率越低，债务国的偿债能力越强，比重过大，说明该国外债负担过重。国际金融组织曾将偿债率作为衡量一国是否发生了债务危机的重要指标或核心指标，并根据经验统计制定了比率在 15％～20％为债务负担较为适中的安全线。对于发展中国家，一般认为偿债率的安全线为 25％。如果一国偿债率超过这个安全线，该国就被认为偿债有困难。如果借款国不能及时改变这种情况，借债信誉就要受到影响。当然这不是绝对的，有资料表明，某些国家借外债，并没有受到这一指标的限制。例如，韩国在 20 世纪 80 年代中期连续 3 年偿债率接近 30％，但并没有出现债务危机。

▶ 2. 债务率

债务率是指债务国的债务余额占一定时期出口外汇收入额的比重，公式为：

债务率＝年末外债余额/当年出口收汇额

债务率的意义在于表明以债务国目前的外汇收入水平，需要多长时间才能偿清现存总债务。这一比率越高，债务国偿债能力越差。国际上公认的这一指标的安全线为 100％，如果达到 150％，则该国为中度负债国，若达到 200％，则该国已属于重度债务国，但在现实中，这一标准也依国家不同而有所不同。

▶ 3. 负债率

负债率是指债务国未偿还外债总额占当年国民生产总值的比重，公式为：

负债率＝年末外债余额/当年国民生产总值

负债率的意义在于反映了外债总额对债务国整个国民经济带来了多大的经济负担，表明了一国举债规模与国民生产总值之间的关系程度。负债率越高，债务国国民经济承担的经济负担越重，偿债能力也就越差。国际上对该指标的安全线有不同的衡量标准，保守估计的安全线为 15％左右，低于 10％为偿债能力较强，超出 20％为偿债能力欠佳。按照较宽松的估计，安全线可以达到 30％。

▶ 4. 偿息率

偿息率是指债务国当年偿息额与出口收汇额的比重，公式为：

偿息率＝偿付外债利息额/当年出口收汇额

偿息率表明了债务国使用国外资源的成本状况，也更为准确地反映出一国的借债成本及债务国的经济发展前景，是区别一国有无债务困难的依据之一。国际上公认的偿息率标准为 10％左右，若超过这一数值，证明该国举债成本过于昂贵，偿债负担较重。

上述指标是国际上通常采用的衡量一国外债总体规模的四个主要单项考核指标。此外，还有偿息额占国民生产总值比重，债务额占该国国际储备比重，用债额占进口用汇比重等总量考核指标。每个指标具体反映出的债务或经济情况，对于债务国了解本国外债情况，分析本国外债负担，确定本国外债策略等都具有重要的参考作用。但是，每一单项指标又都有它的局限性，很难全面反映出一国的外债负担。例如，偿债率指标忽视了进口因素，也反映不出债务国的经常项目状况，负债率和债务率两个指标，都存在着不能反映债务期限结构和优惠贷款情况等缺陷。有时两个不同的单项指标会反映出两种截然不同的债务负担情况，如有的国家尽管偿债率不高，看起来不会出现债务偿还困难，但负债率却很高，履行偿债义务的能力是很低的。因此，在考察一国对外负债规模是否适度时，要综合运用这几个指标。

从 1995 年起，世界银行又开始使用现值法来测量债务规模，即用债务的现值代替债务名义值来衡量对外债务水平。使用现值法测算主要有两个指标：一是经济现值债务率，是指一国未偿还债务现值占国民生产总值的比例，这一指标的临界值为 20％，超过临界值，一国就会面临严重的对外清偿风险；二是出口现值债务率，是指未偿还债务现值占出口额的比例，80％ 为临界值，超过临界值的国家为严重负债国家，低于临界值但高于 60％的为中等负债国家，低于临界值的 60％的为轻度负债国家。

二、国际债务危机形成的原因和解决办法

国际债务危机是指一系列债务国因经济困难或其他原因的影响不能按期支付债务本息，使债权国与债务国之间的债权债务关系无法如期了结，给债权债务双方国家乃至世界经济造成严重影响。发展中国家发生支付外债本息问题在历史上并不鲜见，这里所说的国际债务危机是指 20 世纪 80 年代初主要爆发在拉美国家的债务危机，这是迄今为止影响面最广、最深刻、持续时间最长的一次债务危机。

(一) 国际债务危机形成的原因

20 世纪 80 年代国际债务危机的形成原因应从债务国国内的政策失误和世界经济外部环境的冲击两方面加以分析。债务国国内经济发展战略的失误和外债管理方针的不当，使外债规模的膨胀超过了国民经济的承受能力，这是危机爆发的内因。而世界经济的衰退，发达国家的贸易保护主义，以及国际金融市场的动荡等，则是诱发债务危机的直接原因。

▶ **1. 债务危机形成的内因**

(1) 盲目借取大量外债，不切实际地追求高速经济增长。20 世纪 70 年代世界经济衰退和石油价格上涨，使许多非产石油发展中国家出现了严重的国际收支赤字。而此时欧洲美元市场已有了相当程度的发展，两次石油大幅提价后，石油输出国手中积累了大量的所谓"石油美元"，它们投入欧洲美元市场，使国际商业银行的贷款资金非常充裕，急于寻找贷放对象，因而国际金融市场利率很低。于是很多国际收支发生赤字的发展中国家都转向国际金融市场借取大量外债，急于求成地追求经济增长，不断扩大投资，使发展中国家的外债总额开始加速积累。另外，第二次石油大幅提价以后，许多海湾地区以外的产油国家

看到油价暴涨，石油出口收入可观，认为今后绝不会出现偿债问题，更借取了大量的国际商业银行贷款来推动国内的大型建设项目。例如，1980—1982 年，墨西哥政府曾制定了以石油工业为中心，全面促进工业化的三年经济发展规划，耗资达 300 亿美元。这样，当 20 世纪 80 年代初期世界经济转入严重衰退，石油价格大幅下跌时，许多产油国家，如墨西哥、委内瑞拉、印度尼西亚和埃及等，都被国际清算银行列为重债国家。

（2）国内的经济政策失误。许多重债国自 20 世纪 70 年代以来一直采取扩张性的财政和货币政策，再加上不适当和汇率和外汇管制措施，造成了一系列的不良后果。差不多所有的拉美重债国家，如阿根廷、智利、墨西哥、委内瑞拉、玻利维亚和乌拉圭等，在债务危机爆发前的 1979—1981 年，其货币币值都处于定值过高的状态，不切实际的定值过高不仅严重削弱了本国出口商品的国际竞争能力，加重了国际收支的不平衡，而且还促使国内资金不断地外流，以躲避日后不可避免的贬值。

在 1981 年前后，国际金融市场的利率水平升到前所未有的高度，世界贸易处于停滞状态。而面对如此严峻的外部经济形势，主要拉美重债国家不是审时度势地紧缩和调整国内经济、平衡国际收支，而是继续其扩张性财政政策，维持高速经济增长。于是，巨额的财政赤字只能由货币供应的超量增长来弥补，这一方面会促使国内资金加速外流，国际储备资金会枯竭，另一方面也会导致国内通货膨胀率的迅速升高。在 20 世纪 80 年代初期和中期，阿根廷、巴西和秘鲁等南美国家先后出现了三位数字的通货膨胀，使外债问题更加严重。

（3）所借外债没有得到妥善管理和高效利用。发展中国家应当尽力设法引进外资来推动国内建设，但是对外资又不能过分依赖。陷入债务危机的主要国家无不是在国际贸易和世界经济形势有利，国际金融市场蓬勃发展之时，借入了超出自身偿还能力的大量贷款，而且也未形成合理的债务结构。短期债务增加，商业银行贷款的比重过大。这类债务利息高，又往往以可变利率计息，受国际金融市场动荡的影响很大，从而加重了外债的负担。同时，这些国家的外债统计和监测机构及制度也不健全，机构效率低。在主要借款来源从优惠的官方贷款转为私人商业银行贷款，以及短期债务比重突然增高时，不能迅速形成反馈并影响国内的有关政策。

更重要的是，陷入严重债务危机的国家的外债资金利用效率都极低，未能把外债资金全部有效地用于生产性和创汇盈利的项目，不能保证外债资金投资项目的收益率高于偿债付息率。一些重债国用外债支持的往往是规模庞大而又不切实际的长期建设项目，有的贷款项目根本没有形成任何生产能力。还有的国家有关外债管理人员贪污腐化，将外债资金挪作私人不动产或外国证券投资。举债的目的是为了实现高速的经济增长，但是实际结果并非如此，外债没有给国家整体带来生产能力的快速增长，而是外债的增长速度远高于国民生产总值的增长速度，这样在世界经济形势突变之时自然难以应付，无法如期偿还债务。

▶ **2. 债务危机形成的外因**

（1）20 世纪 80 年代初以发达国家为主导的世界经济衰退。70 年代的两次石油大幅度涨价，已经使发展中国家特别是非产油发展中国家面临严重的国际收支赤字。并且 1979 年的石油价格上升还同时诱发了世界经济衰退，对债务国形成了严重的冲击。在世界经济的衰退中，以美国为首的发达国家为了转嫁危机，纷纷实行严厉的贸易保护主义，利用关税和非关税贸易壁垒，减少从发展中国家的进口，使发展中国家的出口产品价格，尤其是低收入国家主要出口的初级产品价格，以及石油价格大幅度下跌。因此发展中国家的出口收入突然下降，非产油发展中国家的出口收入增长率在 1980 年为 23.8%，1981 年为 3.7%，1983 年竟出现了-5.2%，即绝对数额的下降，于是它们的偿债能力自然要下降，债务危机也就在劫难逃了。

（2）国际金融市场上美元利率和汇率的上浮。国际金融市场利率上升的作用非常关键，因为发展中国家的借款主要是由商业银行提供的。1979 年后，英美等主要发达国家纷纷实行了紧缩货币政策以克服日益严重的通货膨胀，致使国内金融市场利率提高。特别是 1981 年后，美国货币市场利率显著提高，吸引了大量国际资金流向美国，还引起美元汇率的大幅提高。其他主要西方国家为了避免国内资金的大量外流，也不得不相应提高其国内货币市场利率水平，从而形成世界范围的利率大幅上升。发展中国家的债务多数为浮动利率的债务，基准利率，如 LIBOR 和美国优惠利率的上升也会使已发行的商业贷款利率上升同样的比率。同时，由于发展中国家债务主要是美元债务，高利率形成的美元汇率上浮也必然会大大加重债务国的偿债负担。

（3）国际商业银行贷款政策的影响。在 20 世纪 70 年代初期，美国国内的扩张性货币政策和持续性的国际收支赤字，使大量美元流向国外，促成了欧洲美元市场的发展，商业银行手中的信贷资金充裕。实际上在 1973 年第一次石油大幅提价以前，国际银行的信贷已经开始膨胀。第一次石油危机以后，国际金融市场在回流石油美元的过程中，为发展中国家提供了大量的贷款。1979 年第二次石油危机以后，世界经济陷入衰退，主要发达国家国内紧缩货币，提高利率，国内信贷资金需求萎缩，国际商业银行积累的大量石油美元不得不转向国外寻求放款对象。而在这一时期，拉美的巴西、墨西哥等国家不顾世界经济的衰退，仍然大力发展国内的长期大型建设项目，而需要借入大量外部资金。在这期间，拉美国家作为一个整体，它们的国际债务有 3/4 是官方借款，即中央政府、国家银行机构的借款或由官方机构担保偿还的借款。当时国际商业银行普遍认为国家的信誉最高，官方借款不会发生到期违约拖欠偿还的现象。因而在整个 70 年代和 80 年代的最初，国际商业银行对发展中国家的贷款迅速增加，使得债务国的私人债务比重上升。但是在 1982 年以后，国际贷款的风险增大，商业银行随即大幅减少了对发展中国家的贷款，这又加剧了发展中国家的资金周转困难，对国际债务危机的形式和发展起到了推波助澜的作用。

（二）国际债务危机的解决办法

▶ 1. 最初的挽救措施

1982 年 8 月，墨西哥宣布无力偿还当年到期的债务，标志着国际债务危机的爆发。墨西哥事件引起了国际金融界的巨大震动。在墨西哥宣布无力偿债的数天之内，国际社会就采取了一系列紧急措施。美国政府继续提供了近 30 亿美元的贷款，国际清算银行提供了近 10 亿美元的过渡性贷款，主要债权国的出口信贷机构也同意对墨西哥增加 20 亿美元的贷款。同时，IMF 着手制订大规模的援助贷款计划。很快在 1982 年 11 月，IMF 内部就达成了一致，决定在三年内提供 37 亿美元的贷款资金。但是 IMF 的贷款是有条件的，要求墨西哥立即实行财政和货币紧缩，调节国内经济，减少国际收支赤字。

对墨西哥的挽救计划成为此后几十个债务国重新安排到期债务的样板。最初的挽救措施主要是在 IMF 的协调下，由债券银行、债权国政府和债务国政府共同协商，重新安排到期债务。在债务重新安排的过程中，IMF 的作用十分重要，它非常强调债务国国内的紧缩政策。债务银行通常要求债务国在谈判之前先与 IMF 共同制订一项全面的经济调整计划，或者先得到 IMF 的条件性贷款。以此为前提，商业银行将现有债务重新安排，延长债务本金的偿还期限，但是并不减免债务总额，而其在延长期间，贷款的利息照付。最初阶段商业银行贷款重新安排的条件是比较苛刻的。

除了商业银行贷款以外，债务国所欠的官方债务也很快得到了重新安排。官方贷款重新安排的条件比较宽松，可以重新安排当年到期的债务本金和利息，有些贷款的利息还能够得到减免。在官方债务的重新安排过程中，也有 IMF 和世界银行的参与。如果要求重新安排债务的是 IMF 的成员国，那么该国在谈判债务重新安排之前，必须与 IMF 共同制订全面的经济调整计划。有的协议还规定，只有债务国执行了 IMF 通过的调整计划之后，才能得到债务的重新安排。

除了重新安排到期债务以外，在最初阶段，债权国政府以及世界银行和一些多边开发银行机构，如泛美开发银行、亚洲开发银行等，也为重债国提供了相当数量的贷款，以配合其国内的紧缩政策和经济调整计划。特别是对撒哈拉南部最贫穷的债务国来说，它们面临的主要问题是经济衰退造成的初级产品价格下降，以致出口收入锐减，因此对这些国家来说，官方机构的贷款十分重要。

▶ 2. 贝克计划

1985 年 10 月，美国前财政部长 J. 贝克在汉城（现首尔）举行的 IMF 和世界银行联合年会上正式提出了新的债务危机解决方案。贝克计划提出债务国在国内政策调整的基础上，应实现经济增长，这种增长将获得世界银行等官方机构以及商业银行新增贷款的支持。在 1986 年—1988 年，官方机构应向重债国提供 90 亿美元的贷款，商业银行应每年净增加 60 亿～70 亿美元的新贷款。另外，贝克计划还提出一些建立在金融市场基础上的、长期性的债务缓解措施，如债务资本化、债权交换和债务回购等。

债务资本化是指债权银行按官方汇率将全部债务折合成债务国货币，并在债务国购买等值的股票或直接投资取得当地企业的股权，这一过程也称为债务—股本互换；债权交换是指债权人按一定的折扣将所持债权交换附有担保品的其他债券，这种交换要求新债券是较为可靠的资产，并具有流动性，可以转让交易，而且债务人全部偿还这笔债务的可能性要比偿还旧债的可能性更大；债务回购是指债务国以一定的折扣用现金购回所欠的债务。

与以往简单的债务重新安排方案相比，贝克计划强调了必须实现债务国长期的经济增长，不能单纯依靠紧缩经济来平衡国际收支，这是个重要的变化。但是贝克计划的目标不是削减发展中国家的债务，而是试图将债务国的偿债负担降到其经济增长能够承担得起的水平。贝克计划得到了国际金融机构和部分商业银行的支持，成为国际各方在债务问题上的共同立场。但是这个计划缺少实质性的具体措施，如债务国的调整计划能否实现经济增长，各方面的协调是否顺利进行等。而且实际上在 1986—1988 年，商业银行对重债国的贷款也并没有按贝克计划的要求每年净增 60 亿～70 亿美元。

▶ 3. 布雷迪计划

美国的布雷迪计划是美国财政部长 N. F. 布雷迪于 1989 年 3 月间提出的一个减债方案，它是建立在贝克计划的基础之上的。布雷迪计划承认国际债务问题是债务国偿付能力的危机，而并非暂时的资金周转失灵。布雷迪计划也强调外债本金和利息的减免，并提出应由 IMF、世界银行以及债权国政府为削减债务本金和利息提供资金支持。根据后来 IMF 和世界银行制订的实施计划，这两个组织将在三年之内各自提供 110 亿美元的信用保证资金支持债务削减计划，其中半数用于支持债务本金的削减，另一半用于支持债务利息的削减。另外，债务国与债权银行之间的债务减免交易条件必须得到 IMF 和世界银行的批准，或者是在减债协议达成之前，先要获得 IMF 和世界银行的贷款保证。这两个机构的作用一方面可以增强债务国与商业银行谈判中的地位，另一方面也能保证达成的交易能够有效地利用贷款资金来源。

目前，IMF 和世界银行正在为债务国政府提供贷款，以支持它们与债权银行之间的债务削减计划。据统计，1990—1993 年，IMF、世界银行和日本政府对债务国减免 300 亿～350 亿美元。不过与以往的方案一样，IMF 和世界银行的贷款只提供给愿意进行产业结构调整和政策改革的重债国，以保证贷款资金的有效利用。债务国必须实施以长期经济增长为目标的经济调整方案，并采取措施制止国内资金外逃。

目前，商业银行债务的削减主要采取债务资本化、债权交易和债务回购等在贝克计划时期就已开始实施的方式。但是与当时不同的是目前债务国有 IMF 和世界银行的贷款承诺，这对债务国是非常有利的。布雷迪计划要求商业银行继续为资助债务国的贸易提供贷款，同时还应提供多方面的债务减免和增加新的贷款资金，并且还要求商业银行对那些正在与它们进行债务削减谈判的债务国的苛刻条件(诸如抵押担保)给予暂时的降低或放弃。此外，布雷迪计划也要求债权国政府继续对各自的官方债权进行重新安排，并继续为正在实施国内全面调整计划的债务国提供多方面的新贷款资金。

布雷迪计划首先在墨西哥进行了尝试，迄今为止，墨西哥政府与债权银行达成的减债协议是规模最大的。此后，布雷迪计划式的减债又在菲律宾、哥斯达黎加、委内瑞拉等国进行了实施。所有这些国家的国内经济调整都有显著的进展，但具体的实施过程和减债协议因各国不同的国内经济环境而有所不同。布雷迪计划的初步尝试是成功的，但是在今后数年中，不可能所有的重债国都能得到布雷迪计划的援助。计划所能提供的新贷款资金毕竟有限，并且有的国家目前还难以满足布雷迪计划所要求的采取国内稳定调整实现经济增长的前提。

三、发展中国家的债务危机

（一）发展中国家的债务危机状况

近年来，国际债务危机日益加剧，特别是广大发展中国家承受着金融危机和债务危机的双重压力，债务负担过重使许多发展中国家难以从金融危机的阴影中摆脱出来。为了缓解国际债务危机的进一步加剧，近年来国际金融机构为此采取了一系列措施，但收效甚微。据有关国际金融机构统计，2013 年流向发展中国家的净债务增加到 5 420 亿美元，比 2012 年增长了 28%。在债务危机加剧的同时，发展中国家获得的新贷款也在减少，在泰国，从 2011 年到 2012 年净债务流入比从 414% 下降了 61%；2013 年的马来西亚只有 2012 年水平的一半，印尼记录更下降为 16%。2013 年发展中国家的外部债务占 GNI 的比率平均为 23%，外债与出口的比率平均为 79%。尤其以拉美和非洲地区债务负担最为严重，2010 年，津巴布韦、科特迪瓦两国外债占 GDP 比重分别达到 116.7% 和 75%，几内亚比绍、利比里亚的债务清偿占出口比重分别达到 458% 和 126%。沉重的债务负担不仅阻碍了有关地区和国家的正常经济发展，而且成为影响这些地区金融形势稳定的重要因素之一。另外，在发展中国家债务危机日益严重的形势下，西方发达国家对发展中国家的援助一直呈下降趋势。据欧洲研究中心的统计，西方国家官方援助在其国内生产总值中的比例远低于联合国要求的 0.7% 的比例。保障金融安全刻不容缓。近年来，债务危机，局部金融危机以及一系列突发性金融事件，使国际金融市场安全受到严重威胁。从更深层看，国际金融安全的保障，再度引起国际社会的高度关注，金融安全已成为影响国际生活和国家安全的关键因素。

目前国际金融形势一个突出的问题是，随着全球经济日趋融合，发展中国家与发达国家经济联系日趋紧密，发展中国家的债务早已不是发展中国家自身的问题，甚至可能严重拖累发达国家的经济发展。在沉重的债务包袱下，发展中国家要在 2015 年实现 MDG 的目标依然黯淡，对国际资本的依赖程度日益加深，越来越多的发展中国家面临着不可持续债务负担的难题，这种不可持续性加剧了全球金融体系的脆弱性。国际债务危机直接影响到全球经济发展，解决国际债务危机的最终途径，已成为需要各国协调、解决的问题之一。

（二）发展中国家债务危机解决的途径

目前有关国际机构就债务减免问题采取了一系列措施，有利于缓解国际债务危机，但西方发达国家还应从全球经济发展角度出发，在行动上更加重视发展中国家的发展问题，而不是仅从西方自身的全球战略和对外政策出发。发达国家应积极地采取切实可行的措施调整与发展中国家的关系，减少全球化给发展中国家带来的风险。对于发展中国家来说，也需要进行经济结构改革，调整有关经济政策，避免金融状况进一步恶化，增强防范金融风险的能力。具体地说，要逐步有效地缓解国际债务危机，避免国际性金融危机的发生，一方面需要良好的国际经济秩序，另一方面需要西方发达国家以及国际金融机构采取有效措施，在减免部分债务的同时，支持发展中国家的经济发展，如降低贷款利率、减少进口限制、提供必要的经济援助等。从根本上讲，发展中国家所欠的债务主要是西方发达国家长期以来凭借其经济实力，利用不公正和不合理的国际经济秩序，推行一系列损害发展中国家利益的金融和贸易政策所造成的。因此，解决发展中国家的债务问题应从建立公正的国际经济秩序入手，在金融和贸易政策上给予发展中国家公正的待遇。总之，要从根本上解决这一问题，还需要国际社会长期的共同努力。

(三) 我国利用外资的方式

就我国而言，大力引进外资，弥补国内资金缺口，推动经济发展是我国的既定国策。改革开放以来，我国引进外资的存量规模不断增长，2013 年 10 月，我国实际利用的外资额已达到 970.26 亿美元，同比增长 5.77%。外资的大量引进，弥补了我国的投资缺口，增加了政府税收收入，推动了国外先进技术和管理经验的引进，创造了更多的就业机会，改善了我国的国际收支状况，最终有力地促进了经济增长。可以说，在我国改革开放取得的巨大成就中，外资的引入功不可没。

我国利用外资的方式主要包括外商直接投资、对外借款即借入外债以及外商其他投资。在我国，外商直接投资主要包括中外合资企业、中外合作企业以及外商独资企业等形式。在外商其他投资方面，由于我国证券市场的对外开放还有很多限制，所以来自国外的间接投资流入量还很少。对外借款是我国利用外资的另一主要方式，具体包括政府间贷款、国际金融机构贷款、国际融资租赁和在国外发行债券等形式，国际商业银行贷款在对外借款中所占比重很小，不是主要的融资方式。

在 1992 年以前，对外借款是我国利用外资的主要形式，比重远远超过外商直接投资。但自从 1992 年邓小平同志南方谈话以来，随着我国改革开放迈入一个新阶段，外商直接投资数量突飞猛进，迅速上升，近年来，其比重一直在 70% 以上，在外资利用方式中占据主导地位。这一方面说明我国投资环境不断改善，外商信心不断增加；另一方面也说明我国政府在不断努力，优化利用外资结构，减少能够带来债务负担的对外借款比例，大力推进引入直接投资。

(四) 我国的外债问题

党的十一届三中全会以来，我国注重从国外吸引外资和技术，以加强我国经济的发展。据估计，我国 20 世纪 80 年代平均外债总额为 150 亿～220 亿美元，人均外债水平为 20 美元左右，在国际上属于较低的水平；90 年代中期平均外债总额增至 350 亿～400 亿美元，人均外债水平 40 美元左右。

截至 2014 年年末，我国外债余额为 54 793 亿元人民币(等值 8 955 亿美元，不包括香港特区、澳门特区和台湾地区对外负债)。其中，中长期外债余额为 16 788 亿元人民币(等值 2 744 亿美元)，占 30.6%；短期外债余额为 38 005 亿元人民币(等值 6 211 亿美元)，占 69.4%，短期外债余额中，与贸易有关的信贷占 70.5%。从债务工具看，贷款余额为 20 749 亿元人民币(等值 3 391 亿美元)，占 38%；贸易信贷与预付款余额为 20 462

亿元人民币(等值 3 344 亿美元)占 37%；货币与存款余额为 6 663 亿元人民币(等值 1 089 亿美元)，占 13%；债务证券余额为 674 亿元人民币(等值 110 亿美元)，占 1%；特别提款权(SDR)分配为 619 亿元人民币(等值 101 亿美元)，占 1%；直接投资：公司间贷款余额为 5 584 亿元人民币(等值 913 亿美元)，占 10%；其他债务负债余额为 42 亿元人民币(等值 7 亿美元)。从币种结构看，登记外债余额中，美元债务占 80%，欧元债务占 6%，日元债务占 4%，特别提款权和港币等其他外币债务合计占比 10%。据初步计算，2014 年年末，我国外债负债率为 8.64%；债务率为 35.19%；偿债率为 1.91%；短期外债与外汇储备的比例为 17.78%，这些借入的国外贷款弥补了我国建设资金的不足，加快了基础设施建设和对现有企业的技术改造，对我国国民经济发展起到了有益的补充作用。

从我国的外债现状来看，我国外债基本上处于一个合理的规模和结构中。首先从规模来看，我国目前的债务规模基本与经济发展程度相适应。2010 年 12 月以来，我国统一内外资企业和个人城市维护建设和教育费附加制度，外资企业在税收政策上大量享受的"超国民待遇"就此彻底结束，我国借入外债占引进外资的比重已呈下降趋势。虽然从绝对量看，我国外债规模较大，但这是由于我国经济规模大所造成的。从传统衡量外债规模的几个数量指标来看，我国外债规模比较合理。近年来我国的偿债率、债务率和负债率等主要指标都处在国际公认的安全线之内。而且，我国有着数量巨大的外汇储备，加之我国并未开放资本项目，因此在短期内外债规模仍会保持在合理的水平上。其次，从外债的结构看，我国外债在期限结构上表现短期债务占绝大多数，但到 2014 年底短期外债与外汇储备的比例为 17.78%，均在国际公认的安全线以内，我国外债风险总体可控，因此我国外债的期限结构是合理的。

我国在外债管理中还存在一些问题和困难，主要表现在以下方面。

(1)在币种结构上，我国的外债主要表现为美元和日元外债，由于日元属于汇率波动较大的货币，因此在币种结构上，我国外债存在着一定风险，应充分利用各种保值手段避免汇率风险导致的债务风险。

(2)在外债管理上职能不健全，管理分散，多"窗口"对外，国家批准的有权对外发行债券的部门和单位多达十几个，有的出现借、用、还脱节的现象。

(3)在对外债管理手段上，主要运用行政手段进行总量控制，以法律手段、经济手段、信息手段进行管理还不够得力。

(4)在外债结构上不尽合理，近两年外债规模增长过快，短期债务比例上升，商业信贷比例加大，固定汇率的贷款过多。

(5)外债统计和监控系统处于建设初期，其作用未充分发挥。

(6)借债的使用效率不高等。

总体来说，我国的外债无论在规模上还是在结构上都比较合理，因此不存在明显的外债风险。但是，也决不能忽视潜在的问题，特别是当我国进一步对外开放时，对外债的有效管理就将成为重要的问题。同时，在把握外债的适度规模和结构的同时，目前更应注意的是提高外债的利用效率，使外债在我国经济建设中发挥更大的作用。

小 结

国际收支是一国对外经济交往活动的系统反映，一国的国际收支状况是通过国际收支平衡表反映出来。国际收支平衡表是按照复式簿记原理编制的，在平衡表中，全部经济交易活动被划分为借方交易和贷方交易，借方交易是对外国居民支付的交易，贷方交易是接受外国居民支付的交易。凡属于支出项目，对外负债减少和对外资产增加项目均记入借方。凡属于收入项目、对外负债增加和对外资产减少项目均记入贷方。国际收支平衡表在编制过程中，尽管各国在具体项目设定上存在差异，但其基本内容大体一致，即由经常项目、资本项目和平衡项目三部分构成。对国际收支平衡表进行分析已成为世界各国货币金融管理当局制订有关贸易、金融及对外投资政策的具体依据。

国际收支平衡是一种相对理想的国际收支状态，国际收支不平衡是经常的、不可避免的经济现象。导致国际收支不平衡的原因很多，其结果表现为一国国际收支顺差或逆差。一国出现临时的顺差或逆差在某种程度上能促进本国经济的发展，但长期大量的顺差或逆差会影响一国的经济目标的实现，严重的会引发一国国际收支危机和金融局势的动荡。在对待国际收支不平衡的态度上，顺差国与逆差国有所不同，逆差国比顺差国更关心国际收支不平衡的问题。当国际收支不平衡时，政府有必要采取措施进行调节，使之趋于或达到均衡状态。在不同的国际货币制度下，国际收支不平衡的调节机制不同，在浮动汇率制度下，对国际收支逆差主要采取外汇缓冲政策、支出调整政策和支出转移政策、直接管制和国际经济金融合作等措施进行调节。

国际储备是指一国货币金融管理当局为弥补国际收支逆差、维持本国货币汇率的稳定以及应付各种紧急支付而持有的、为世界各国所普遍接受的资产。一国国际储备主要由黄金储备、外汇储备、在国际货币基金组织的储备头寸和分配的特别提款权构成，其中外汇储备是主要部分。一国国际储备的来源有多种途径，其中经常项目顺差是最基本、最主要的来源。一国国际储备多了会发生浪费，少了会引发支付困难，需要根据本国的国情保持适度的国际储备。国际储备除了在数量上进行管理即水平管理外，还要对其进行结构管理，只有结构合理、数量适当，才能有利于本国经济发展。

债务危机是一国到期不能按期足额偿还债务本金和利息，并由此所引起的一国经济和金融秩序的混乱，衡量一国债务规模是否适度，其主要指标有偿债率、负债率、债务率、偿息率等。考察一国对外负债规模是否合适，要综合运用这几个指标。发展中国家的债务问题的解决，除了本国进行经济社会制度改革外，需要大力开展国际经济合作，需要发达国家给予一定的债务减免、给予信用上的进一步支持。在贸易、进出口中给予更多的优惠，同时国际金融机构尤其是国际货币基金组织和世界银行在提供资金援助上给予发展中国家更多的照顾，我国在改革开放过程中，不断引进外资来发展本国经济，取得了较好的效果，但在外债的管理上还存在一些问题，需要进一步改进，提高外债的利用效率，使其在我国经济建设中发挥更大的作用。

思考题

1. 什么是国际收支？国际收支差额是怎样产生的？它对一国经济会产生哪些影响？

2. 下列哪些情况会使一国官方储备账户余额增加？

(1) 外国商业银行向本国企业贷款。

(2) 外国政府豁免本国政府承担的部分外债。

(3) 跨国公司以设备对本国投资，开办工厂。

3. 下列哪种情况会增加一国经常账户的贷方余额？

(1) 本国向外国捐赠粮食。

(2) 本国厂商以设备投入外国，兴办合资企业。

(3) 本国企业通过外国承销商在外国发行债券。

4. 国际储备的含义是什么？它的构成包括哪些内容？

5. 什么是特别提款权？为什么说一国拥有的特别提款权也属于该国的国际储备？

6. 国际储备管理的基本原则是什么？

7. 若一国本年经常账户顺差 120 亿元，资本账户逆差 135.75 亿元，不考虑误差与遗漏，则该国本年度国际储备将发生什么变化？

8. 一国的国际储备完全由一种货币计价的外汇储备构成，而外汇储备又几乎都是以国外银行活期存款的形式持有，试用国际储备管理的原则评价该国的国际储备结构。

案例分析

案例 1 外汇局公布 2015 年二季度及上半年我国国际收支平衡表

2015 年二季度，我国经常账户顺差 4 470 亿元人民币，资本和金融账户逆差 2 482 亿元人民币，其中，非储备性质的金融账户逆差 1 687 亿元人民币，储备资产增加 802 亿元人民币。

2015 年上半年，我国经常账户顺差 9 108 亿元人民币，资本和金融账户逆差 3 581 亿元人民币，其中，非储备性质的金融账户逆差 7 722 亿元人民币，储备资产减少 4 123 亿元人民币。

按美元计价，2015 年二季度，我国经常账户顺差 730 亿美元，其中，货物贸易顺差 1 377 亿美元，服务贸易逆差 494 亿美元，初次收入逆差 121 亿美元，二次收入逆差 32 亿美元。资本和金融账户逆差 406 亿美元，其中，资本账户顺差 1 亿美元，非储备性质的金融账户逆差 276 亿美元，储备资产增加 131 亿美元。

按美元计价，2015 年上半年，我国经常账户顺差 1 486 亿美元，其中，货物贸易顺差 2 566 亿美元，服务贸易逆差 945 亿美元，初次收入逆差 104 亿美元，二次收入逆差 32 亿美元。资本和金融账户逆差 585 亿美元，其中，资本账户顺差 3 亿美元，非储备性质的金融账户逆差 1 259 亿美元，储备资产减少 671 亿美元。

　　为便于社会各界解读国际收支数据，分析国际收支运行状况，国家外汇管理局国际收支分析小组同时发布《2015 年上半年中国国际收支报告》。我国 2015 年上半年国际收支平衡表（概览表）如表 4-4 所示。

表 4-4　中国 2015 年上半年国际收支平衡表（概览表）

单位：亿元人民币

项　目	行　次	2015 年二季度	2015 年上半年
1. 经常账户	1	4 470	9 108
贷方	2	40 361	78 009
借方	3	−35 891	−68 901
1.A 货物和服务	4	5 405	9 936
贷方	5	35 785	68 852
借方	6	−30 379	−58 916
1.A.a 货物	7	8 430	15 726
贷方	8	32 292	61 977
借方	9	−23 862	−46 251
1.A.b 服务	10	−3 024	−5 790
贷方	11	3 492	6 875
借方	12	−6 517	−12 665
1.B 初次收入	13	−741	−635
贷方	14	4 034	8 031
借方	15	−4 775	−8 665
1.C 二次收入	16	−195	−194
贷方	17	542	1 126
借方	18	−737	−1 320
2. 资本和金融账户	19	−2 482	−3 581
2.1　资本账户	20	7	18
贷方	21	7	22
借方	22	−1	−4
2.2　金融账户	23	−2 489	−3 599
资产	24	−7 112	−6 635
负债	25	4 624	3 037
2.2.1　非储备性质的金融账户	26	−1 687	−7 722

续表

项　　目	行　次	2015 年二季度	2015 年上半年
2.2.1.1　直接投资	27	2 542	5 640
资产	28	−1 794	−3 240
负债	29	4 336	8 880
2.2.1.2　证券投资	30	−976	−1 476
资产	31	−1 962	−3 507
负债	32	985	2 031
2.2.1.3　金融衍生工具	33	8	−43
资产	34	−77	−139
负债	35	84	95
2.2.1.4　其他投资	36	−3 260	−11 843
资产	37	−2 478	−3 872
负债	38	−782	−7 970
2.2.2　储备资产	39	−802	4 123
3. 净误差与遗漏	40	−1 988	−5 527

注:

① 根据《国际收支和国际投资头寸手册》(第六版)编制。

② "贷方"按正值列示,"借方"按负值列示,差额等于"贷方"加上"借方"。本表除标注"贷方"和"借方"的项目外,其他项目均指差额。

③ 资本和金融账户中包含储备资产。

④ 以人民币计值的国际收支平衡表的折算方法为,当季以美元为计价单位的国际收支平衡表,通过当季人民币对美元季平均汇率中间价折算。2015 年上半年人民币计值的国际收支平衡表为一季度人民币计值的正式数与二季度人民币计值的正式数累加得到。

⑤ 本表计数采用四舍五入原则。

⑥ 细项数据请参见国家外汇管理局国际互联网站"统计数据"栏目。

资料来源:外汇局网站 2015-09-30

思考:

(1) 通过阅读 2015 年上半年中国国际收支平衡表,你认为中国国际收支处于顺差还是逆差? 出现这一结果的原因是什么?

(2) 比较经常账户与资本和金融账户的结余情况,并分析这两个账户的不同之处。

案例 2　IMF 宣布人民币成为国际储备货币

2015 年 12 月 1 日英媒称,国际货币基金组织(IMF)执行董事会 11 月 30 日在会上讨论了人民币加入特别提款权(SDR)的问题,宣布人民币成为该组织的国际储备货币。

据英国广播公司网站 12 月 1 日报道,中国央行对国际货币基金组织将人民币纳入国际储备货币表示欢迎,称此举肯定了中国的经济发展和改革。

中国人民银行在一份声明中说,"中国将加快金融改革和开放。"

目前作为国际货币基金组织储备货币的只有美元、欧元、日元和英镑。国际货币基金组织总裁拉加德本月早些时候对人民币加入 SDR 表示了支持。中国目前已是仅次于美国的全球第二大经济体。2014 年开始，中国开始努力让其货币成为国际储备货币之一。

外界存在对中国政府操纵人民币汇率以帮助出口的担心，这是人民币之前没能成为 IMF 储备货币的原因之一。但中国政府努力让各方支持人民币加入储备货币。汤森路透数据显示，11 月以来，人民币累计贬值 1.2％，是自 8 月贬值 2.6％以后的最大跌幅。

本月早些时候国际货币基金组织提交给董事会的一份报告建议给予人民币国际储备货币地位。据金融时报(FT)报道，该组织工作人员当时称，人民币满足了两条标准，一是中国和人民币在全球贸易中具有重要影响。二是人民币在国际上"可自由使用"。第二条标准由于和此前的"可自由兑换"标准不同，因而引发了关注和争议。

资料来源：参考消息网 2015-12-01

思考：

（1）什么是 SDR？目前，成为国际储备的货币有哪几种？这些货币都有哪些共性之处？

（2）人民币加入 SDR 对于人民币的国际化进程有哪些好处？对老百姓有哪些好处？

（3）人民币加入 SDR 是否意味着中国会立刻全面放开资本管制？

5 第五章
Chapter 5
国际金融市场与
国际资本流动

>>> **学习目标**

1. 掌握国际金融市场与国际资本流动的基本概念。

2. 能够叙述国际金融市场的构成、国际融资的主要方式，以及国际资本流动与发展中国家的经济发展。

3. 了解国际金融市场与国际资本流动的作用，国际资本流动的利益与风险。

4. 系统地认识与了解国际金融市场与国际资本流动的基本知识与原理。

第 一 节　国际金融市场概述

一、国际金融市场的含义

金融市场是指资金融通的场所及所形成的金融关系的总和。国内的金融市场是指本国居民之间的资金融通的场所及所形成的金融关系的总和，若金融活动跨越了国界就形成了国际金融市场。

（一）国际金融市场概念

国际金融市场在概念上有广义和狭义之分。广义的国际金融市场是指居民与非居民之间，或非居民与非居民之间进行各种金融活动的场所及所形成的金融关系总和，包括货币市场、资本市场、外汇市场、证券市场、黄金市场和金融期货期权市场等。而狭义的国际金融市场是指国际间的资金借贷市场，它又可以按资金借贷市场的期限划分为货币市场和资本市场。

(二) 国际金融市场的发展阶段

国际金融市场从最初形成发展至今，可以说有两个大的阶段：一是传统国际金融市场；二是新型国际金融市场。新型国际金融市场指第二次世界大战后的欧洲货币市场。

▶ 1. 传统国际金融市场

传统国际金融市场主要特征为从事市场所在国的货币借贷，并受该国政府政策与法律、法规管辖的金融市场。

传统国际金融市场的形成，经历了由地方性金融市场到全国性金融市场，再到国际性金融市场的过程。这类市场的典型代表有伦敦、纽约、苏黎世、巴黎、东京、法兰克福及米兰等，它们的兴起主要以其强大的经济实力为基础。今天，国际金融市场已形成西欧区、亚洲区、中美洲与加勒比海区、北美洲区及中东区等五大区域。

传统国际金融市场一般由各国政府、政府机构、银行与证券公司及客户四个层次的参与者组成。

传统国际金融市场包括国际货币市场、国际资本市场、国际外汇市场及国际黄金市场四个部分。国际货币市场是指融资期限在一年以内的国际短期资金市场，主要由短期信贷市场、短期证券市场及票据市场组成。国际资本市场是融资期限在一年以上的长期资金市场，主要由中长期信贷市场及国际证券市场组成。国际外汇市场是专门从事外汇买卖的场所，伦敦是世界最大外汇市场，其后依次是纽约、东京及中国香港。国际黄金市场是专门从事黄金交易的场所，世界四大黄金市场分别是伦敦、苏黎世、纽约及中国香港。

▶ 2. 新型国际金融市场

新型国际金融市场是第二次世界大战以后形成的所谓离岸金融市场，典型代表就是欧洲货币市场或欧洲美元市场。

欧洲货币市场是指从事境外货币借贷及境外货币债券(欧洲债券)发行、交易的市场，即离岸金融市场或称境外金融市场。它使那些能够自由兑换的货币，可以在其发行国以外进行交易，而不受任何国家有关法律及法规的管制。

新型国际金融市场是在传统市场基础上形成的，但同传统市场相比表现出以下特征。

(1)经营对象为市场所在国货币以外的所有外国自由兑换货币。

(2)打破了市场所在国资金供应的传统界限，从而使交易双方都不受国籍限制。

(3)借贷活动不受任何国家政策及法令管辖。

(4)新型市场不再以所在国强大经济实力和巨额资本积累为基础，只要市场所处地政治稳定、地域优越、交通方便、通信发达、服务周到全面、条件有利并实行较为优惠的政策，就有可能发展成为国际金融市场。

新型国际金融市场的参与者包括各国政府，尤其是那些对国际金融市场有强烈需求的发展中国家及转型国家；政府部门机构及国际机构，如各国的政策性金融机构(开发银行、进出口银行)、IMF、世界银行等；商业银行、投资银行及证券公司等金融中介机构；客户，如出口商、进口商、交易商、贴现商、承兑商、投机商及个人，尤其指国际上大的跨国公司或多国公司等。

新型国际金融市场主要由欧洲信贷市场、欧洲债券市场及亚洲美元市场构成。欧洲信贷市场由短期信贷市场与中长期信贷市场组成。短期信贷主要指一年以内的银行同业拆借和银行对客户提供的短期融资。中长期信贷市场指银行对工商企业(主要是跨国公司)提供的大额定期贷款和设备投资贷款市场,对于金额太大、时间特长的信贷往往由银团负责发放。欧洲信贷市场的价格形成,是以伦敦同业拆放率为基础,再加一定加息率及各项费用。欧洲债券是典型的国际债券,是指债券发行国到另一国发行的面值货币为第三国货币的债券,如法国人在法兰克福市场发行的美元债券。欧洲债券通常由辛迪加组织负责,采取公募与私募两种方式发行,发行期从宣布日至结束日需一个月左右时间,发行费用包括销售费、包销费等,均以折减券面金额方式支付。亚洲美元市场简称亚元市场,它是欧洲货币市场在亚洲的延伸,并非独立于欧洲货币市场的一个市场,是亚太地区的离岸金融市场。亚元市场兴起于 20 世纪 60 年代,以新加坡为中心,以中国香港、东京和巴林为侧翼,从事短期融资、中长期信贷、亚元债券发行与流通,以及黄金、外汇、股票与金融期货交易,交易大都以美元完成。

综上所述,第二次世界大战后形成的以欧洲美元或欧洲货币市场为代表的新型离岸国际金融市场,才可称为真正的国际金融市场。

(三) 国际金融市场的形成条件与发展

▶ 1. 国际金融市场的形成条件

(1) 高度发达的商品经济及相应健全的国内金融机构与发达的国内金融市场。

(2) 国籍或地区经济、政治局势的稳定,是国际金融市场赖以生存和发展的前提。

(3) 灵活、自由的外汇、金融制度以及有利于市场发育的财政税收措施。

(4) 优越的地理条件,现代化的交通、通信手段以及其他相配套的服务设施。

(5) 专业人才充足,素质高。

▶ 2. 国际金融市场的发展

国际金融市场是随着国际贸易的发展及国际借贷关系的扩大而逐步产生和发展的。

第一次世界大战前,由于英国空前发达的国内经济与国际贸易,比较稳定的政治制度,发达的金融体系,使得英镑成为当时世界上主要的国际结算货币和国际储备货币,伦敦也成为当时最重要的国际金融市场。

在两次世界大战之间,国际金融市场因战争和 1929—1933 年的世界经济大危机而遭到严重破坏,国际金融业务经济几乎陷于停顿,伦敦国际金融市场的地位大大削弱。

20 世纪 50 年代初,西方主要工业国家经济逐步恢复,国际贸易相应扩大,特别是跨国公司和跨国银行的建立,推动了国际金融市场的恢复和发展。这时美国已经取代了英国在世界金融市场中的地位,成为西方世界最大的资金供应国,纽约成了世界最主要的金融市场。当时形成了纽约、伦敦和苏黎世三大国际金融中心。

20 世纪 60 年代,由于美国等主要西方国家对资本自由移动的限制,国际金融市场发展逐步放慢。战后经济实力最强的美国进入 60 年代以后,国际收支持续巨额逆差,黄金外流，美元信用动摇，资金外逃严重。美国被迫采取措施限制对外投资，并关闭了外国债务人通往美国资金市场的通道。此外，一些西方国家为了防止美元泛滥冲击本国外汇市场，采取了限制资金流入措施，致使这些国家的银行纷纷把资金转移到境外，逃避监管。这种情况下，美国境外的国际金融市场飞速地发展起来，这种境外市场又称为"离岸市场"。

境外市场最大的特点是几乎不受任何国家法律法规的限制。在这个市场资金可以自由交易，利率自由且无须缴纳准备金。这种市场最早产生于欧洲的伦敦、卢森堡等地，后来又延伸到亚洲的新加坡、中国香港，美洲的拿骚、巴拿马等地形成了许多著名的离岸金融市场。目前，离岸金融市场已经成为国际金融市场的核心部分，众多的国际金融市场联系在一起，形成一个统一的国际金融市场。

二、国际金融市场的构成与作用

（一）国际金融市场的构成

国际金融市场是由国际货币市场、国际资本市场、外汇市场和国际黄金市场组成。

▶ 1. 国际货币市场

货币市场是指资金融期限在1年以内（含1年）的资金交易场所的总称，其中包括有形市场和无形市场。所谓有形市场是指通过交易所进行资金交易的市场；无形市场是指通过先进的通信手段进行资金交易的市场。

货币市场一般具有以下几个方面的特点。

（1）期限较短，最短的融资期限只有半天，最长的也不过1年。

（2）交易目的是为了解决短期资金周转的需要。货币市场上的资金来源主要是资金所有者暂时闲置的资金，需求也只是为了弥补流动资金短期内的不足。

（3）金融工具具有较强的"货币性"。货币市场上交易的金融工具一般时间短、流动性强、价格相对平稳、风险小，随时可以在市场转换为现金，且各种金融工具之间的利率差距也较小。

▶ 2. 国际资本市场

国际资本市场是指融资期限在1年期以上的中长期国际信贷市场和国际证券市场。市场参与者有银行、公司、证券商及政府机构。

（1）中长期国际贷款和外国政府贷款。银行中长期贷款是指一国借款人在国际金融市场上按照商业性条件向外国商业银行借取该银行所在国货币的中长期贷款。这个市场的资金的需求者多为各国政府和工商业者。这种贷款主要包括三类：出口信贷、项目贷款和自由外汇贷款，其中自由外汇贷款是规模较大、借贷频繁的一种中长期贷款。

（2）国际证券市场。国际证券是各类财产所有权或债权凭证的通称。证券持证人有权按证券所载事项取得权利。股票、公司债券、公债券、票据、提单、栈票等都是证券。

▶ 3. 外汇市场

外汇市场是指以外汇银行为中心，由各国中央银行、外汇银行、外汇经纪人和其他外汇交易者组成的买卖外汇的交易系统。它与一般的商品市场不同，不一定要求有具体的交易场所，外汇供求双方既可以在一个固定场所内买卖外汇，也可以通过现代化的通信设备及计算机网络从事交易活动。

▶ 4. 国际黄金市场

国际黄金市场是世界各国集中进行黄金交易的场所，是国际金融市场的重要组成部分。黄金买卖既是国家调节国际储备资产的重要手段，也是居民调节个人财富储藏形式的一种方式。国际黄金市场的交易方式分为现货交易、期货交易和期权交易。

（二）国际金融市场的作用

国际金融市场的形成和发展，无论对西方发达国家，还是对发展中国家，乃至对整个世界经济都起着举足轻重的作用。

▶ 1. 国际金融市场对整个世界经济的积极作用

（1）国际金融市场为各国经济发展提供了资金。例如亚洲金融市场对烟台地区经济建设起了积极的促进作用；欧洲货币市场带动了日本和联邦德国的经济复兴。特别是发展中国家，其经济发展中的大部分资金都是在金融市场上筹集的。

（2）调节各国国际收支。国际金融市场形成以后，各国调节国际收支除了动用国际储备外，还多了一条外汇资金来源的渠道。这对于国际收支逆差国来说，在规划其经济发展时有了更大的灵活性，同时也缓和了一些国家国际收支的不平衡状况。

（3）加速生产和资本的国际化。国际金融市场能在国际范围内把大量的闲散资金聚集起来，以满足国际经济贸易发展的需要。通过金融市场的作用，使世界上的资金充分发挥作用，从而加速生产和资本的国际化，并推动跨国公司的发展壮大。

（4）促进银行业务国际化。国际金融市场吸引了无数跨国银行，通过各种业务活动把各国的金融机构有机地联系起来，使各国银行信用发展为国际间银行信用，从而促进了银行业务国际化。

▶ 2. 国际金融市场对世界经济的负面作用

国际金融市场的迅速发展也产生了一些负面作用，主要表现在以下方面。

（1）国际金融市场利用得不合理，不但发展不了国民经济，还会背上沉重的债务负担。

（2）高度一体化的国际金融市场在经济衰退时期，会加速经济危机的传播，进而会加速世界经济的动荡。

（3）巨额的国际资本流动，影响了有关国家国内货币政策的执行，造成外汇市场波动和国际储备规模难以控制。

（4）西方主要国家的资本大量流向国际金融市场，可能会导致流入国家货币供应量增加，引发通货膨胀等。因此，西方国家近年来在金融自由化的同时，也重视对国家金融市场的管理。

第二节 国际融资的主要方式

国际融资是指一国的企业、个人或政府越出国界，在别的国家通过借款、股票、债券等形式进行资金借贷的交易。资金短缺国家可以在国际金融市场交易中筹集资金，推动国内资源的优化，提高劳动生产率，促进经济发展；资金富裕国家的政府、企业或个人也可以把资金借给外国，以取得收益，使资本增值。国际融资的方式较多，尤其是第二次世界大战以后，新的金融工具层出不穷，方式多样，筹资者可以根据不同的目的和用途，加以区别对待，选择不同的融资方式，以获得最高的融资效益。

一、国际票据融资

货币市场是经营期限在一年以内的借贷资本市场。国际票据融资是指国际货币市场上的融资，常用的融资方式有证券贴现、商业票据、短期国库券、大额定期可转让存单等，这些票据的共同特点是期限短、风险小和流动性强，都具有活跃的次级市场，随时用以出售变现。

（一）商业票据

商业票据（commercial paper，CP）是没有抵押品的短期票据，从本质上讲，它是以出票人本身为付款人的本票，由出票人许诺在一定时间、地点付给收款人一定金额的票据。

商业票据是最早的信用工具，起源于商业信用。而商业信用出现于金融市场产生之前。在没有金融市场时，商业票据没有流通市场，只有由收款人保存，到期才能收款。直到产生了商业银行，产生了金融市场，商业票据的持有人才可以拿商业票据到银行去抵押，到金融市场去贴现，提前取得资金。近年来更进一步演变为一种单纯的用在金融市场上融通筹资的工具，虽名为商业票据，却是没有实际发生商品或劳务的债权凭证。

▶ 1. 商业票据的特点

商业票据的特点如下。

（1）商业票据是货币市场中的短期信用工具，最短期限是 30 天，最长期限是 270 天。

（2）商业票据是单名票据，发行时只需一个人签名就可以了。

（3）商业票据是融通票据，为短期周转资金而发行。

（4）商业票据是大额票据，面额是整数，多以 10 万美元为倍数计算的。

（5）商业票据是无担保票据，不需担保品和保证人，只需靠公司信用担保。

（6）商业票据是市场票据，只有那些财务健全、信用卓著的大公司才能发行商业票据。

（7）商业票据是以贴现的方式发行的票据，其市场基本上是一种初级市场，没有二级市场。

▶ **2. 商业票据的利率与价格**

商业票据均为贴现发行,因而商业票据的利率就是贴现率。商业票据的利率主要取决于发行成本、发行人资信等级、有无担保及担保人的资信等级、税收、流动的程度等。若发行成本越高,越需要较高的发行利率予以弥补;若发行人资信卓越,其发行的票据利率一般低于资信较差的公司票据;若再有高等级银行担保,票据利率有可更低一些。一般商业票据利率要高于国库券利率,因为商业票据的风险比国库券大,流动性也比国库券差,且需要纳税。

商业票据利率与整个货币市场上的资金供求关系相联系,一般当资金供求紧张时,发行利率要高一些,反之则低一些。商业票据利率与银行优惠贷款利率也有着重要的联系,商业票据利率是以银行优惠贷款利率为基础,不可能大幅度、长期偏离,因为发行商业票据与银行短期贷款两种融资方式可以相互替代,因此,两者的利率可以相互调节。

商业票据的价格主要是发行价格。确定发行价格的方法如下:

$$发行价格 = 面额 - 贴现金额$$
$$贴现金额 = 面额 \times 贴现率 \times 期限/360$$

▶ **3. 商业票据的评级**

所谓商业票据评级,是指对商业票据的质量进行评价,并按照质量高低分成等级。目前,国际上具有广泛影响的评级机构主要有美国的标准普尔公司和穆迪公司。

为商业票据评定级别主要依据发行人的管理质量、经营能力和风险、资金周转速度、竞争能力、流动性、债务结构、经营前景等。根据这些项目的评价把发行人分成若干等级。如标准普尔公司关于商业票据的评级如下。

(1) A 级,该等级表明商业票据发行者定期偿还债务能力很强,A 还可以标上 1、2、3 以表明不同程度。

A-1:商业票据发行者定期偿还能力最强,用 A^+ 表明最高等级。

A-2:商业票据发行者定期偿还能力强,与 A^+ 比起来相对低一些。

A-3:商业票据发行者有令人满意的偿还能力,与上述等级比起来,已受到不利变化因素的影响。

(2) B 级,该等级表示票据发行者有较强的定期偿还能力,但这种能力,可能受到条件变化或临时困难的损害。

(3) C 级,商业票据发行者支付能力有疑问。

(4) D 级,这种发行是违约的,或者预计到期是违约的,该等级票据发行人无力偿还票据的本金和利息。

商业票据的等级不同,发行的难易程度及发行利率水平也就不同,因此,发行者都主动向评级公司申请评级。

(二)短期国库券

短期国库券(treasury bill,T-Bill)是西方各国财政部为满足季节性、临时性财政需要而发行的短期证券,由财政部承诺从发行日起到特定日向持票人偿付票面金额的负债证券。此种债券由财政部按拍卖方式折价出售。

在美国,短期国库券的期限一般为91天或182天,最小面值为万元。这种国库券不附带利息,以贴现方式发行,到期按票面金额偿还。投资者的收益就是购买价格与票面金额的差额。短期国库券以拍卖方式发行。财政部将证券出示于购买者的面前,由购买者竞相出价,最后卖给出价最高者。短期国库券发行后,首先流通到专门经营短期国库券的证券管理商手中,然后再在次级市场上流通。

$$短期国库券的购买价格 = 票面价格 \times \left(1 - 收益率 \times \frac{期限天数}{基础天数}\right)$$

短期国库券的收益率有两种:名义收益率和实际收益率。

$$名义收益率 = \frac{票面价格 - 购买价格}{票面价格} \times \frac{360}{期限}$$

$$实际收益率 = \frac{票面价格 - 购买价格}{购买价格} \times \frac{360}{期限}$$

在次级市场上,证券商既是短期国库券的买者又是卖者。他们买入和卖出的价格体现在收益率上,收益率有两种,一种是出价收益率或买入收益率,是指证券商愿意买入短期国库券依据的价格;另一种叫要价收益率或卖出收益率,是指证券商愿意出售短期国库券的价格。出价收益率永远大于要价收益率,其差额就是证券商获得的毛利。

出价(买入)收益率之所以要高于要价(卖出)收益率,由短期国库券以贴现方式出卖这一特点决定的。买入收益率和卖出收益率都是贴现率,短期国库券的票面价格是未来值。买入收益率越大,一定的未来值的现值越小,证券商购买的价格就越低,收益越大。卖出的收益率越小,一定的未来值现值越大,证券商卖出的价格就越高,被折扣的利息就少,损失就小。所以证券商仍然是低价买进高价卖出,从中获利。

例,设短期国库券的面值为10 000美元,到期天数为92天,证券商的买进收益率为6.5%,卖出收益率为6%,出售价格分别为

$$出价(买价) = 10\,000 \times \left(1 - 6.5\% \times \frac{92}{360}\right) = 9\,833.88(美元)$$

$$要价(卖出价) = 10\,000 \times \left(1 - 6\% \times \frac{92}{360}\right) = 9\,846.66(美元)$$

(三)大额可转让定期存单

▶ 1. 可转让存单的内涵

(1)可转让定期存单,是银行发行的固定金额、期限和利率的可转让流通的存款凭证。20世纪60年代初起源于美国。可转让存单不记名,大部分存单期限在1年以内,分30天、60天、120天、150天,180天几种,也有12个月的,一般存单面额越大,期限越长,不过各国不尽相同。

(2)大额可转让定期存单,是由商业银行或其他金融机构发行的可以转让流通的面额

较大的有固定期限的存款凭证。它的特点是面额大、利率高、不记名、可转让流通。从某种意义上说，它类似于有价债券，是一种新型的金融工具。在美国，存单的面额最低为2.5万美元，最高为1 000万美元。在英国，存单最低面额为5万英镑。在我国，对个人发行部分，其面额不得低于500元；对单位发行部分，其面额不得超过5万元。我国中央银行规定，可转让大额定期存款的利率按基准利率上浮5%～10%，下浮的幅度由各发行单位自行确定。

（3）可转让欧洲货币存单，商业银行发行的欧洲货币的高面额的存款单凭证。可转让的欧洲货币存款单分固定利率存单、浮动利率存单和贴现可转让存单三种。发行者大多是英国的银行以及外国银行的伦敦分行，利率一般高于同期的其他类型存款，其主要特点是流动性强以及利率、期限较为灵活。

▶ 2. 存单转让价格的确定

存单在转让时如何确定价格是一个重要的问题。短期存单的利息只有到期才能支付，在期中转让时，其价格的高低与存单载明的息票率的高低有关系，同时又受市场上流行利息率的影响。

计算存单到期的价格公式为

$$V = P \times \left(1 + C \times \frac{D}{B}\right)$$

式中：V——存单到期的价格；

P——存单的本金；

C——息票率；

D——持有期天数；

B——基础天数。

例，设存单的面额为100万元，息票率为10%，期限为90天，计息方式为欧洲大陆方法，存单发行后30天转让，求存单的理论转让价格。

$$V = 100 \times \left(1 + 10\% \times \frac{90}{360}\right) = 102.5（万美元）$$

存单的持有者把期限为90天的存单保留30天之后出卖，他应得到的利息为：

$$I = PC\frac{D}{B} = 100 \times 10\% \times \frac{30}{360} = 8\ 333.33（美元）$$

8 333.33美元是存单到期时支付30天的利息，在转让时，要将其贴现，现值为

$$现值(V_0) = \frac{期值}{1+利息率} = \frac{I}{1+C\frac{D}{B}} = \frac{8\ 333.33}{1+10\% \times \frac{60}{360}} = 8\ 196.77（美元）$$

存单的价格应该是本金加应得利息的理论值，即1 000 000＋8 196.77＝1 008 196.77（美元）。这个价格只是理论上的价格，不一定是实际价格，市场流行利息率也是确定转让价格必须考虑的一个因素。

二、证券贴现融资

贴现是指持票人以未到期票据向银行兑现，银行将扣除自买进票据日（即贴现日）到票

据到期日的利息(即贴现利息)后的余额付给持票人。从本质上看,贴现是银行放款的一种方式,这种方式与一般放款方式的差异在于放款初期从本金中扣除利息,不是在到期后支付利息。

（一）证券贴现的性质

贴现是西方国家货币市场的一项重要融资活动。贴现市场并不是指各银行和其他金融机构之间买卖票据或银行直接与客户进行贴现的行为,而是指银行与票据经纪人成立的公共的贴现市场,票据经纪人将所贴现的票据,对银行再贴现。票据经纪人又是介绍买卖票据,已形成活跃的贴现市场。如英国伦敦贴现市场,是英格兰银行与商业银行间的桥梁,也是英国金融制度的一种特色。伦敦的贴现市场主要由 9 家贴现公司组成,这 9 家贴现公司都是伦敦贴现市场协会的成员。贴现市场在英国货币体系中发挥中心的作用,贴现公司利用它们借入的低利资金,再以较高的利息贴现票据。贴现公司每月派代表拜访各清算银行、其他银行及承兑公司等,借入通知及借隔夜资金。另外购买并探寻各银行购买的票据,如国库券、商业票据、短期政府债券等。贴现公司可将流动资金存入英格兰银行,后者称为前者的最终依靠。

美国纽约的贴现市场分为两部分:一个是买卖银行承兑票据的市场,这是指贴现商与银行间形成承兑的汇票的市场;另一个是国内商业票据买卖的市场,这是指票据商将其为客户贴现的商业票据卖给银行而形成的贴现市场。

贴现公司的经营活动为银行提供调节资金,增加其流动性。当银行资金盈余时,就把资金贷给贴现公司;当银行资金不足时就从贴现公司收回贷款。银行把多余资金贷给贴现公司,安全、方便,又有利可图。

贴现公司是国库券、商业票据、银行承兑汇票、大额定期存单的买者,这是贴现公司最重要的业务活动。持上述可转让金融资产的机构和个人,总是希望有人买这些金融资产,贴现公司经常买这些金融资产,保证了这些金融资产的可转让性,增强了这些金融资产的流动性。

（二）贴现利息、贴现价格和贴现利率

▶ 1. 贴现利息

贴现利息是银行倒扣的利息。贴现利息为

$$A = Fi\frac{N}{B}$$

其中,A——贴现利息;

　　　F——证券面额;

　　　i——贴现利率;

　　　N——期限;

　　　B——基础天数。

▶ 2. 贴现价格

$$贴现价格＝证券面额－贴现利息$$

即：

$$P = F - A = F\left(1 - i\frac{N}{B}\right)$$

其中，P——贴现价格；

A——贴现利息；

F——证券面额；

i——贴现利率；

N——期限；

B——基础天数。

▶ 3. 贴现利率

$$贴现利率 = \times \frac{贴现利息}{面额} \times \frac{基础天数}{期限}$$

即：

$$i = \frac{F-P}{F} \times \frac{B}{N} = \left(1 - \frac{P}{F}\right) \times \frac{B}{N}$$

其中，P——贴现价格；

F——证券面额；

i——贴现利率；

N——期限；

B——基础天数。

▶ 4. 贴现证券面值

$$F = \frac{P}{1 - \frac{iN}{B}}$$

其中，F——证券面额；

P——贴现价格；

i——贴现利率；

N——期限；

B——基础天数。

例，某银行承兑汇票金额为 100 万美元，贴现率为 8%，期限为 90 天，计算贴现利息、贴现价格、贴现利率各是多少？

贴现利息 $A = Fi\frac{N}{B} = 100 \times 8\% \times \frac{90}{360} = 2$（万美元）。

贴现价格 $P = F - A = F\left(1 - i\frac{N}{B}\right) = 100\left(1 - \frac{8\% \times 90}{360}\right) = 98$（万美元）。

贴现利率 $i = \frac{F-P}{F} \times \frac{B}{N} = \left(1 - \frac{P}{F}\right) \times \frac{B}{N} = \left(1 - \frac{98}{100}\right)\frac{360}{90} = 8\%$。

贴现证券面值 $F = \dfrac{P}{1 - \dfrac{iN}{B}} = \left(\dfrac{98}{1 - \dfrac{8\% \times 90}{360}} \right) = 100$（万美元）。

（三）贴现证券的持有期收益率

在现实中，有的证券购买者贴现证券并不一定持有到期，而是中途出售，这样就需要计算持有期收益率。

$$持有期收益率 = \frac{出售价格 - 购买价格}{购买价格}$$

用公式表示为

$$Y = \frac{S - P}{P} \times \frac{B}{D} = \left(\frac{S}{P} - 1 \right) \times \frac{B}{D}$$

式中，Y——持有期收益率；

　　　S——出售价格；

　　　P——购买价格；

　　　B——基础价格；

　　　D——持有天数。

例，设短期国库券的面值为 100 万美元，购买价格为 98 万美元，期限为 90 天，持有期为 30 天，出售价格为 98.5 万美元，则持有期收益为多少？

持有期收益率 $Y = \left(\dfrac{98.5}{98} - 1 \right) \times \dfrac{360}{30} = 6.12\%$。

三、国际债券融资

（一）国际债券的种类

国际债券是市场所在地的非居民发行人发行的债券，它是从发行人的角度相对于国内债券而言的。国际债券包括外国债券和欧洲债券。外国债券是市场所在地的非居民在一国债券市场上以该国货币为面值发行的国际债券。欧洲债券是市场所在地非居民在面值货币国家以外的若干个市场同时发行的国际债券。

外国债券和欧洲债券的主要区别如下。

（1）外国债券一般由市场所在地国家的金融机构为主承销商组成承销辛迪加承销，而欧洲债券则由来自多个国家的金融机构组成的国际性承销辛迪加承销。

（2）外国债券受市场所在地国家证券主管机构的监管，公募发行管理比较严格，需要向证券主管机构注册登记，发行后申请在证券交易所上市；欧洲债券发行时不必向债券面值货币国或发行市场所在地的证券主管机构登记，不受任何一国的管制，通常采用公募发行方式，发行后可申请在某一证券交易所上市。

（3）外国债券的发行和交易必须受当地市场有关金融法律法规的管制和约束；而欧洲债券不受面值货币国或发行市场所在地的法律的限制，因此，债券发行协议中必须注明一旦发生纠纷应依据的法律标准。

（4）外国债券的发行人和投资者必须根据市场所在地的法规交纳税金；而欧洲债券采

取不记名债券形式，投资者的利息收入是免税的。

（5）外国债券付息方式一般与当地国内债券相同，如扬基债券一般每半年付息一次；而欧洲债券通常都是每年付息一次。

（二）国际债券市场的结构

国际债券市场是国际债券发行与流通的市场。其中，国际债券的新发行市场，即实现债券由发行人流向投资者的市场叫作国际债券一级市场；已发行的国际债券在不同投资者之间买卖形成的市场叫作国际债券二级市场。

国际债券市场主要由发行人、投资者和中介机构三类参与者组成。

发行国际债券需要很高的资信等级，发行人进入市场的目的是筹集中长期资金，主要有国际金融机构、主权国家政府、跨国公司、银行与非银行金融机构和国有企业等，大多数来自发达国家。

在国际债券市场上投资的主要动机是获得高收益。另外，在欧洲债券市场上投资可以减少，甚至逃避税收也是一个重要动机。在国际债券市场上的投资者可以分为个人投资者和机构投资者。

（三）主要外国债券

伦敦曾经是最大的外国债券市场，第二次世界大战后，英国实行的外汇管制使英国的外国债券市场的地位一落千丈。苏黎世、纽约、东京和法兰克福是目前的四大外国债券中心。

▶ 1. 扬基债券

扬基债券是外国发行人在美国债券市场发行的债券。

▶ 2. 武士债券

武士债券是外国借款人在日本发行的日元债券。

▶ 3. 德国马克外国债券

德国马克外国债券是四大主要外国债券之一。

▶ 4. 瑞士法郎外国债券

瑞士是世界上最大的外国债券市场，这得益于瑞士的中立国地位和瑞士法郎币值的稳定。

（四）欧洲债券的主要形式

欧洲债券种类繁多，特别是国际金融创新使得欧洲债券新工具层出不穷，分析欧洲债券，可以从面值货币和发行条件两个方面进行。从发行条件来看，欧洲债券主要有以下几类。

▶ 1. 普通债券

普通债券是欧洲债券的典型和传统形式。

▶ 2. 浮动利率票据

浮动利率票据的息票是每季度或半年(以每半年居多)支付一次并重新确定一次；利率

的确定以某一基础利率（主要是伦敦同业拆放利率 LIBOR）为基准再加上一定的加息率。

▶ 3. 零息票债券

零息票债券是不支付任何息票的债券，借款人在债券到期前不支付任何利息，而是到期一次还本付息。这种债券以贴现方式发行，到期按面值偿还。债券面值与购买价格之差就是投资者的收益。

▶ 4. 可转换债券

可转换债券除进行正常的利息支付外，还向债券持有人提供了在未来某一时间或时期，根据事先确定的条件，把债券转换成另一种证券或其他资产的权利。

▶ 5. 双币债券

双币债券是以某一种货币为债券面值货币，并以该货币购买和支付息票，但本金的偿还按事先确定的汇率以另一种货币支付。双币债券实际上是普通债券与远期外汇合同的结合物。

（五）欧洲债券的发行

▶ 1. 欧洲债券的发行程序

当借款人确定通过债券形式筹集资金，则需要通过国际市场上著名的金融机构牵头组成的承销辛迪加来实际进行债券的发行。借款人先与某家投资银行联系，并邀请后者充当债券发行的牵头经理，即主承销商。牵头经理然后组织一个由其他金融机构参加的小组，以帮助它与借款人谈判条件、评价市场，以及组织和管理债券的发行工作。

▶ 2. 发行欧洲债券的费用

借款人通过发行欧洲债券筹集资金，不仅要向投资者支付利息，而且在发行时需要向承销辛迪加支付发行费用。在欧洲债券市场上，发行费用是以向承销辛迪加提供债券价格的百分比来表示的。欧洲债券的发行费用可以大致分为销售费用、承销费用和管理费用。

▶ 3. 欧洲债券的评级

债券发行人的资信程度是判断债券风险的主要依据，也是投资者选择债券的主要考虑因素。对于欧洲债券来说，单个的投资者很难掌握借款人的全部情况，难以准确了解借款人的资信程度。为了得到投资者的许可，借款人发行欧洲债券之前，往往需要借助专门的债券评级机构对其资信程度进行等级评定。

在国际资本市场上，应用量广泛、最具权威性的债券评级机构是美国的标准普尔公司和穆迪投资服务公司的债券信用等级分类。

（六）欧洲债券的交易

债券交易分为场内交易和场外交易。场内交易是指在证券交易所这样的固定场所进行的债券交易；场外交易是指在证券交易所外，以证券交易机构为中心在其柜台进行的债券交易。在国际债券市场上，欧洲债券的交易以场外交易为主，该市场是由美国的经纪公司、跨国银行以及欧洲和日本的主要银行组成的通信网络。

欧洲债券的场外交易主要通过中介机构，中介机构有经纪商和造市商两类。债券买卖一旦成交，交易价格也就确定下来。但债券和资金的转手即交割要到起息日才能进行。在欧洲债券交易中，起息日通常在成交后1个星期。

（七）欧洲债券的清算

债券清算的主要目的是减少因债券交易而发生债券转手的成本。欧洲债券的清算采取了类似于外汇交易和欧洲货币存款交易的方法，即有关金融机构在进行一笔债券交易后，只需改变账户上所有者的名称和金额即可。大多数欧洲债券的清算是通过两个主要的清算系统，欧洲清算系统和赛得尔清算系统进行的。清算系统通过与世界上各主要银行的联系建立一个提供委托保管服务的全球网络，即以清算系统为中心，以遍布世界各金融中心的大银行为受托人的国际网络。

（八）欧洲债券的价格与收益率

欧洲债券是一种长期资产，其价格取决于市场利率和债券收益率之间的关系。市场利率与投资者对利率的预期直接决定其采取的交易策略。

目前，欧洲债券市场上的交易策略有以下几种。

▶ 1. 套利策略

套利策略是通常采用的一种交易策略。投资者比较短期借贷的成本（短期利率）和债券买卖的收益率，如果两者之间存在着差异就会引起套利活动。

▶ 2. 利用收益率曲线策略

当收益率曲线向上倾斜时，即短期利率低于长期利率，那么就采取用短期借款来购买债券的策略。在债券的息票收益率高于借款利率和交易费用之和时，这种策略即可盈利。这样做的风险是：短期利率可能上升使得借款购买债券的成本大于收益，同时，短期利率上升将使债券价格下降，从而损失更大。

▶ 3. 投机策略

投机策略即对资本损益进行投机。债券的价格与短期利率成反比关系，投资者计算未来的债券利息时既要考虑现在的短期利率，又要考虑未来的短期利率。现行的短期利率变动会导致对未来利率预期的变化，从而使债券的价格发生变化。因此，对资本损益进行投机策略要求是：预期利率上升时，卖出债券；预期利率下降时，买入债券。同样，这种策略的风险也在于实际利率变动与预期相反。

（九）我国国际债券融资

1982年1月，中国国际信托投资公司在东京发行日元债券，从而揭开了我国利用国际债券融资的序幕。我国发债主体主要是各级政府部门和金融机构。随着改革开放的深化，企业作为主体在国际债券市场上发行债券，是我国国际债券融资发展的必然趋势。

在我国，将发行国际债券融资和借用国际银行贷款一起纳入国际商业贷款，实行严格的宏观管理。在境外发行债券需要事先审批，必须纳入国家利用外资计划，由中国人民银行批准的可对外发债金融机构办理。

1987 年中国人民银行颁布的《中国境内机构在境外发行债券的管理规定》和《外债统计监测暂行规定》中明确规定："在中国境内注册的法人在境外发行债券，需要事先向当地外汇管理局提出书面申请，报送国家外汇管理局。发债主体限于借用国际商业贷款的窗口机构、财政部和国家政策性银行，境外发债需要纳入年度利用外资计划。财政部代表国家对外发债，须经国务院批准。"

境内机构申请在境外发行债券时，应向外汇管理部门提交下列文件。

（1）发债单位最近连续三年的业务、财务和外汇收支情况的报告。

（2）发行债券的市场、方式、金额、币种、期限、利率和各种费用等情况。

（3）主承销商和主受托银行的情况。

（4）发行债券所筹集资金的管理办法和对汇率、利率风险的管理措施。

（5）发行单位偿还债券本息的安排。

发行债券所筹集资金用于固定资产投资项目，申请时还应提供下列材料：投资项目的可行性发行报告、固定资产投资计划纳入国家或地方基建或技术改造计划的证明文件、固定资产投资项目的配套人民币资金和物资的证明文件，以及发行债券所筹集资金的使用计划。

发行债券所筹集资金转贷给国内企业，申请时应同时提供国内企业的上述相关资料。

受国内机构委托发行债券，申请时应分别由受托机构和当地外汇管理部门提供下列材料：由受托机构提交委托机构与受托机构签订的发债协议书、由受托机构根据规定的要求提交的有关文件与材料，以及受托机构和当地外汇管理部门应按照规定分别提交委托和受托发行境外债券的审查报告。

四、国际股权融资

20 世纪 80 年代，融资证券化趋势的出现，国际股权融资在国际融资中的地位正在逐渐上升。在全球经济一体化和金融市场国际化的今天，国际股权融资在国际融资中的作用更为突出。

（一）20 世纪 90 年代以来的全球金融管制改革

▶ 1. 货币政策调控方式的变革

主要是以货币供应量控制作为中间目标、统一存款准备金。

▶ 2. 金融资产价格管制方面的改革

主要是放松利率管制、逐步取消 Q 条例；改固定经纪佣金为协议佣金。

▶ 3. 资本市场管制方面的改革

主要是解除设立分行限制、建立离岸市场、降低证券业进入限制等管制改革的影响，促进了资本市场创新，推动了资本市场的一体化。

小资料

美国资本市场的创新

创新种类	创 新	内 容
制度创新	协商佣金制	最早放弃固定佣金制(1975 年)
	框架注册	上市制度的重要改进(1982 年证券交易委员会引入"415 规则")
	做市商制度	NASDAQ 做市商制构成了对专家制的挑战
	NMS	证券交易委员会设立的全国市场系统,连接所有交易所市场和 NASDAQ 证券市场(1982 年)
	专家电脑化	这是 NYSE 专家制的革命性变化,改变了专家的低效手工操作状态
	在线监视	证券交易委员会能够实时监视和及时处理市场波动
市场创新	NASDAQ	自动化的有组织的 OTC 市场(1971 年),场外市场的革命性变革
	PORTAL 市场	专门交易 ADR 的国际股权市场(1990 年后)
	交叉盘Ⅰ、Ⅱ	NYSE 提供的正常交易时间后的交易市场(1991 年)
工具创新	ADR、期权、期货、认股权证、可转换债券	美国存托凭证(19 世纪 20 年代创造,80 年代高潮)
技术创新	电脑屏幕交易	由 NASDAQ 最先实行的革命性技术(1971 年)
	CQS	统一报价系统
	TTS	市场间交易系统
	Instinet	机构投资者网络交易系统
	Super Dot	NYSE 电子委托处理系统
	LOS	NYSE 的限价委托系统
	OCS	NYSE 电脑隔夜处理系统
	EB	NYSE 的电脑簿记系统
	SOES	NASDAQ 的小额委托交易系统(1984 年后)
	CTS	NASDAQ 的世界最先进的自动确定交易系统

(二)国际股权融资

国际股权融资是指在本国或外国资本市场上出售本国企业的股票,以吸引外国投资者来购买,在本国资本市场上,外国投资者可将外汇兑换成本国货币或直接用外汇来购买。由于股票不可退股,只能转让,因此,国际股权融资筹集的是长期性资本,国际股权融资活动属于世界资本市场的活动。权益证券的类型如下。

▶ **1. 普通股**

普通股持有者在企业满足了其他合同要求后，普通股股东有权分配企业的利润，并对企业的经营拥有最终的控制权，包括 A 级普通股和 B 级普通股（每股投票权有区别）。

▶ **2. 优先股**

优先股与普通股相比拥有优先权，主要表现在以下几个方面。

（1）在普通股股东获得股利分配之前，必须先对优先股股东分配股利。

（2）在对企业进行重组或清算时，优先股股东也享有优先的求偿权。

（3）优先股在出售时股利是固定的。

（4）累积性的。

优先股的种类包括可转换优先股、股息率可调整的优先股和 MIPS（按月取得收益的优先证券）。

▶ **3. 认股权证**

股权证，又称"认股证"或"权证"，其英文名称为 Warrant，故在香港又俗译"窝轮"。是一种约定该证券的持有人可以在规定的某段期间，有权利（而非义务）按约定价格向发行人购买标的股票的权利凭证。

按照权利内容，权证分为认购权证和认沽权证。如果在权证合同中规定持有人能以某一个价格买入标的资产，那么这种权证就叫认购权证。如果在权证合同中规定持有人能以某一个价格卖出标的资产，那么这种权证就叫认沽权证。

权证的交易实属一种期权的买卖。与所有期权一样，权证持有人在支付权利金后获得的是一种权利，而非义务，行使与否由权证持有人自主决定；而权证的发行人在权证持有人按规定提出履约要求之时，负有提供履约的义务，不得拒绝。简言之，权证是一项权利：投资人可于约定的期间或到期日，以约定的价格（而不论该标的资产市价如何）认购或沽出权证的标的资产。

▶ **4. 美国预托证券**

美国预托证券（ADR）是一种对存入股票的现金流有合法要求权的证券。外国企业先在纽约的一家银行存入一定数量自己的股票，接着该银行发行 ADR。持有股票的银行收取公司支付的股利，扣除一小部分费用后再把这些股利支付给 ADR 的持有者。

（三）股票市场的全球化（西方主要国家的股票市场）

▶ **1. 世界上主要股票价格指数**

（1）资本国际观察指数，是设在瑞士日内瓦的摩根士丹利资本国际机构依据 19 个国家 1 200 多种股票所公布的加权平均股票指数。这个机构还公布三个区域性的股票指数：以 1 200 种股票为基础的世界股票市场指数、以 450 种股票为基础的欧洲股票市场指数，以及以 800 种股票为基础的欧洲、澳大利亚和远东股票市场指数。这几种股票指数几乎包括了世界上主要股票市场的资本总额的 60%。从 1970 年以后，这几种股票指数每个月公布一次,而现在则每天公布一次。

(2)英国金融时报公布的世界股票价格指数,其公布的共有 24 个国家和地区的股票指数,包括欧洲股票指数、太平洋盆地股票指数(太平洋盆地指美国、加拿大、日本、澳大利亚、新西兰、新加坡、马来西亚、泰国、菲律宾、韩国、中国台北、中国香港)。金融时报公布的股票指数比摩根士丹利资本国际机构公布的股票指数还要广泛,它是以 2 400 种股票为基础,包括每一个资本市场的资本总额的 70%。

(3)道·琼斯股票价格指数,是美国纽约股票交易所公布的股票价格指数,它有 100 多年的历史。道·琼斯公司是美国金融新闻出版商,道·琼斯股票价格指数由道·琼斯公司的创始人查理斯·道于 1948 年 6 月 3 日开始编制并刊登在《每日通讯》上,采用算术平均法进行计算编制而成的,其计算公式为

$$股票价格平均数 = \frac{入选股票的价格之和}{入选股票的数量}$$

现在,发表在《华尔街日报》上的道·琼斯股票指数共分四级:①工业股票价格指数,由 30 种有代表性的大工业公司的股票所组成。②运输业股票价格指数由泛美航空公司、环球航空公司及航海铁路等 30 个运输企业中有代表性的大公司的股票所组成;③公用事业股票价格指数,由 5 种有代表性的公用事业大公司的股票所组成,其中包括美国电力公司、煤气公司的股票;④综合股票价格指数,使用上述三组中的 75 种股票综合起来,算出的综合股票价格指数。其中,用得最多的是第一组的工业股票价格指数。道·琼斯股票价格指数是以 1928 年 10 月 1 日为基期的,基期的平均数为 100,如 1992 年 4 月 25 日的道·琼斯股票价格指数为 3430,这表明现在的股票的平均价格是 1992 年 4 月 25 日的 34.3 倍;如果 1992 年 4 月 26 日的道·琼斯股票价格指数为 3440,这表明在一天之内,股票价格指数上涨了 10 个百分点。

(4)标准普尔股票价格综合指数(S&P 500),是纽约证券交易所公布的一种股票价格指数。是由美国标准普尔公司于 1923 年开始编制的股票价格指数,它以 1941—1992 年抽样股票的平均市价为基期,以上市股票数为权数,按基期进行加权计算,其基点数位 10。以目前的股票市场价格乘以基期股票数为分母,相除之数再乘以 10 就是股票价格指数。

S&P500 指数是由美国 McMcGraw Hill 公司,自纽约证交所、美国证交所及上柜等股票中选出 500 只,其中包含 400 家工业类股、40 家公用事业、40 家金融类股及 20 家运输类股,经由股本加权后所得到的指数,以 1941—1943 年这段时间的股价平均为基数 10,并在 1957 年由 S&P 公司加以推广提倡。因为 S&P 指数几乎占纽约证交所股票总值 80% 以上,且选股上考量了市值、流动性及产业代表性等因素,所以此指数期货一推出,就受到机构法人与基金经理人的青睐,成为评量操作绩效的重要参考指标。

(5)日经 225 平均股价指数(NIKKEI 225),由日本经济新闻社编制并公布的反映日本股票市场价格变动的股票价格平均数。该指数从 1950 年 9 月开始编制。最初根据东京证

券交易所第一市场上市的 225 家公司的股票算出修正平均股价。

（6）《金融时报》股票价格指数（FTSE 100），是由英国《金融时报》公布发表的。该股票价格指数包括从英国工商业中挑选出来的具有代表性的 30 家公开挂牌的普通股股票。它以 1935 年 7 月 1 日作为基期，其基点为 100 点。该股票价格指数以能够及时显示伦敦股票市场情况而闻名于世。

（7）香港恒生指数，由香港恒生银行于 1969 年 11 月 24 日开始发表。恒生股票价格指数包括从中国香港 500 多家上市公司中挑选出来的 33 家有代表性且经济实力雄厚的大公司股票作为成分股，分为四大类，这些股票涉及中国香港的各个行业，并占中国香港股票市值的 68.8%，具有较强的代表性。

（8）其他股票价格指数，除了上述主要国际和国家的股票价格指数以外，还有加拿大多伦多证券交易所的股票指数；加拿大蒙特利尔证券交易所公布的蒙特利尔工业股票指数；澳大利亚悉尼证券交易所的全部普通股票指数；法国巴黎证券交易所的非股票指数；巴黎证券交易所的法兰西股票交易所指数；法兰克福证券交易所的 FAZ、DAX 指数；意大利米兰交易所的 MIN 指数等。

▶ **2. 世界股票市场交易规模和交易额度**

美国和日本的股票市场规模在世界上是最大的。根据 IMF2009 年 10 月公布的数据显示，2008 年美国股票市场市值为 15.1 万亿美元，占全世界股票市值的 39%，同年日本股票市场市值为 3.95 万亿美元，占全世界股票市值的 10%。

在 20 世纪 80 年代里，发展中国家和地区的股票交易以令发达国家惊叹的速度发展。非洲的埃及、摩洛哥、象牙海岸等国家已经出现股票市场；拉丁美洲的巴西、墨西哥等的股票市场已经有相当大的规模。发展最快的还是亚洲，中国、印度、印度尼西亚、马来西亚、泰国、韩国、中国台湾的股市对外开放，吸引了大量的外资。据德国《世界报》报道截至 2015 年 5 月 18 日，全球股市市值排行前三的分别为：美国（纽约＋纳斯达克）25 万亿美元、中国（上海＋深圳＋香港）13 万亿美元，日本东京 4 万亿美元。其中，中国股市市值约占全球股市市值的 18%，占新兴工业国股市市值的 40%，超过日本成为世界第二大股票交易市场。

在交易额度方面，美国与欧洲、亚太地区也有所不同。日本股票交易所的营业额（债券或股票易手的数额）在世界居首位，美国的股票交易居第二位。这说明美国和日本的股票流动性较大。此外，中国香港、法国、德国的股票流动性也比较强。

股票资本总额在大企业手中集中程度在美国、西欧、日本也是不相同的，美国的股票所有权比较分散，其他国家比美国要集中。对于一个国际投资者来说，了解这种差异是非常重要的。对于团体投资者来讲，他们不愿意对小企业进行投资，他们担心小企业的股票流动性差。不过少数大企业垄断的市场又不便于分散风险也不便于实行灵活的证券管理战略。

2002—2014 年社会融资规模存量统计表　　　　单位：亿元,%

年份	社会融资规模存量（亿元）	社会融资规模存量同比增速（%）	其中：						
			人民币贷款（%）	外币贷款（折合人民币）（%）	委托贷款（%）	信托贷款（%）	未贴现的银行承兑汇票（%）	企业债券（%）	非金融企业境内股票（%）
2002	148 532	—	—	—	—	—	—	—	—
2003	181 655	22.3	21.4	26.6	13.3	—	126.0	132.9	8.0
2004	204 143	14.9	14.3	16.8	61.6	—	−8.0	4.0	8.5
2005	224 265	13.5	13.3	11.0	11.8	—	0.7	129.1	4.2
2006	264 500	18.1	16.3	9.0	20.0	—	44.9	68.7	12.5
2007	321 326	21.5	16.4	21.9	29.9	84.0	138.4	41.0	45.8
2008	379 765	20.5	18.7	5.1	29.1	84.3	9.2	78.7	17.7
2009	511 835	34.8	31.3	55.5	35.8	63.4	36.5	86.2	18.3
2010	649 869	27.0	19.9	15.9	44.2	34.4	135.5	42.3	30.9
2011	767 478	18.2	16.1	13.1	21.2	13.5	24.8	36.2	17.7
2012	914 186	19.1	15.0	27.2	17.1	75.0	20.7	44.4	8.6
2013	1 074 575	17.5	14.2	7.2	39.7	61.1	12.6	24.2	6.7
2014	1 228 591	14.3	13.6	4.1	29.2	10.7	−1.8	25.8	12.7

注：1. 社会融资规模存量是指一定时期末（月末、季末或年末）实体经济（非金融企业和个人）从金融体系获得的资金余额。数据来源于人民银行、证监会、保监会、中央国债登记结算有限责任公司和银行间市场交易商协会等部门。

2. "—"表示数据很小或缺失。

3. 同比增速为可比口径数据。

资料来源：人民网

▶ 3. 中国的国际股票融资

中国的国际股票融资可以分为两类：一是外国投资者直接投资于中国企业，即通过购买 B 股的方式进行筹资，B 股在中国的两个交易所上市交易；二是中国企业到海外筹资，包括海外直接上市筹资、海外间接上市筹资、投资基金筹资。

目前，我国公司国际股权融资一般采取普通股的形式，它们主要可分为以下几类。

（1）B 股。B 股是境内上市外资股的简称，以外币（目前主要是美元）认购、买卖，采取记名股票的形式，在中国境内证券交易所上市交易的股票。B 股的投资者原仅限于外国自然人、法人和其他组织机构；中国的香港地区、台湾地区、澳门地区的自然人、法人和其他组织机构；定居在国外的中国居民；中国证券监督管理委员会规定的境内上市外资股的其他投资人。但是，中国证监会于 2001 年 2 月 19 日宣布允许中国境内居民持合法外币进入 B 股市场交易。

（2）H 股和 N 股。H 股和 N 股是我国股市发行的境外上市外资股的简称，采取记名股票的形式，其中 H 股是一种只提供香港地区及海外投资者以港元认购及买卖的股票，在中国香港联合证券交易所（即"联交所"）上市的人民币特种股票；而 N 股以美元认购及买卖，投资者为美国及海外自然人、法人和其他组织，发行后在美国公开的证券交易所上市。

（3）证券存托凭证。证券存托凭证（depositary receipt，DR）是一种可转让的证券，DR 的发行者将其在本国发行的股票交给本国银行或外国银行在本国的分支机构保管（经常称之为保管银行），保管银行以这些股票作担保，委托外国银行（存托银行）发行与上述股票相对应的凭证，这就是证券存托凭证。外国投资者购买了它，就相当于拥有发行公司的股票。

目前国际资本市场上，证券存托凭证主要有两种：美国存托凭证（ADR），即在美国发行与出售的存托凭证；全球存托凭证（GDR），即在美国以外发行和出售的存托凭证。由于 ADR 操作规范，流通量大。因此，企业在国际股权融资中，主要采取 ADR。美国投资者可以方便地在柜台市场或一家全国性证券交易所进行交易，以美元报价和支付股息而无须进行不同币种的汇兑手续。

五、国际信贷融资方式

国际金融机构分为两类：一类是全球性的金融机构，主要有国际货币基金组织、世界银行、国际开发协会、国际金融公司和国际清算银行；另一类是区域性的国际金融机构，主要由欧洲投资银行、泛美开发银行、亚洲开发银行和阿拉伯货币基金会等组织。

国际金融组织贷款指国际货币基金组织、世界银行（集团）、亚洲开发银行、联合国农业发展基金会和其他国际性、地区性金融组织提供的贷款。

▶ **1. 国际货币基金会组织及其贷款**

国际货币基金组织（IMF），是政府间的国际金融组织。它是根据 1944 年 7 月在美国新罕布什尔州布雷顿森林召开联合国和联盟国家的国际货币金融会议上通过的《国际货币基金协定》而建立起来的。于 1945 年 12 月 27 日正式成立，1947 年 3 月 1 日开始办理业务，同年 11 月 15 日成为联合国的一个专门机构，但在经营上有其独立性，其宗旨是作为一个常设机构在国际金融问题上进行协商与协作，促进国际货币合作；促进国际贸易的扩大和平衡发展；促进和保持成员国的就业，生产资源的发展和实际收入的高水平；促进国际汇兑的稳定，在成员国之间保持有秩序的汇价安排，防止竞争性的货币贬值；协助成员国在经常项目交易中建立多边支付制定，消除妨碍世界贸易的外汇管制，在有适当保证的条件下，基金组织向成员国临时提供普通资金，使其纠正国际收支的失调，而不采取危害本国或国际繁荣的措施，缩短成员国国际收支不平衡的时间，减轻不平衡的程度。

IMF 主要业务活动有：向成员国提供贷款、在货币问题上促进国际合作、研究国际货币制度改革的有关问题、研究扩大基金组织的作用，以及提供技术援助和加强同其他国际机构的联系。

国际货币基金组织的贷款种类主要包括普通贷款、中期贷款、补偿贷款、缓冲库存贷款、临时贷款、石油贷款、信托基金贷款、结构调整贷款、制度转型贷款，以及紧急贷款。

国际货币基金组织的贷款有一定的限定条件，主要有如下几项。

(1) 基金组织的贷款对象只限成员国官方财政、金融当局，而不与任何私营企业进行业务往来。

(2) 基金组织的贷款仅限于弥补成员国国际收支逆差或用于经营项目的国际支付。

(3) 基金组织的贷款一般都是短期信贷，期限为 1～5 年不等。

(4) 基金组织的贷款采用浮动利率再加一差额，除利息外每笔收手续费(费率 0.5%)。

(5) 基金组织提供的贷款额度与贷款国份额成正比。

(6) 会员国向基金借款是以本币购买，还款时，则以外汇购回本币，术语称"购回"。

▶ 2. 世界银行(集团)及贷款

世界银行又称国际复兴开发银行，是根据布雷顿森林会议上通过的《国际复兴开发银行协定》于 1945 年 12 月成立的政府间国际金融机构。该行于 1946 年 6 月开始营业，1947年 11 月成为联合国的专门机构。

世界银行的宗旨如下。

(1) 通过促进生产性投资以协助成员国恢复受战争破坏的经济和鼓励不发达国家的资源开发。

(2) 通过提供担保和参与私人投资，促进私人对外投资。

(3) 通过鼓励国际投资促进国际贸易长期均衡发展。

(4) 对有用而急需的项目优先提供贷款和担保。

(5) 注意国际投资对成员国商业情况的影响。

世界银行的最高权力机构是理事会，由每个会员国委派一名理事组成，其主要职权是批准接纳新的成员国、增减银行股份、决定净收益的分配等。

世界银行资金来源包括成员国实际缴纳的股金、借款、留存的业务净收益和债权转让。

世界银行的贷款条件如下。

(1) 限于会员国。如贷款对象为非会员国政府时，则该项贷款须由会员国政府、中央银行或世界银行认可的机构进行担保，以保证本金的偿还与融资费用的支付。

(2) 贷款额度根据贷款国经济发展、信用程度及投资的可行性等诸多因素而定。审批周期在 1 年半到 2 年左右。

(3) 申请的贷款必须用于有助于该国的生产发展与经济增长的项目。放贷款的重点为基础设施项目、环保公用事业、发展农村和农业建设项目，以及教育建设事业项目等。世界银行只提供总投资的 20%～50%，其余由贷款国自行配套。

（4）贷款必须专款专用，并接受世界银行的监督。银行的监督不仅在使用款项方面，同时在工程的进度、物资的保管、工程管理等方面也进行监督。世界银行除派人员进行现场考察外，还要求借款国随时提供工程进度或偿还借款的有关资料。

（5）贷款期限一般为数年，最长可达 30 年，宽限期 5～10 年。贷款利率实行浮动利率，随金融市场利率的变化定期调整，稍低于市场利率。与国际资金市场收取承诺费相似，世界银行对已订立借款契约，而未提取部分，按年征收 0.75% 手续费。

（6）贷款使用不同的货币对外发放，对贷款项目，一般用所属国的货币支付。对本地供应的物资，用借款国货币支付；如购买进口物资，即用该出口国的货币支付。

（7）贷款到期归还，不能拖欠，还款日期不得改变。汇率风险，由贷款国自负。

世界银行贷款的形式如下。

（1）项目贷款，是世界银行对会员国工农业生产、交通、通信，以及市政、文教卫生等具体项目所提供的贷款，是世界银行最主要的贷款。

（2）非项目贷款，是世界银行为支持会员国现有的生产性设施需进口物资、设备所需外汇提供的贷款，或是支持会员国实现一定的计划所提供的贷款的总称。

（3）技术援助贷款，是在许多贷款项目中用于可行性研究、管理或计划的咨询，以及专门培训方面的资金贷款，以及独立的技术援助贷款。

（4）联合贷款，由世界银行同其他贷款者一起，共同为借款国的项目融资。

（5）紧急复兴贷款。

世界银行在为会员国的每个项目贷款时都经历以下几个阶段：项目的选定、准备、评估、谈判、执行和后评价。

利用世界银行贷款的国内审批主要程序如下。

（1）项目主管部门提出项目建议书，申请立项。

（2）建议书获批准后，进行可行性研究。重大项目和特殊项目的可行性研究报告，需由国家发展和改革委员会会同有关部门审查，并报国务院审批。

（3）国家发展和改革委员会根据贷款条件，以及批准的项目建议书、可行性研究报告，按照国家有关政策选择备选项目并列入国家拟利用世界银行贷款项目的三年滚动计划。在报国务院批准后，下达利用外资备选项目安排方案，供财政部与世界银行进行谈判。

▶ 3. 国际开发协会及贷款

国际开发协会通过向不发达国家提供条件优惠、期限较长并可以部分地用当地货币偿还的贷款，以促进其经济的发展和生活水平的提高。

国际开发协会和世界银行共用一套班子，其理事、执行董事、经理和工作人员都由世界银行相应人员兼任。

国际开发协会的资金来源包括成员国认缴的股金、由会员国政府定期提供援助性的补充资金、世界银行的赠款，以及国际开发协会的业务收入。

国际开发协会贷款只提供给低收入发展中国家，1993 年的标准为人均 GDP 不超过 696 美元的国家均有资格获得协会信贷。2007 年又调整为人均 GDP 不超过 1 025 美元的国家才有资格获得协会信贷。贷款主要用于发展农业、工业、电力、交通运输、通信、城市供水，以及教育设施、计划生育等。

国际开发协会贷款的期限为 50 年，宽限期 10 年。即头 10 年不必还本。第 2 个 10 年，每年还本 1％，其余 30 年每年还本 3％。偿还贷款时，可以全部或一部分使用本国货币偿还。贷款只收取 0.75％的手续费。

▶ **4. 国际金融公司及贷款**

国际金融公司通过向成员国和私人企业提供没有政府担保的风险资本，促进不发达国家私人企业的发展和资本市场的发育。

国际金融公司的总经理由世界银行行长兼任，主要机构工作人员也由世界银行相应的部门人员兼任。同时，有自己的招待副总经理和自己的一些办事机构，同样按成员国入股的方式组成。

国际金融公司的资金来源除了股金之外，还包括向世界银行的借款、公司租金的利润、成员国偿还的款项和转售债权的收入等。

国际金融公司只面向发展中国家的私营中小型生产企业，而且也不要求会员国政府为偿还贷提供担保。

国际金融公司的贷款一般每笔不超过 200 万～400 万美元，在特殊情况下最高也不超过 2 000 万美元。公司贷款与投资的部门主要是制造业、加工业和采掘业、旅游业，以及开发金融公司，再由后者向当地企业转贷。

国际金融公司贷款的方式包括直接向私人生产性企业提供贷款；向私人生产性企业入股投资，分享企业利润，并参与企业的管理；以及上述两种方式相结合的投资。

国际金融公司贷款的期限为 7～15 年，还款时需用原借入货币进行支付，贷款的利率不统一，视投资对象的风险和预期收益而定，但一般高于世界银行贷款的利率。对于未提用的贷款资金，公司按年率收取 1％的承诺费。

▶ **5. 亚洲开发银行及贷款**

亚洲开发银行(Asian Development Bank，ADB)简称亚行，是亚洲、太平洋地区的区域性政府间国际金融机构。它不是联合国下属机构，但它是联合国亚洲及太平洋经济社会委员会(联合国亚太经社会)赞助建立的机构，同联合国及其区域和专门机构有密切的联系。根据 1963 年 12 月在马尼拉由联合国亚太经社会主持召开的第一届亚洲经济合作部长级会议的决议，1965 年 11 月—12 月在马尼拉召开的第二届会议通过了亚洲开发银行章程，于 1966 年 8 月 22 日生效，11 月在东京召开首届理事会，宣告该行正式成立。同年 12 月 19 日正式营业，总部设在马尼拉。

建立亚行的宗旨是促进亚洲和太平洋地区的经济发展和合作，特别是协助本地区发展中成员以共同的或个别的方式加速经济发展。亚行对发展中成员的援助主要采取四种形式：贷款、股本投资、技术援助和联合融资相担保。

亚行有来自亚洲和太平洋地区的区域成员，以及来自欧洲和北美洲的非区域成员。截至 2015 年，亚行共有 67 个成员，其中 48 个来自亚太地区。

亚洲开发银行的主要业务包括贷款和技术援助。

亚洲开发银行贷款的方式有项目贷款、规划贷款、部门贷款、开发金融机构贷款、综合项目贷款、特别项目执行援助贷款和私营部门贷款、联合融资等多种形式。

亚行技术援助可分为下列四项。

（1）项目准备技术援助。用于帮助会员国或地区成员立项或项目审核，以便亚行或其他金融机构对项目投资。

（2）项目执行技术援助，这是为帮助项目执行机构提高金融管理能力而提供的。在这项技术援助中，仅其中的咨询服务部分采用赠款形式，而其余部分采用贷款形式。

（3）咨询性技术服务，用于援助有关机构的建立或加强，进行人员培训，研究和制定国家发展计划部门发展政策与策略等。

（4）区域活动技术援助，用于重要问题的研究，开发培训班，举办涉及整个区域发展的研讨会等。这项援助多采用赠款方式来提供。

亚行贷款的条件如下。

（1）亚行贷款的重点领域有农业、能源、工业、非燃料矿业、交通、通信、环保、卫生、城市发展和人口等。

（2）亚行所发放的贷款有硬贷款、软贷款和赠款三类。

▶ 6. 亚洲基础设施投资银行及贷款

亚洲基础设施投资银行（Asian Infrastructure Investment Bank，AIIB），简称亚投行，是一个政府间性质的亚洲区域多边开发机构，重点支持基础设施建设，成立宗旨为促进亚洲区域的建设互联互通化和经济一体化的进程，并且加强中国及其他亚洲国家和地区的合作。2013 年 10 月 2 日，习近平主席提出筹建倡议，2014 年 10 月 24 日，包括中国、印度、新加坡等在内 21 个首批意向创始成员国的财长和授权代表在北京签约，共同决定成立亚洲基础设施投资银行。2015 年 4 月 15 日，亚投行意向创始成员国确定为 57 个，其中域内国家 37 个、域外国家 20 个。2015 年 12 月 25 日，亚洲基础设施投资银行正式成立，全球迎来首个由中国倡议设立的多边金融机构。

亚投行总部设在北京，法定资本 1 000 亿美元，中国初始认缴资本目标为 500 亿美元左右，中国出资 50%，为最大股东。各意向创始成员同意将以国内生产总值（GDP）衡量的经济权重作为各国股份分配的基础。2015 年试运营的一期实缴资本金为初始认缴目标的 10%，即 50 亿美元，其中中国出资 25 亿美元。

亚投行的主要成员如下。

（1）联合国安理会五大常任理事国已占四席：中国、英国、法国、俄罗斯。

（2）G20 国家中已占 14 席：中国、英国、法国、印度、印度尼西亚、沙特阿拉伯、德国、意大利、澳大利亚、土耳其、韩国、巴西、南非、俄罗斯。

（3）西方七国集团已占四席：英国、法国、德国、意大利。

（4）金砖国家全部加入亚投行：中国、俄罗斯、印度、巴西、南非。

亚投行的投资方向：作为由中国提出创建的区域性金融机构，亚洲基础设施投资银行主要业务是援助亚太地区国家的基础设施建设。亚投行初期投资的重点领域主要包括五大方向，即能源、交通、农村发展、城市发展和物流。在全面投入运营后，亚洲基础设施投资银行将运用一系列支持方式为亚洲各国的基础设施项目提供融资支持——包括贷款、股权投资以及提供担保等，以振兴包括交通、能源、电信、农业和城市发展在内的各个行业投资。亚投行成立后的第一个目标就是投入"丝绸之路经济带"的建设，其中一项就是从北京到巴格达的铁路建设。

第 三 节　国际资本流动

一、资本国际流动的概念和分类

（一）资本国际流动的概念

资本国际流动是指资本从一个国家向另一个国家的运动。从资本输出国看，应包括该国的私人、企业、团体或政府在国外拥有债券、股票、土地、建筑或设备的所有权银行存款等资产。

（二）资本国际流动的分类

资本国际流动按期限划分可分为长期资本流动和短期资本流动。

▶ 1. 长期资本流动

长期资本流动主要包括直接投资、间接投资和国际信贷。其中，直接投资（实业投资）是指一国的公司、企业输出本国的资金、设备、专有技术，投资于另一国或地区，从事生产经营活动。直接投资多见于工业、矿产、宾馆饭店、航运等行业，并以取得投资项目的全部或部分的经营管理权为标志。

直接投资的形式包括独立投资、与外国公司共同投资、与外国公司合作经营或开发。

直接投资的方式主要有创办新企业、收购外国公司股权达到一定比例以上、利润再投资和跨国企业内部贷款。

间接投资（证券投资）通过在国际股票或债券市场上购买中长期有价证券而实现的跨国投资，包括政府贷款、国际金融机构贷款、国际商业贷款、出口信贷、国际租赁、国际证券投资等形式。

▶ 2. 短期资本流动

短期资本流动包括暂时性的相互借贷、存款、购买一年到期的汇票及债券等，主要形式有贸易资本流动、经营性资本流动、融通性资本流动、保值性资本流动和投机性资本流动等。按投资主体又可分为私人国际投资与政府国际投资。

二、资本国际流动的形式

资本国际流动的形式主要有国际直接投资和国际间接投资形式。

（一）国际直接投资

国际直接投资发生在一国公民取得在其他国家经济活动的管理控制权时。它不仅是一种单纯的国际间资本流动，而且常常伴随着如机器或半成品等有形资产及专利权、专有技术和管理经验等无形资产的国际间转移。

国际直接投资的主要形式有收购外国企业的股份达到拥有实际控制权的比例、在国外建立新企业和利润再投资等。

（二）国际间接投资

国际间接投资即国际证券投资，是在国际证券市场上发行和买卖的证券所形成的国际资本。它包括一国个人公民或他们的代理机构购买由其他国家的个人公民、公司、银行、政府以及一些国际金融组织发行的非控制头寸股权、债券和有价证券的行为。证券投资与直接投资的区别在于：证券投资的目的是在国际投资市场上获利，而不是企业的经营利润，证券投资者并不追求拥有企业的控制权。

三、资本国际流动的经济动机

国际货币基金组织和世界银行提出了推动—拉动因素说。所谓推动因素，主要是指国际金融领域的结构性变化和周期性发展，促使投资者进行资产多样化组合，在全球资本市场追求更高利益。所谓拉动因素，主要指实体经济因素，宏观经济政策、结构调整政策以及政治等非经济因素。

（一）国际直接投资的经济动机

根据邓宁的国际直接折中理论，他认为，影响企业对外直接投资的因素有所有权优势、内部化优势和区位优势。

（二）国际间接投资经济动机

与国际直接投资不同，国际间接投资对宏观经济条件下的短期摆动更为敏感，它是敏锐变动的组合资本流。国际间接投资的经济动机也可以分为资产多样组合、全球套利活动以及资本市场的结构性变化三个推动因素。

四、资本国际流动的三次浪潮

自从工业革命以来，世界上发生了三次大规模的资本流动浪潮，而每一次浪潮都对世界经济格局产生重大影响，曾被某些历史学家称为非正式霸权。

（一）1870—1914 年的第一次浪潮

1870—1914 年英国对外贷款净额从 1870—1820 年占国民生产总值的 1％～5％。第一次浪潮以 1914 年第一次世界大战爆发而宣告结束。英国在战争中元气大伤，美国逐渐取代英国成为最大的资本输出国。

（二）20 世纪 70 年代早期—1982 年的第二次浪潮

20 世纪 70 年代的石油危机使中东产油国积累了大笔石油美元。这些资本又流回到西方银行，再从西方银行流入亚洲和拉丁美洲，其结果是亚洲"四小龙"的起飞和巴西等 70 年代的经济奇迹。

（三）20 世纪 90 年代以来的第三次浪潮

20 世纪 90 年代以来，资本国际流动的突然转向，投资的重点重新转向发展中国家。资本流动的规模已经达到了上万亿美元。

五、当代资本国际流动的主要特征

当代资本国际流动的主要特征如下。

（1）资本主体多元化，即国际投资主体国别多元化和私人投资主体唱主角。

（2）区位和部门配置结构的变化。

（3）短期资本国际流动的膨胀。短期资本国际流动的形式非常多样，现金、活期存款以及其他短期金融资产的交易，如国库券、短期公司债券、商业票据，银行汇票以及投机性的股票交易等。从性质上看，短期资本国际流动主要有四种类型：①贸易资金的流动，是与国际贸易结算有关的短期资金融通；②套利性资金的流动，包括套汇和抛补套利两种；③保值性资金流动，是指避险性资金流动或者资本外逃。④投机性资金流动，是指利用国际市场上的汇率、金融资产的价格波动进行交易从中牟利的短期资本流动。本文中的短期资本国际流动的膨胀一般都是指投机性资本的流动的膨胀。

（4）国际金融创新与资本国际流动。

（5）跨国公司成为对外直接投资的主要承担者。

（6）资本流动规模急剧增加。

（7）发展中国家对外投资发展很快。

六、国际资本流动对经济的影响

国际资本流动对世界经济的影响具有积极和消极两个方面的影响。

（一）对一国经济的影响

▶ 1. 对资本输出国的影响

可为剩余资金找到出路，从而获得利息和利润，并通过出口信贷等方式，扩大本国出口，促进国内生产的发展。但是，资本输出国也要承担政治、经济上的风险也可能培养出未来国际商品市场上的竞争对手。同时，如果过度输出，也会导致国内投资偏低，就业困难，税收减少，国民经济发展缓慢等。

▶ 2. 对资本输入国的影响

可以解决国内资金不足，从而发展生产，扩大就业，增加税收，并可引进先进的生产技术和设备，提高劳动生产率，增强出口产品的国际竞争力，改善国际收支。但是，盲目而过量的资本输入会导致经济发展畸形，加重对外国资本的依赖性造成沉重的债务负担等，同时也会使某些企业经营受到外国资本的控制。

（二）对世界经济的影响

▶ **1. 主要的积极影响**

促进生产要素的国际转移，有利于生产要素在全球范围内合理配置；促进先进的生产技术和科学管理经验广泛传播，推动着国际分工的发展和国际协作的加强，从而大大提高了世界经济效益。

▶ **2. 主要的负面影响**

过度或不适的资本流动，特别是短期资本流动已经成为国际金融市场动荡不安的重要因素，它大大增强了各国投资和贸易的成本与效益的不确定性，加大了制定和执行货币金融政策的难度，减缓了相关国家和世界经济的协调发展，加速了经济危机的发生。

第 四 节　国际资本流动与国际金融危机

一、国际金融危机、国际债务危机与国际货币危机的概念

（一）国际金融危机

国际金融危机是指发生一国的资本市场和银行体系等国内金融市场上的价格波动以及金融机构的经营困难与破产，而且这种危机通过各种渠道传递到其他国家从而引起国际范围的危机大爆发。从世界经济的历史发展来看，金融危机所造成的危害是巨大的。严重破坏一国的银行信用体系、货币资本市场、对外经济贸易、国际收支平衡甚至整个国民经济。金融危机爆发时的表现主要有股票市场暴跌、资本外逃、市场利率急剧上扬，银行支付体系混乱、金融机构倒闭破产、外汇储备下降、本国货币迅速贬值。

影响比较大的国际金融危机有 1929—1933 年的金融危机；美元危机和布雷顿森林体系的瓦解；1992 年英镑危机；1994 年墨西哥金融危机；1997 年开始的亚洲金融危机。

（二）国际债务危机

国际债务危机是个运用广泛的术语，可以描述各种并不一定相关的金融现象。其中包括美国债务在 20 世纪 80 年代的迅速增长；高收益率"垃圾债券"市场的突然兴起和消失；大多数非洲和拉丁美洲国家的经济问题——前者可追溯到 1973—1974 年国际石油价格上涨，后者可追溯到 80 年代早期；及 1989—1990 年美国政府对其东南部许多储蓄和贷款机构代价高昂的救援努力等。由于大多数金融恐慌和崩溃是由于某人或某机构无力按计划承担其义务而引起的——如在股市崩溃之后，靠贷款或"保证金"买入股票的投机者在其用作抵押的股票价值变得太低而资不抵债时无力偿还其债务。因此，大多数金融危机在某种意

义上讲就是"债务危机"。

（三）国际货币危机

国际货币危机又称国际收支危机。货币危机的含义有广义与狭义两种。从广义来看，一国货币的汇率变动在短期内超过一定幅度就可以称为货币危机（有的学者认为该幅度为15%～20%）。从狭义上看，货币危机主要是发生在固定汇率制下，市场参与者对一国的固定汇率失去信心的情况下，通过对外汇市场进行抛售等操作导致该国固定汇率制度崩溃，外汇市场持续动荡等带有危机性质的事件。

二、国际金融危机发生的原因

（一）国际金融危机的制度背景

▶ 1. 国际金本位制下的制度缺陷

金本位是以黄金作为本位货币的一种货币制度。在金本位制下，各国货币规定含金量，各国货币按金平价（铸币平价）决定固定的兑换比率，国际外汇市场上实际汇率在金平价上下范围内波动。

随着世界经济增长，对货币供应量需求增加，而黄金的产量和生产率有限，世界黄金产量满足不了经济增长和维持稳定汇率时的需要。世界经济发展的不平衡也使国际收支失衡成为长期存在的现象，市场的自发调节很难实现。国家干预经济的愿望不断增强时，政府实行通货膨胀政策的冲动也不断增强，在这样的政策下，纸币与黄金的自由兑换难以维持。国际金本位制的内在缺陷决定了它的崩溃，而1929—1933年的金融危机加速了这一步伐。

▶ 2. 布雷顿森林体系下的制度缺陷

在布雷顿森林货币体系下，美国一方面要保持与其他国家货币的平价，一方面要保持美元与黄金的金价和可兑换性，必须控制美元发行维持美元信誉，而与其他国家则尽可能积累美元储备，以备在日益增大的国际经济活动中使用，要求不断扩大美元的清偿力。这种美元信誉和美元国际清偿力两者不可兼得的矛盾，即是著名的特里芬难题。特里芬难题指出了布雷顿森林体系的内在不稳定及危机发生的必然。

▶ 3. 牙买加体系下的制度缺陷

在牙买加货币体系下，内外均衡的冲突依然存在，并且在大规模国际资金流动的冲击下更加复杂，政府对开放经济进行调控的难度加大。一方面，政府仍要通过支出的增减对国际收支进行管理，从而面临固定汇率制下的矛盾冲突；另一方面，利用汇率进行调整时，汇率变动会对开放经济各个层面产生影响，内外冲突又会出现，甚至比以前更为复杂。

（二）国际资本与国际金融危机

国际资本流动已经成为当前国际经济政策讨论的中心环节。传统上，资本流动被看作一种被动的、调整性的附属物。但是，对每一次金融危机后的考察，尤其是20世纪90年代以来频繁爆发的危机表明，资本流动本身也会促成经济形势的变化和金融危机的爆发。

一些发展中国家的资本流入远远超过其经常项目账户赤字，过度的资本流入难以被国内经济部门吸收。资本流入增加了资本进入国的外汇储备，而这些外汇储备最终又以种种方式回流到了资本出口国，这种资本的大进大出使得资本流入国正常的经济循环恶化，这些国家通过提供的外部融资，使得经济周期的扩张阶段得以延长和加强，同时推动国内需求和资产价格的膨胀。

（三）国际资本流动的易变性

国际资本流动容易受各种因素的影响。国际间利率的周期性变化、不同国家之间盈利机会的出现或丧失以及投机者信心因素和汇率预期的改变等都会对资本流动造成一定程度的冲击。尤其是短期资本进入时来势汹涌，撤离时也是劳师动众，亚洲金融危机证明了这样的事实：外国直接投资是比较稳定的资本流入，而证券资本的流入却很不确定。

国际资本流动的易变性可以从以下几个方面分析。

▶ 1. 新兴市场国家金融市场相对较小

和发达国家的整体经济规模、信用体系以及资本市场相比，这些国家金融市场的规模太小了，而吸收的资本净流入太多了。

▶ 2. 信息不对称

由于缺乏信息沟通和了解，投资者的观点和预期很不稳定，无法与东道国的经济基本面相衔接。更为关键的是对于那些缺乏对信息的认识和了解的投资者来说更易产生"羊群效应"，而大量推出的歪曲信息和评论以及暗箱操作更加剧了问题的复杂化。

▶ 3. 资本流动的逆向效应

在发生金融危机时，资本流动有一个重要的特征是逆转性，它一方面使资本输入国由于风险预期的不断变化而要偿付更多的成本；另一方面国外的资本流入停止，停留在国内的国际资本开始逃离。即便是经营良好的企业，在利率攀升，汇率下跌和经济前景暗淡的背景下都会剧烈地改变企业的利润预期。

（四）国际资本流动与金融危机的关联性

在金融危机爆发前，危机国一般都会出现资本大量流入、股票价格和房地产价格以及本币升值的过程。本币升值会抑制一国的出口和经济增长，经常项目赤字，实质经济因素发生逆转。在此基础上，金融市场就会出现货币贬值预期，当市场恐慌积累到一定程度后，投机资金便会发动攻击，抛售本币，本币贬值，货币危机爆发。

（五）国际金融危机发生的内部因素

当一国爆发货币危机时，如果此时该国并不存在由国内因素导致的金融危机，那么这一危机必然是由投机冲击引起。实际上，投机冲击更多是在一国经济基础出现明显弊端时才会发动，与经济基础无关，纯粹由于心理预期变化而导致的金融危机并不多见。这里以亚洲金融危机为例探讨金融危机发生的内在原因。

▶ 1. 宏观经济政策失误

综观亚洲各国的经济发展，发现"亚洲奇迹"的很多方面是依托政府引导和行政强制实现的，这样不可避免有很多的经济政策失误和权力腐败，进而侵蚀一国经济机体。

　　韩国从 20 世纪 50 年代开始，政府就没有停止过对经济的强力干预，为了加入GATT（WTO 前身），韩国在 30 多年前，进行了半个世纪以来第一次战略调整：从进口替代到出口导向。在 1967 年成为 GATT 成员以后，虽然在一些领域降低了关税（总体关税下降到 14%），但在相当多的重要领域仍旧保持着强大的产业政策，比如汽车工业，韩国保护了 20 年时间。政府主导（关税＋产业护持）与"出口导向"共同构成了曾被当作发展典范的"韩国模式"的全部内容。韩国政府通过行政性手段拼凑大型企业集团，企业依靠国家保护盲目投资，金融机构呆坏账日益积累，最后造成一种"尾大不掉"的尴尬局面。经济内部结构问题和政府的深度参与必然产生的低效率和腐败很快将韩国导入金融危机的困境。1998 年，金大中政府推出"经济复苏三年计划"，把发展战略从政府主导向市场主导转变。

资料来源：《国际在线》（2004-03-17）

　　在一些亚洲国家，权力腐败是经济基本层面恶化的另一个重要原因。例如，印度尼西亚拒绝进行民主改革，实行家族式的集权统治，使国家的权力腐败和权钱交易达到了登峰造极的地步，总统苏哈托家族甚至集聚了 12 个行业近 400 亿美元的社会财富。在这样一种背景下，不可能指望政府宏观经济政策能够有什么成效。

　　亚洲不少国家大量举借外债，经济发展对外资的依赖性很强，对外债的管理失控，外债结构中短期外债太多，而且大肆挥霍进行房地产和资本市场的炒作。为了进行偿付，必须保持较高的出口增长和不断增加的外资进入，一旦这两者出现问题，资金链就会断开，金融危机就要到来。

▶ **2. 亚洲模式的局限**

　　亚洲国家的发展模式大体上可以归结为"出口导向型发展战略"。20 世纪六七十年代，日本用出口导向发展战略，选择了"贸易立国"政策，最终成为世界经济大国，80 年代后，东南亚国家争相模仿，也带来了这一地区 10 多年的繁荣。90 年代以后，随着收入的增长，传统产品的市场容量已经饱和，市场相对缩小。而发展中国家普遍实行这一战略，加上初级产品的技术进步，每个出口国的供给能力增长。东南亚各国的出口能力下降，比较利益的转移造成这些国家经济的基本层面上出现结构失衡。

　　亚洲模式使得这些国家经济发展的主要驱动力是外延投入的增加和劳动密集型产业的发展，建立在这种增长方式上的经济发展是很难持久的。

　　随着劳动力成本的上升和周边国家的竞争，这种低附加值产品的出口受阻，在推动经济增长中的作用就被削弱。要维持经济增长面临两个选择：其一，像日本、韩国、中国台湾一样进行产业技术结构升级；其二，开拓国内市场，降低工资率水平和进行本币贬值。要在高附加值、高技术产品市场上参与国际竞争，很多国家并无这样的实力。经济发展使工资水平增长，缺少向下弹性，就只有希望通过贬值来缓解出口压力。亚洲各国在出口商品中的同质性非常明显，在国际市场上构成了严重的恶性竞争，各国为了在国际贸易中占据有利位置，都有强烈的本币贬值的愿望。

▶ **3. 汇率政策的失误**

（1）亚洲各国在汇率选择上主要是与美元挂钩的钉住汇率制和联系汇率制。20世纪90年代以来美元对其他主要货币汇率大幅升值的情况下，引起了亚洲各国货币的相应升值趋势，货币被人为地高估了，从而导致该地区的商品出口竞争力下降。为了维护固定汇率制，各国的中央银行必须大量抛售外汇储备，使外汇储备大幅度减少，这样就给国际投机者提供了投机缺口。

（2）不发达国家经济增长的一个瓶颈就是资金短缺，与发达国家相比较，发展中国家资本市场的信誉远远不足以吸引到足够的外资流入，各国纷纷进行了以放松管制为特征的金融改革。放松管制、吸引外资有两个做法：一是提高利率吸引国际套利资本；二是开放金融市场吸引国际投机和投资资本。拉丁美洲和东南亚的金融放松面临着很大风险，高利率使贷款成本在增加，容易诱发道德风险和逆向选择。亚洲大部分国家在实行固定汇率制的同时，也开放了本国的资本账户，大量的游动资本就可以无所阻拦的进入，使各国的金融体系潜伏着巨大的金融风险。

（3）国家之间实行货币一体化制度安排，必须保持货币政策、财政政策和汇率政策的一致性，在这种区域经济链条最薄弱的环节容易受到冲击，而一旦冲击成功就具有连锁效应。

（4）过分依赖国际资本。当影响比较大的金融危机发生以后，国际金融市场上的投机资本一般都会调整或收缩它们在国外的资产，至少会减少较大风险国家的资产。许多国家将不可避免地发生相当部分资本流出的现象，如果该国不能承受这种资本流出，就可能发生金融危机。

（六）金融危机的国际传递机制

国际金融危机传递是指引起各国汇率剧烈波动和金融市场秩序混乱的国际资本流动，它不仅由一国的金融危机影响到另一国，而且造成各国和地区之间的连锁反应，即危机"传染"。在全球金融一体化的今天，一国发生金融危机极易传播到其他国家，这种因其他国家爆发的金融危机的传播而发生的金融危机可称为"传染性金融危机"。

三、国际金融危机对世界经济的影响

随着世界经济全球化、一体化发展，各国在经济、贸易、金融等领域的一体化程度加强了，一国或一地区在经济金融领域出现危机后，或多或少总要影响其他国家乃至全球。1997年秋季从泰铢贬值开始引发的亚洲金融危机波及了几乎所有的东南亚国家和地区，并最终演变成冲击全球的金融狂飙，引起了世界性的金融动荡和经济困扰。

（一）经济衰退，全球经济增长放慢

1929—1933年的金融危机对资本主义世界经济的影响无疑是深刻的。整个资本主义世界的工业水平下降 37.2%，其中美国下降 40.6%，主要国家的经济状况退回到了19 世纪末 20 世纪初的水平。而爆发在 20 世纪末的这场金融危机给我们的教训更为直观。日本、韩国、东南亚国家和俄罗斯陷入严重衰退，其他国家经济增长率都不同程度受挫。

拉丁美洲地区经济增长率 1998 年比 1997 年下降了 1.6 个百分点，巴西从 1997 年的3.5% 下降到 1%。前些年保持强劲势头经济增长的欧美国家也难以独善其身。亚洲地区经济增长停滞或成衰退，与该地区有密切贸易联系的美国出口减少，在该地区投资的跨国公司利润下降。1998 年上半年，美国出口贸易出现 20 世纪 90 年代以来第一次负增长。据标准普尔公司估计，亚洲金融危机使美国所有部门在 1998—2000 年损失 4 180 亿美元。亚洲金融危机迟迟难以走出，使本已出现经济泡沫的西方股市更加脆弱，美欧股市在危机期间持续暴跌，从而会减少投资者的财富效应，影响消费者开支和企业投资，导致经济增长下降。

（二）贸易、投资自由化进程受阻

金融危机对世界经济的另一个负面影响是贸易自由化和投资自由化进程受阻。一方面，遭受危机打击的国家会重新考虑过去在贸易、投资自由化方面所做的承诺，在以后的政策决定中更加谨慎。另一方面，经济势力强，经济结构良好，受危机冲击小的国家在危机后会由于本币走强而使竞争力削弱，一旦危机国家出口恢复，贸易顺差增多，贸易保持主义的呼声就会增强。

（三）对国际金融体系的冲击

每一次国际金融危机的爆发，往往都因现存的国际金融体系的一些致命缺陷而起。从而对国际金融的制度安排构成巨大冲击，同时也提出崭新的课题。就目前而言，国际资本流动规模如此庞大，甚至可以迅速吞噬一国的金融构架。如何防止货币危机的发生，需要各国共同努力来寻求办法，需不需要管制？如何进行管制？需要采取什么样的汇率制度抵御危机？政府之间，国际金融组织与政府之间如何协调？

20 世纪 30 年代的大危机宣告了国际金本位制的灭亡，随后诞生了以固定汇率制下的"双挂钩"为特征的布雷顿森林体系。70 年代的美元危机，牙买加体系取代了布雷顿森林体系。进入 90 年代以来，国际金融危机爆发的频率更高，而原因也更为复杂，浮动汇率制也并没有像设想中那样自动实现内外均衡。1997 年 11 月，亚太地区高级财政金融会议上通过了旨在加强亚洲地区金融合作的新机制，"亚元区"也开始进入政府间和学者讨论的热点话题。世界各国就如何防范金融危机的爆发还有一段很长的路要走。

（四）国际金融危机对东道国经济的影响

▶ 1. 金融危机引发经济、社会危机

金融危机的爆发极易引发经济危机乃至政治危机、社会危机，1994 年墨西哥债务危机，新政府上台宣布比索贬值。1998 年 5 月出现印度尼西亚政权更迭，阿根廷在危机中更是处于社会混乱、政府频繁变动之中，一个月之内，5 个总统先后上台和下台。

金融危机中，外国资金往往大举外逃，给该国经济带来沉重打击。墨西哥 1995 年出

现近 200 亿美元的资金净流出，泰国、印度尼西亚、马来西亚、韩国和菲律宾私人资本净流入由 1996 年的 938 亿美元转为 1998 年的净流出 246 亿美元，仅私人资本一项的资金逆转就超过 1 000 亿美元，外资在短期内大量外流破坏了原来建立在外资流入基础上的资金平衡。在外债管理松弛的一些国家，外债的总量和结构基本上处于失控状态，外债与国内投资期限结构中的短借长放的"错配"现象十分严重，资金链一断，损害是致命的。

金融危机的爆发还会引起汇率制度上的一些变革，给正常的生产贸易带来不利影响。如 20 世纪 30 年代大危机后资本主义世界的普遍的外汇管制现象，1999 年英镑危机后欧元区一些国家脱离了欧洲货币体系开始自由浮动，1997 年东南亚金融危机后一些国家被迫采用了浮动汇率制。从短期看，这些新制度的实行往往因为政府的无效管理而给经济带来更大波动。

▶ 2. 金融危机对经济秩序的影响

危机爆发首先会造成金融市场剧烈动荡，1929 年 10 月 28 日纽约股票市场价格在一天之内下跌 12.8%，危机期间仅银行破产倒闭达到上万家。亚洲金融危机期间外汇市场和股票市场剧烈动荡，各国货币对美元的汇率跌幅在 10%，甚至达到 70% 以上，大批企业、金融机构破产，韩国排名前 20 位的企业中有 4 家破产。

危机期间，各国政府采取紧缩性的财政货币政策加重了经济困难，对外汇市场的管制可能维持很长时间，会对经济带来严重影响。从国际资本流动看，大量资本的频繁进出扰乱了该国金融秩序，市场价格处于极不稳定状态。这种不稳定的局势也给公众正常的生产经营活动带来很大干扰，一国经济秩序陷入混乱。

▶ 3. 补救性措施对危机国的不利影响

一国发生金融危机后，政府将被迫采用一些补救性措施，紧缩性的宏观经济政策是最常用的手段，而危机的爆发有时候并不是因为政策的失误导致的，这一措施的后果可能是灾难性的。另外，为获取国际金融组织和外国政府的资金援助，一国政府往往被迫实施这些援助所附加的种种条件，例如开放本国金融商品市场等，给本国经济发展带来很大负担。

在解决 20 世纪 80 年代的债务危机中，一方面各国政府、商业银行和国际机构向债务国提供了大量临时贷款；另一方面要求债务国实行紧缩的国内政策，以保证债务利息的支付。同时要求债务国进行以贸易自由化、私有化为特征的政策调整，这些要求对发展中国家而言是比较苛刻的。

小结

国际金融市场在概念上有广义和狭义之分。广义的国际金融市场是指居民与非居民之间，或非居民与非居民之间进行各种金融活动的场所及所形成的金融关系总和，包括货币市场、资本市场、外汇市场、证券市场、黄金市场和金融期货期权市场等。而狭义的国际金融市场是指国际间的资金借贷市场，它又可以按资金借贷市场的期限划分为货币市场和资本市场。

国际金融市场从最初形成发展至今，可以说有两个大的阶段：一是传统国际金融市场；二是新型国际金融市场。

国际融资是指一国的企业、个人或政府越出国界，在别的国家通过借款、股票、债券等形式进行资金借贷的交易。

资本国际流动是指资本从一个国家向另一个国家的运动。从资本输出国看，应包括该国的私人、企业、团体或政府在国外拥有债券、股票、土地、建筑或设备的所有权银行存款等资产。资本国际流动的分类，按期限划分可分为长期资本流动和短期资本流动。资本国际流动的经济动机，国际货币基金组织和世界银行提出了推动—拉动因素说。所谓推动因素，主要是指国际金融领域的结构性变化和周期性发展，促使投资者进行资产多样化组合，在全球资本市场追求更高利益。所谓拉动因素，主要指实体经济因素，宏观经济政策、结构调整政策以及政治等非经济因素。

国际金融危机是指发生在一国的资本市场和银行体系等国内金融市场上的价格波动以及金融机构的经营困难与破产，而且这种危机通过各种渠道传递到其他国家从而引起国际范围的危机大爆发。大多数金融危机在某种意义上讲就是"债务危机"。

国际货币危机又称国际收支危机。货币危机的含义有广义与狭义两种。从广义来看，一国货币的汇率变动在短期内超过一定幅度就可以称为货币危机（有的学者认为该幅度为 15%～20%）。从狭义上看，货币危机主要是发生在固定汇率制下，市场参与者对一国的固定汇率失去信心的情况下，通过对外汇市场进行抛售等操作导致该国固定汇率制度崩溃，外汇市场持续动荡等带有危机性质的事件。

思考题

1. 理解国际金融市场的含义，从国际金融市场的发展阶段看，国际金融市场分为哪几类？

2. 新型国际金融市场的含义是什么？新型国际金融市场的构成有哪些？国际金融市场形成的条件有哪些，其分类有哪些？

3. 国际金融市场的构成有哪些？各自的特征有哪些，作用表现在哪些方面？

4. 什么是国际融资？有哪些主要的融资方式，各自的具体内容是什么？

5. 什么是资本国际流动？其类型有哪些，主要特征有哪些，对经济的影响是什么？

6. 什么是国际金融危机？其成因有哪些，对世界经济的影响是什么？

实务题

查阅主要国际金融市场的资料，认识国际融资的主要方式。

案例分析

资金是逐利的，更是避险的。经历了三个交易日的快速反弹后，中国股市上证综指连续两日下跌，跌幅近 5%。尽管政府采取了一系列严厉的救市措施，且似乎产生了效果，但是由于 A 股估值仍偏贵，中国出现放缓趋势的经济增长、美元走强以及企业盈利前景欠佳等因素影响，短期内部分国际资本出现了撤离国内市场的迹象。

英国《金融时报》近期报道，利用"沪港通"机制的境外投资者连续第七个交易日成为中国股票的净卖家。自 2015 年 7 月 6 日以来，境外投资者已通过该机制减持中国股票 442 亿元人民币。不少分析师认为，短期中国股市行情的好转是复杂因素导致的下跌后的反弹，中国政府积极努力扭转此前市场释放出的恐慌气氛，但救市中的一些举措，比如要求上市公司报告利好消息以提振股价等，也引起了国际资本的流动。

归根到底，资本是逐利的。国际资本不会光顾一个资产价格被高估的市场，相反，也不会放过任何一个资产价格被低估的市场。在过去一年中，随着 A 股市场规模不断扩大，流动性足够充裕，中国政府推出了一些市场开放措施，"沪港通"机制使得境外投资者能够买到中国股票，同时合格境外机构投资者（QFII）也在不断扩大投资额度。该机制的开通是本轮牛市开启的导火索，上证综指从 2014 年 11 月至今，最高涨幅达到 150%。与股市上涨形成鲜明对比的是，中国进口持续下降，实体经济并未明显好转，股市走势与基本面有所背离，显示出股市上涨有高杠杆率及投机资金炒作因素。

作为专业机构投资者，以 QFII 为首的境外资金是坚定的价值投资者。它们不仅善于坚持并实践自己的理念，同时来自于成熟市场，积累了较为丰富的投资经验。价值投资既是一种理念，也是一种方法。一方面，价值投资者关注的是市场未来的发展，而不是眼前的静态市场；另一方面，它们注重的是一个阶段的投资收益，而不看重短期的资本利得。

不过，这不是绝对的。价值投资者也并不总是长期持股不动，对股票进行高抛低吸，同样是价值投资的重要方式，这也显现了资本的另一个核心属性：避险。中国经济增长放缓，地方政府负债率较高，政府资产负债表透明度有待加强，政府干预制造了大量过剩产能，房地产告别"黄金十年"，股市泡沫巨大，在此环境下，一些资金难以找到理想的投资标的，所以选择暂时走为上策。更深层的原因在于，中国现阶段仍缺乏长期有效的投资渠道，资金注定采取游击战术，在不同时间段流向不同行业、领域的价格洼地，吹起一个个泡泡后为了避险而选择离开。

国际资本流动在一定程度上会对 A 股市场构成干扰，但这并不是目前股市中的主要问题，目前存在于中国股市的各种制度性的弊端才是根本性问题，亟待解决。与其依靠吸引外资流入股市带来的短期"繁荣"，还不如踏踏实实的立足于中国资本市场制度改革。

资料来源：2015-07-16　　21 世纪经济报道

思考： 你认为境外资本流动对中国股市是否构成干扰？为什么？我们如何防范境外资本对我国金融市场安全造成的威胁？

第六章

Chapter 6

国际结算(上)——票证

学习目标

1. 掌握国际结算中的票据——汇票、本票和支票的含义及特点。

2. 了解国际结算中的商业单据——发票、提单、保险单及其他商业单据的概念、作用及主要内容。

第 一 节　国际结算中的票据

一、票据概述

国际结算是指国际间通过银行清偿债权和债务的货币收付行为。国际结算是随着国际贸易的发展而产生和发展的，当代国际结算基本上都是非现金结算，需要有一定的工具代替现金在国际间转移，这就是票据。票据作为国际贸易中代表资金收付关系的金融单据，是国际结算的重要内容。

（一）票据的基本概念

票据有广义和狭义之分。广义的票据是指商业活动中的一切凭证，如发票、提单、汇票等；狭义的票据只限于签发的以支付一定金额为目的的、具有一定格式和条款的书面凭证。狭义上的票据可以代替现金进行流通，但它本身并非是一种货币，它并不具有法定货币的强制通用效力，而只是一种可以流通与转让的债权凭证，例如汇票、支票、本票。

人们常说的票据是指狭义的票据，即专指票据法所规定的汇票、本票和支票，在结算业务中，也称之为资金单据或金融单据，把股票、债券等称为证券或有价证券，把发票、提单、保险单等称为单据或商业单据。

（二）票据的特性

票据作为一种以支付一定金额为目的的非现金结算凭证，具有以下几个特性。

▶ 1. 票据是一种设权证券

票据一经做成并交付后，就创设了一系列的权利。票据的基本权利有两种：付款请求权和追索权。这种权利，随票据的做成而产生，随票据的转移而转让，离开了票据，就无法证明票据权利。

▶ 2. 票据是一种无因证券

票据是一种不需要过问票据产生原因的债权凭证，这里的原因是指产生票据权利义务关系的原因。当债权人持票行使票据上的权利时，可以不受票据原因的影响。对受让人来说，也无须调查原因，只要票据要式齐全，就能取得票据文义所载明的权利。票据的产生和转让是有原因的，但是票据设立后，就有了独立的权利和义务关系，与产生或转让票据的原因相分离。

▶ 3. 票据是一种要式证券

票据的成立虽不过问当事人之间基本关系的原因，但非常强调它的形式和内容。所谓要式，是指票据的形式必须符合规定，各国的票据法都对票据的形式和内容加以详细的规定，力求票据在形式上和内容上标准化和规范化。

▶ 4. 票据是一种可流通证券

在一般情况下，票据可以凭背书或仅凭交付而自由转让和流通(除非票据本身限制该种转让)。这种转让无须通知债务人，债务人不能以未曾接到通知为由拒绝承担义务，这样使受让人能得到完整的票据文义载明的权利，而且不受前手权利缺陷的影响。

▶ 5. 票据是一种提示证券

持票人获得权利，必须在法定的期限内向付款人出示票据，才能请求其付给票款。无提示的票据是无效的，对此，受票人就没有履行付款的义务。不在提示期内提示，受票人同样没有履行付款的义务。

（三）票据的权利和义务

▶ 1. 票据权利

票据权利是指票据债权人依票据上的文义和票据法的规定，向票据债务人要求支付票款的权利。票据行为人的票据行为完成时，发生了票据行为人自己的票据义务，同时也发生了相对人的票据权利。票据权利包括付款请求权和追索权。付款请求权指持票人向票据主债务人、参与承兑方提示票据要求付款的权利。追索权是指持票人在未获付款时，向背书人对其前手或者已履行付款的保证人对被保证人及其前手有追索权。

▶ 2. 票据义务

票据义务是指票据债务人依票据上所载文义向持票人支付票据金额的一种责任，其性质是一种金钱支付的义务，是票据权利的相对物。

（四）票据的关系人

票据有三个基本关系人：出票人、付款人和收款人。此外还有其他关系人，如背书人、持票人、承兑人、保证人等。每一关系人在票据上签名后，都要对正当的持票人负支付责任。

▶ 1. 出票人

出票人，指开立票据并将票据交给他人的人。在票据承兑前，出票人是票据的主债务人；出票人签发票据后，就要履行付款的责任。收款人及正当持票人向出票人在有效期内提示要求付款或承兑时，出票人应立即付款或承兑。

▶ 2. 付款人

付款人，指根据出票人的书面命令支付票款的人。付款人并不一定是票据的主债务人，他之所以被指定为票据的付款人，是因为他是出票人的债务人。

▶ 3. 收款人

收款人，指收取票款的当事人，是票据的受益人。收款人有到期向付款人收取票款的权利。当然，收款人也可在票据到期前背书转让票据，这时，收款人则成为背书人。

▶ 4. 背书人

背书人，指持票人或收款人经过背书，将票据转让给他人的人。接受已背书票据的人称之为被背书人。背书人一经在票据上签字背书并转让，就要对票据负责。若被背书人到期未能收到款项，则有权向其前手行使追索。当然，背书人为免除自己的责任，可在票据上加注"不得追索"字样，但这种票据不易流通转让。

▶ 5. 持票人

持票人，指持有票据的当事人，可能是收款人，也可能是最后的被背书人。持票人有权要求票据其他当事人履行票据上所规定的义务。

▶ 6. 承兑人

承兑人是票据的主债务人，承担到期必须付款的责任。

▶ 7. 保证人

保证人是非票据债务人的第三方，为了票据债权债务的履行，以自己的名义在票据上加具付款保证的人。

二、汇票

汇票是国际结算中最重要的支付工具，也是国际上流通最为广泛的票据。

（一）汇票的概念

汇票是由出票人签发的，委托付款人在见票时或在指定日期无条件支付确定金额给收款人或持票人的书面支付命令。

（二）汇票的必要项目

汇票是一种要式凭证，注重形式上应具备必要项目。根据《日内瓦统一法》的规定，汇票必须具备下列项目。

（1）注明"汇票"字样。

（2）无条件支付命令。

（3）一定金额。

（4）付款人姓名或商号。

（5）出票人名称及签字。

（6）出票日期和地点。

（7）付款地点。

（8）付款期限。

（9）收款人或其指定人，在国际贸易业务中，通常是出口商或其指定银行。

（三）汇票的种类

汇票的种类很多，依据其性质的不同可以划分为以下四类。

▶ **1. 按出票人不同分类**

按出票人不同可分为银行汇票和商业汇票。银行汇票指出票人是银行的汇票。商业汇票指出票人是公司或个人的汇票。因为银行的信用高于一般的公司，所以银行汇票比商业汇票更易于流通转让。

▶ **2. 按承兑人不同分类**

按承兑人不同可分为银行承兑汇票和商业承兑汇票。银行承兑汇票指由银行承兑的汇票，银行为付款人，它建立在银行信用基础之上。商业承兑汇票指由企业或个人承兑的汇票，以企业或个人为付款人，它建立在商业信用的基础之上。

▶ **3. 按付款时间不同分类**

按付款时间不同可分为即期汇票和远期汇票。即期汇票指付款人在见票或提示时，立即就要付款的汇票。远期汇票指汇票上记载了付款人于将来一定日期或特定的日期付款的汇票。

▶ **4. 按出票是否附有货运单据分类**

按出票是否附有货运单据可分为光票和跟单汇票。光票指不附带货运单据的汇票。跟单汇票指附带有货运单据的汇票。附带单据如发票、提单等，商业汇票多为跟单汇票。

（四）汇票的票据行为

票据行为指发生在票据上的一定权利义务关系为目的的行为，即出票、背书、保证、承兑等。在国际结算中，使用最广泛的票据是汇票，汇票的票据行为如下。

▶ **1. 出票**

出票指出票人开立汇票的行为，包括两个行为：制成汇票并签名以及将汇票交给付款人，出票行为在交付后才算完成。出票是票据的基本行为。如果票据被拒绝承兑或被拒付，则出票人应对收款人及正当持票人承担支付汇票金额的义务；对于付款人来说，它可以根据自己和出票人的资金关系来决定是否付款；对收款人来说，出票使其可以享有汇票的权利，它可以依法要求支付汇票金额或将汇票转让。

▶ **2. 背书**

背书指持票人在汇票背面签名并将汇票交付给受让人的行为，包括两个行为：写成背书以及交付给受让人。经过背书，汇票的权利由背书人转让给被背书人，被背书人获得票据所有权。对背书人来说，背书使其成为票据的从债务人，须对包括被背书人在内的所有后手保证得到承兑或付款。

▶ 3. 提示

提示指持票人将汇票提交给付款人，并要求其承兑或付款的行为。提示可分为承兑提示和付款提示，这两种提示都需在法律规定的期限内进行。承兑提示是持票人在票据到期前向付款人出示票据，要求其承兑或承诺到期付款的行为。承兑提示只是针对远期汇票而言，即期汇票、本票和支票则没有承兑提示行为。付款提示是持票人在即期或远期汇票到期日向付款人出示票据要求其付款的行为。汇票、本票和支票都需要有付款提示行为。

▶ 4. 承兑

承兑指远期汇票的受票人在票面上签字以表示同意按出票人的指示到期付款的行为。承兑的方式一般是由付款人在汇票正面写明"承兑"字样，签上自己的名字并注明承兑的日期。付款人一经承兑，就成为票据的主债务人。经过承兑的汇票，其收款就有了可靠的保证，流通性增强。

▶ 5. 付款

付款指票据的付款人或承兑人向收款人支付票款，解除票据一切权利义务的行为。在付款人以汇票付款后，由持票人在汇票上签名注明"收讫"字样，并将汇票交付款人，票据上的一切债权债务即告结束。

▶ 6. 拒付

拒付，又称退票，指持票人提示汇票要求承兑或付款时，遭到拒绝承兑或拒绝付款。拒付不仅包括付款人明确的拒绝，还包括付款人破产、付款人避而不见、死亡等情况。持票人遭遇拒付时，可以把被付款人拒付的情况通知前手，做成退票通知，还可以通过公证机构做成拒绝证书。

▶ 7. 追索

追索指汇票遭到拒付时，持票人对其前手（背书人、出票人）行使要求偿还汇票金额和费用的权利。持票人为了行使其追索权，必须持有合格票据；必须在法定期限内向付款人提示票据；在遭拒付时，必须立即做成拒绝证书并将拒付事实通知前手。只有做到这三点，持票人才能保留和行使追索权。

▶ 8. 保证

保证指非票据债务人以外的第三者在票据上签字对票务债务人的债务作担保的行为。

三、本票

(一) 本票的概念

本票是一人向另一人签发的，保证即期、或定期、或可以在将来的时间，对某人、或其指定人、或持票人支付一定金额的无条件书面承诺。本票有两方基本当事人，即出票人和收款人。

（二）本票的必要项目

依据《日内瓦统一法》的规定，本票必须具备以下几项。

（1）注明"本票"字样。

（2）无条件支付承诺。

（3）收款人或其指定人。

（4）出票人签字。

（5）出票日期和地点。

（6）付款期限（未载明付款期限者，视为见票即付）。

（7）一定金额。

（8）付款地点。

（三）本票的种类

本票按出票人的不同，可分为银行本票和商业本票。

银行本票指出票人为银行，付款期限为即期的本票。银行本票是建立在银行信用的基础上的。

商业本票指出票人为企业或个人，付款期限可以是即期，也可以是远期的本票。商业本票建立在商业信用的基础之上。

（四）本票与汇票的区别

本票与汇票的区别如下。

（1）本票是无条件的支付承诺，而汇票是无条件的支付命令。

（2）本票有两方基本当事人：出票人和收款人；而汇票有三方基本当事人：出票人、付款人和收款人。

（3）本票的出票人在任何情况下，始终是主债务人；汇票在承兑前，出票人是主债务人，汇票承兑后，承兑人是主债务人，出票人是从债务人。

（4）本票的出票人也是付款人，远期本票不需要办理提示承兑；而远期汇票一般都要进行提示承兑。

（5）本票只能单张开立，而汇票可以一式几份。

虽然本票和汇票有上述区别，但本票的有关收款人、出票、背书等事项的规定与汇票是相同的。

四、支票

（一）支票的概念

支票是以银行为付款人的即期汇票，它是银行存款客户对银行签发的，授权银行对某人或其指定人或持票人即期支付一定金额的无条件支付的书面命令。

（二）支票的必要项目

依据《日内瓦统一法》的规定，支票必须具备以下几项。

（1）注明"支票"字样。

（2）无条件支付命令。

（3）付款银行名称和地址。

（4）出票人签字。

（5）出票日期和地点。

（6）可写明"即期"字样，未写明的，视为见票即付。

（7）一定金额。

（8）收款人或其指定人。

（三）支票的种类

▶ 1. 记名支票

记名支票指在支票的收款人一栏，写明收款人的支票，取款时须有收款人签章，方可支取。

▶ 2. 不记名支票

不记名支票指支票上不记载收款人姓名，只写"付款人"的支票，取款时持票人无须签章，即可支取。不记名支票，又称空白支票，银行对持票人获得支票是否合法不负责任。

▶ 3. 划线支票

划线支票指在支票上划有两道平行线的支票。该类支票非由银行不得领取票款，所以只能委托银行代取票入款，目的是防止遗失后被人冒领，保障收款人的利益。

▶ 4. 保付支票

保付支票指由付款银行在支票上加注"保付"字样的支票。付款银行保付后就必须付款。支票保付后，付款银行成为主债务人，信用提高，便于流通。

第二节 国际结算中的单据

一、单据概述

（一）单据的基本概念

单据是国际结算中凭以付款的有关货物的物权凭证或证明文件。国际结算的单据主要指商业单据，如运输单据、物权单据或其他相似单据等。在国际结算中，单据起着非常重要的作用，无论采用哪种结算方式，一般都以单据为依据办理货物的交付和货款的支付。国际结算单据既包括运输单据、商业发票、保险单据等，也包括进口商根据进口国的规定、货物性质或其他需要而要求出口商特别提供的附属单据，如海关发票、领事发票、产地证书、卫生检疫证明等，以及附属于商业发票的单据如包装单、尺码单、检验证等。

（二）单据的种类

国际结算中使用的单据多种多样，但一般可分为两类。

▶ 1. 基本单据

基本单据指根据贸易条件，出口商必须提供的单据，如商业发票、货运单据、保险单据等。

▶ 2. 附属单据

附属单据指除基本单据以外，出口商提供的其他单据，如海关发票、装箱单、产地证明书、动植物检疫证书、出口许可证等。

（三）单据的作用

▶ 1. 履约作用

卖方用单据来证明它是否履行了合约义务。

▶ 2. 代表货物

单据代表货物的物权凭证，控制了单据就等于控制了货物，单据的转移就是货物的转移。

（四）单据填制的基本要求

▶ 1. 准确

准确是单据的第一要求。单据应与合同规定完全相符。若以信用证方式结算，要求做到"单证一致"，即所有的单据都与信用证一致，"单单一致"即单据与单据之间的相同内容都要一致。

▶ 2. 完整

完整包括内容完整、份数完整、种类完整。

▶ 3. 及时

在信用证项下交单必须掌握装运期、交单期和信用证有效期。

▶ 4. 简明

单据文字内容力求简单明了。

▶ 5. 整洁

单据的缮制必须力求表面整洁。个别错误可以更正，但必须在更正处加以签署或加盖更正章，不能遗漏。

二、商业单据

在国际结算中单据包括金融单据和商业单据。金融单据指汇票、本票、支票，即国际结算中狭义的票据，也是本书所指的票据。商业单据主要指非金融单据的其他所有单据，包括运输单据、物权单据或其他相似单据等。

三、发票

发票，通常指的是商业发票，除此之外还有其他种类的发票。

（一）商业发票

▶ 1. 商业发票的概念

商业发票通常简称发票，是卖方向买方开立的，说明所交易商品全面情况的商业单据，并且凭此向买方收款的发货清单。内容包括商品的名称、规格、价格、数量，包装等。

▶ **2. 商业发票的作用**

商业发票是卖方必须提供的，是全套出口票据的核心，是其他票据填制的依据。商业发票的作用主要有以下几个方面。

（1）卖方发送货物的凭证，是重要的履约证明文件。

（2）买方核对货物是否符合合同条款的规定。

（3）买卖双方收付货款和记账的凭证。

（4）买卖双方报关和缴纳关税的依据。

（5）在不用汇票的情况下，发票替代汇票作为付款的依据。

▶ **3. 商业发票的主要内容**

不同的国家，不同的出口商，它们所使用的发票没有统一的格式，但是基本内容相差无几，一般都要有以下几项内容。

（1）商业发票的首文部分，是发票的最基本格式。

① 注明"商业发票"或"发票"字样。

② 出口商的名称、地址、电话号码等。

③ 进口商的名称和地址，也称为商业发票的抬头。

④ 发票的号码、开立日期和地点。商业发票号码由出口商统一编制，一般采用顺序号，便于查对。商业发票的开立地点就是开立人的所在地。发票开立的日期最好能接近装运期，不应晚于信用证的有效期限，可以早于信用证开立日期。

⑤ 进出口交易合同的号码。因为商业发票是进出口双方履行合同的证明文件，所以必须注明合同号码，以便核对。

（2）发票的本文部分，也就是说明商品情况的部分。

① 商品名称。商业发票中商品的描述必须与信用证规定相符。如果信用证上列明的商品较多，又冠有统称，制单时按来证打上统称。如无统称，制单时只打具体品名，不打统称。

② 商品规格。必须和信用证规定完全一致。对以字母和数字表示的货物规格，必须逐字核对，不能有任何差错。

③ 商品的包装、件数和数量。发票上应有商品的外包装方式、件数和数量的记载，并与其他单据相一致。凡"约"、"大概"、"大约"或类似的词语用于信用证数量时，应理解为实际成交的有关数量不超过信用证数量的10％的增减幅度。

④ 商品重量、尺码、体积。重量在单据中也是一项不可忽视的内容。除了重量单、装箱单上应注明毛、净重外，商业发票上也应打明货物总的毛重、净重。发票上的重量应与其他单据上的重量一致。

⑤ 商品的价格条款。即该项交易所采用的价格术语，应体现交易双方约定的价格条件。

⑥ 起运港和目的地。起运港和目的地必须与信用证的规定一致，并与提单一致。而且目的地应明确具体，不能笼统。应根据来证规定加打国名。对重名港口、重名城市甚或城镇，均应加打国名，对于目的港或目的地为非著名交通枢纽，也应加打国名。

⑦ 发票上加注各种证明。国外来证有时要求在发票上加注各种费用金额、特定号码、有关证明句，一般可将这些内容打在发票商品栏以下的空白处。

(3) 商业发票的结文部分主要是发票签发人的签字和盖章。

(二) 其他发票

▶ 1. 海关发票

海关发票是一些国家海关规定的格式，由出口商填制，供进口商凭以报关用的一种特别的发票。

海关发票的主要作用如下。

(1) 便于进口国海关统计。

(2) 便于进口国海关核定货物原产地，按照差别税率征税。

(3) 便于核查进口商品价格，以确定有无倾销。

▶ 2. 形式发票

形式发票的内容与商业发票的内容几乎一样，但不是正式发票，不能用于托收和议付。形式发票是出口商有时应进口商的要求，发出一份列有出售货物的名称、规格、单价等非正式的参考性发票，供进口商向其本国贸易管理当局或外汇管理当局等申请进口许可证或批准给予外汇等事项之用。

▶ 3. 领事发票

领事发票指进口国驻出口国领事的认证或出具的发票。有些国家法令规定，外国出口商向其出口商品时，必须取得事先由进口国或其邻近国家的领事签证的发票，方能获准进口。

领事发票和商业发票是平等的单据。领事发票是一份官方的单证，其格式有两种：一是采用固定格式；二是在出口商业发票上由进口国的领事签证。领事发票的作用与海关发票的作用相同。

▶ 4. 厂商发票

厂商发票，又称为制造商发票，指由制造商开立，证明出厂价格的发票。其作用与海关发票的作用相同。

四、提单

(一) 提单的概念

提单，又称海运提单，指承运人或其代理人签发给托运人的，证明托运的货物已收到或货物已装载船上，约定将该项货物经海洋运至目的港的收据和物权凭证。

(二) 提单的作用

(1) 提单是承运人出具给托运人的一份收据。承运人根据提单确认所承运的货物标志、数量以及表面状况与提单记载一致，并有责任按照提单所列明的情况向收货人交付货物。

（2）提单是承运人与托运人之间关于货物运输的一份契约。提单是托运人和承运人之间订立运输合同的证明。在一般信用证方式下，如果收货人发现所收货物与提单不一致，则可以提出索赔。

（3）提单是一项物权单据。提单代表了其所载明的货物，提单的收货人或合法持有人有权凭提单向承运人提取货物，并且享有占有和处理货物的权利。

(三) 提单的关系人

提单的基本关系人是承运人和托运人。实际业务涉及的还有收货人、被通知人、受让人、持单人。

（1）承运人，是指与托运人签订运输合同的人，负责运输货物。根据不同情况，可能是船舶所有人，也可能是租船人。

（2）托运人，是指与承运人签订运输合同的人。根据采用价格条件的不同，托运人可能是发货人，也可能是收货人。

（3）收货人，是提单的抬头人、受让人、持有人或记名提单载明的特定人，可以是托运人，也可能是第三者。收货人有在目的港凭提单向承运人提取货物的权利。

（4）被通知人，是指承运人在货物到港后通知的对象，一般是收货人的代理人，负责办理报关提货手续。货到目的地后，承运人要通知被通知人，以便及时办理有关业务。

（5）受让人。提单是物权凭证，可以背书转让。受让人指经过背书转让，接受提单的人，也是提单的持有人。提单转移，物权也发生了转移，提单的持有人可凭提单领取货物。

(四) 提单的内容

提单有正反两面，正面主要包括以下内容：提单的名称和编号；托运人、承运人、收货人、被通知人的名称、地址、联系方式等；提单的签发日期、地点；提单的正本份数；船名及航次；装运港（收货地）、转船港、卸货港（目的地）的记载；货物情况的详细描述；运输方式及运费交付情况等。反面主要是印就的运输条款，规定了承运人和托运人的义务、权利，是双方处理争议的依据，而银行不负责审查这些条款。

(五) 提单的种类

提单从不同的角度可分为不同的种类。

▶ **1. 按提单收货人的表示分类**

按提单收货人的表示分为记名提单和不记名提单。

记名提单指收货人栏内填上具体的收货人的提单，这种提单一般不能转让。

不记名提单指收货人栏内填上"来人"的字样的提单，这种提单无须背书即可转让，若遗失，不易补救，风险很大，国际结算中很少使用。

▶ **2. 按提单是否记载承运人对货物状况的不良批注分类**

按提单是否记载承运人对货物状况的不良批注，分为清洁提单和不清洁提单。

清洁提单指没有记载明确宣称货物或包装状况有缺陷的条文或批注的提单。

不清洁提单指记载有明确宣称货物或包装状况有缺陷的条文或批注的提单。

▶ 3. 按运输方式分类

按运输方式分为直达提单和转船提单。

直达提单指轮船中途不经过换船而直接驶往目的港卸货所签发的提单。

转船提单指从装运港装货的轮船，不直接驶往目的港，而需在中途港换装另外船舶所签发的提单。

▶ 4. 按货物是否已装船分类

按货物是否已装船分为已装船提单和备运提单。

已装船提单指明确有"已装船"字样的提单，并且明确记载船名及航次。

备运提单指在收到货物但未装船时，承运人所签发的收据。

五、保险单

(一)保险单的概念

保险单指保险公司向投保人提供的承保保险责任的书面证明。保险单一经签订，保险公司是承保人，投保人是被保险人。国际结算中的保险单主要是指货物运输保险单。

(二)保险单的作用

(1)保险单是承保人和被保险人之间的保险合同的证明。

(2)保险单是在一定风险发生时，承保人对被保险人的赔偿证明。

(三)保险单的内容

保险单一般有以下内容：承保人、投保人的名称和地址；保险单据的号码；货物情况的详细描述；保费和保险金额；保险的险种；理赔事宜等。

(四)保险的种类

保险种类很多，从大的方面可分为基本险和附加险。基本险指承保人对被保险的货物所承担的最基本的保险责任，可以由保险人单独投保的险别。附加险指必须附属在基本险身上的一种险别，投保人只能在投保了基本险后，根据需要投保附加险，附加险不能单独投保。

六、运输单据

(一)多式联运单据

▶ 1. 多式联运单据的概念

多式联运单据指根据多式运输合同，至少有两种不同的运输方式，由一个多式运输经营人负责并签发单一的、包括全程的运输单据的运输方式。多式联运单据是在多种运输情况下所使用的一种运输票据。

▶ 2. 多式运输单据特点

多式运输单据的特点如下。

（1）表示至少有两种不同运输方式的连贯运输。

（2）多式运输经营人的责任是从接受货物起至交付货物止。

▶ 3. 多式运输单据的作用

多式运输单据的作用如下。

（1）可流通形式的多式运输单据的部分运程为海运，其作用也与海运提单相同，即具有货物收据、运输合约、物权凭证的作用，可以背书转让。

（2）不可流通形式的多式运输单据只起到货物收据和运输合约的作用，不是物权凭证。

（二）航空运单

航空运单指航空货运部门签发给托运人表示接受委托、承担有关货物空运责任的单据。航空单据必须做成记名收货人的形式。

航空运单是承运人和托运人之间的契约证明，是进出口商报关的一种凭据。它不是物权凭证，只是一个运费账单，承运人据以收取运费。

（三）铁路(公路、内河)运单

铁路(公路、内河)运单指承运人签发给托运人表示接受委托、承担有关货物运输责任的单据。

铁路(公路、内河)运单是承运人和托运人之间有关货物运输的契约证明，但不是物权凭证，所以必须做成记名收货人的形式。

（四）邮政收据

邮政收据指邮政部门核实寄件人填写的空白邮政收据后，收费并签发给寄件人，表明受理客户的邮寄业务的凭证。邮政运输借助邮政业务的机构，手续简便，适用于少量、小件物品的传递。

邮政收据不是物权凭证，所以要做成记名抬头，进口商提取货物不需要运输票据。

七、其他单据

（一）产地证明书

产地证明书是证明货物确属产地或制造地点的凭证，其作用如下。

（1）实行差别税率的国家，可根据产地证明书确定对货物应征的税率。

（2）进口国保障进口商品符合卫生要求的需要。

（3）产地证明书由进出口双方约定，可由政府的商检机构或出口地商会签发，也可由出口商自行签发。

（二）商品检验证书

在国际贸易中，进出口双方在合同中约定对交易商品进行检验，检验机构出具的检验结果文件，就是商品检验证书，如品质检验证书、分析检验证书、卫生检验证书、消毒检验证书、数量检验证书等。

（三）装箱单、重量单、尺码单

装箱单、重量单、尺码单详细地说明了出运商品包装和数量的具体情况，是对商业发票的补充。一般由出口商填制，其内容必须与商业发票、提单等所列一致。

小 结

国际结算中的票据有广义和狭义之分，通常指狭义的票据，即汇票、本票和支票。

票据是一种设权证券、无因证券、要式证券、可流通证券和提示证券。

票据的基本关系人有出票人、付款人和收款人。

票据行为包括出票、背书、提示、承兑、付款、拒付、追索和保证等。

商业单据主要包括发票、提单、保险单等。

思考题

1. 汇票和本票的区别是什么？
2. 商业发票的作用是什么？
3. 提单的种类有哪些？

案例分析

牙买加某进口商以预付货款方式向我某出口公司订购纺织品一批，总金额为 15 555 美元，该买方于 19××年 6 月间寄出银行汇票一张，出票日期为 19××年 6 月 13 日，出票银行是 South East Bank，N.A.，Miami，付款银行是 Manufacturesr Hanover Trust Co.，New York，抬头人是 China National Textiles(此抬头是纺织品进出口公司名称的前三个字)，但我某出口公司却从未收到过该项汇票。

过了一段时间，买方向出口公司查询货物装运情况，公司告以因未收到货款，故未发货，买方为了证实汇票已由我方支取，于当年 11 月 30 日寄来已付讫的上述汇票的影印件，上面有香港联合银行的特别横线图章说明是通过该银行付款的，并盖有伪造的"China National Textiles"的橡皮印章，下面是所谓"President"的签字。而纺织品进出口公司负责人用"Manager 或 General Manager"职衔，不用"President"称呼，由此可以肯定是被第三者冒名背签向付款银行去取票款的，但客户仍认定领款人为我出口公司，并要求出具赔偿保证书，保证如不能向收款银行追回该款时，应由出口公司负责赔偿。出口公司先后两次复信告以确未收到该项汇票，同时拒绝提供赔偿保证书。因为这张汇票从影印本证实肯定是被人盗窃和冒领的，出口公司对此完全没有责任。

思考： 此次外贸纠纷的责任在哪方？为什么？

7 第七章
Chapter 7
国际结算(下)——
主要结算方式

>>> **学习目标**

1. 了解汇款、托收、信用证的概念、特点和业务流程。
2. 认识国际结算中存在的主要风险及应对策略。

第 一 节 汇 款 方 式

国际结算方式又称支付方式,指通过银行办理的资金的转移,主要形式有汇款、托收、信用证等。

一、汇款概述

(一) 汇款的概念

汇款,是付款人通过银行将款项汇交收款人的结算方式。汇款是国际结算中最基本的结算方式,同时也是最常用的结算方式之一。

(二) 汇款的当事人

汇款中的当事人有汇款人、收款人、汇出行和汇入行。

(1) 汇款人,指向银行递交申请书,要求汇出款项的人。在国际贸易中,汇款人通常是进口商,即买方。汇款人提供汇出款项并承担相关责任。

(2) 收款人,指收取所汇款项的人。在国际贸易中,收款人通常是出口商,即卖方。

(3) 汇出行,指受汇款人委托,汇出汇款的银行。在国际贸易中,汇出行通常是进口商所在地的银行。

（4）汇入行，指受汇出行委托解付汇款的银行，又称解付行。在国际贸易中，汇入行通常是出口商所在地银行。汇入行的义务是将所汇款项交给收款人。

二、汇款的种类及业务流程

（一）汇款的种类及业务流程

汇款按照汇出行给汇入行发解付授权书的方式分为电汇、信汇和票汇三种。

▶ 1. 电汇

电汇指汇出行应汇款人的申请，通过电传、电报或 SWIFT（环球银行间金融电讯协会）给在另一国的分行或代理行（汇入行）指示解付一定金额给收款人的一种汇款方式。虽然需承担电传、电报费用，汇款成本较高，但电汇的速度快、安全，目前使用最普遍。

在国际结算中，电汇的业务流程如图 7-1 所示。

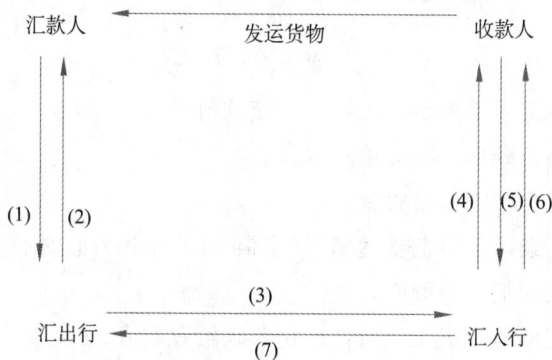

图 7-1　电汇的业务流程

（1）汇款人填写电汇申请书交给汇出行，并向其交款付费。

（2）汇出行审核后，将电汇回执交给汇款人。

（3）汇出行用电传、电报或 SWIFT 方式向国外分行或代理行发出汇款通知。

（4）汇入行收到并核对密押无误后，即可缮制电汇通知书，通知收款人取款。

（5）收款人持通知书并在收款人收据上签字，提示汇入行。

（6）汇入行即刻解付汇款。

（7）汇入行将付讫借汇通知书邮寄汇出行（汇出行与汇入行之间如无直接账户关系，还须进行头寸清算）。

▶ 2. 信汇

信汇是汇出行应汇款人的要求，以航空邮寄方式将信汇委托书或支付委托书寄入国外分行或代理行，指示其支付汇款的方法。信汇的优点是收费较低廉，但信汇收款周期长，安全性不强，不利于查询，现在银行信汇已很少用。

在国际结算中，信汇的业务流程与电汇的基本相同，仅第三步不同：汇出行邮寄信汇委托书或支付委托书给汇入行，而不是采用电讯方式授权。

▶ 3. 票汇

票汇是汇出行受汇款人的委托，开立以国外分行或代理行为付款人的银行即期汇票，由汇款人自寄或自带给收款人，凭以向汇入行提取汇款的汇付方式。

在国际结算中，票汇的业务流程如图 7-2 所示。

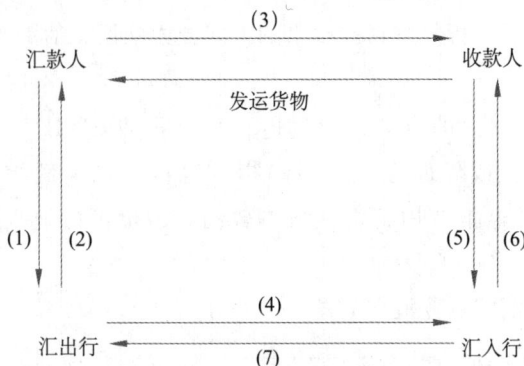

图 7-2　票汇的业务流程

（1）汇款人填写票汇申请书给汇出行，并交款付费。

（2）汇出行开立银行即期汇票交给汇款人。

（3）汇款人自寄或自带汇票给收款人。

（4）汇出行开立汇票后，将汇款通知书（票根）邮寄给国外代理行。

（5）收款人持汇票向汇入行取款。

（6）汇入行验核汇票与票根无误后，解付票款给收款人。

（7）汇入行把付讫借记通知书寄给汇出行（如汇出行与汇入行没有直接账户关系，则还须进行头寸清算）。

由于汇票本身是一张独立的票据，它可以通过背书流通转让。汇票可自寄自带，收款人比较方便，银行手续节省。在信汇、电汇方式下，收款人只能向汇入行一家取款；而在票汇方式下，收款人取款灵活，任何一家汇出行的国外分行或代理行只要能鉴定出汇票的真伪，确认无误后，就会买入汇票，汇票的持有人可以将汇票卖给汇入行，收取款项。

（二）电汇、信汇和票汇三种汇款方式的比较

▶ 1. 汇出行给汇入行发解付授权书的方式不同

电汇通过电传、电报或 SWIFT 方式传送，信汇以航空邮寄方式传送，票汇自寄自带汇票。

▶ 2. 是否使用密押

电汇通过电传、电报或 SWIFT 方式传送，需要加编密押；信汇方式下的信汇委托书或支付委托书，用印鉴或签字证实；票汇方式下的汇票用印鉴或签字证实。

▶ 3. 汇款成本

电汇须承担电讯费用且银行不能占用其资金，其成本较高；信汇和票汇费用相对较低。

▶ **4. 汇款速度**

电汇运用了现代化通信设施，速度快；信汇在途时间较长；票汇可自寄自带，虽没有电汇快捷，但比较灵活。

▶ **5. 全方面**

电汇使用密押且直接通信，安全性较高；信汇、票汇的安全性不及电汇。

(三) 汇款在国际贸易中的应用

汇款是手续最简单的支付方式，汇款结算方式在国际贸易中的运用主要有预付货款、货到付款和交单付现三种。

▶ **1. 预付货款**

预付货款是进口商(付款人)在出口商(收款人)将货物或货运单据交付以前将货款的全部或者一部分通过银行付给出口商，出口商收到货款后，再根据约定发运货物。

预付货款对出口商有利，可以无偿占有买方的资金，拥有货物出口的主动权。相反，进口商的资金被占用，资金利息损失，一旦付了款就失去了制约对方的手段，就要承担出口方不能按照合同约定保质、保量、及时发送货物的风险。但是，进口商有时仍然采取预付货款方式，这是因为进口商品十分紧俏，进出口双方关系密切，购买大型机械、设备时需要预付适当的定金。

▶ **2. 货到付款**

货到付款与预付货款相反，它是进口商在收到货物以后，立即或一定时期以后再付款给出口商的一种结算方式，也被称为延期付款，是一种赊销。货到付款在国际贸易中有售定和寄售两种方式。

售定是进出口商达成协议，规定出口商先发货，再由进口商按合同规定的货物售价和付款时间进行汇款的一种结算方式，即"先出后结"。

寄售是指出口方将货物运往国外，委托国外商人按照事先商定的条件在当地市场上代为销售，待货物售出以后，国外商人将扣除佣金和有关费用的货款再汇给出口商的结算方法。

货到付款对进口商有利，拥有付款的主动权，在延后的时间内无偿占用资金。相反，出口商先发出货物，就要承担进口商不付款的风险，应收货款若无法收回，将会造成损失。

▶ **3. 交单付款**

交单付款是进口商通过银行将款项汇给出口商所在地银行(汇入行)，并指示该行凭出口商提供的某些商业单据或某种装运证明即可付款给出口商。

交单付款是有条件的汇款，是可以撤销的，进出口双方承担的风险比较均衡。在国际贸易中汇款尚未被支取之前，汇款人随时可以通知汇款行将汇款退回，所以出口商在收到银行的汇款通知后，应尽快发货，尽快交单，尽快收汇。

(四) 国际贸易中汇款结算方式的特点

▶ **1. 风险大**

预付货款或货到付款依据的都是商业信用。对于预付货款的买方及货到付款的卖方来说，他们能否收货或收款，完全依赖对方的信用，如果对方信用不好，很可能钱货两空。因此，汇款只在国际贸易结算的一些特殊场合和情况下使用。

▶ 2. 资金负担不平衡

对于预付货款的买方或者货到付款的卖方来说，资金负担较重，整个交易过程中需要的资金，几乎全部由他们来提供。对于出口商来说，货到付款弄不好还会出现钱货两空的情况。

▶ 3. 手续简便，费用少

汇款支付方式的手续是最简单的，就像一笔没有相对给付的非贸易业务，银行的手续费也最少，只有一笔数额很少的汇款手续费。在交易双方相互信任的情况下，或者在跨国公司的不同子公司之间，用汇款支付方式是最理想的。汇款方式尽管有不足之处，但在国际贸易结算中还时有运用。

第二节 托收方式

一、托收概述

（一）托收的概念

托收指债权人（一般为出口商）向债务人（一般为进口商）收取款项，出具汇票委托银行代为收款的一种结算方式。

（二）托收方式的当事人

托收中的当事人有委托人、托收行、代收行和付款人等。

（1）委托人，又称出票人，指开出汇票，委托银行向国外债务人收款，办理托收业务的人。委托人是债权人，一般为出口商，即贸易活动中的卖方。

（2）托收行，指接受委托人委托，办理托收业务，向国外收取货款的银行，通常是出口商所在地银行。

（3）代收行，指接受托收行的委托，代理托收行直接向付款人收取票款的银行，通常是进口商所在地银行，并且多数是委托行在进口地的分行或代理行。

（4）付款人，指根据托收行和代收行的要求向代收行付款的人，也是汇票中指定的付款人。付款人是债务人，一般为进口商，即贸易活动中的买方。

委托人和托收行之间是委托关系，托收行和代收行之间是委托关系，而委托人和代收行之间、代收行和付款人之间不存在直接的合同关系。

二、托收的种类及业务流程

（一）托收的种类及业务流程

托收按照汇票是否附有单据可分为光票托收和跟单托收。

▶ 1. 光票托收

光票托收指委托人开立不附货运单据的汇票,仅凭汇票委托银行向付款人收款的托收方式。光票托收并不一定不附带任何单据,有时也附有一些非货运单据,如发票、垫款清单等,这种情况仍被视为光票托收。

光票托收通常用于收取出口货款尾数、样品费、佣金、代垫费用、其他贸易从属费用、进口索赔款等。光票托收的汇票在期限上应有即期和远期两种,但在实际业务中,由于一般金额都不太大,即期付款的汇票较多。

在国际结算中,即期光票托收的业务流程如图 7-3 所示。

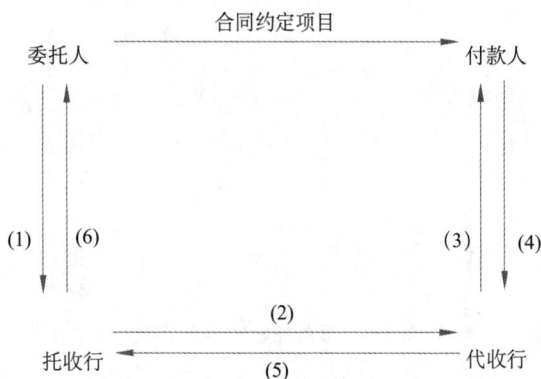

图 7-3 即期光票托收的业务流程

(1) 委托人填写托收申请,开具托收汇票一并交与托收行。

(2) 托收行依据托收申请制作托收指示,连同光票寄给代收行。

(3) 代收行收到汇票后,向付款人提示付款。

(4) 付款人如无拒付理由,应立即付款。

(5) 代收行把收妥贷记报单寄给托收行。

(6) 将托收款项记入委托人账户。

对于远期汇票,代收行接到汇票后,应立即向付款人提示承兑,付款人如无拒绝承兑的理由,应立即承兑。承兑后,代收行持有承兑汇票,到期再做付款提示,此时付款人应付款。如遇付款人拒付,除非托收指示另有规定,代收行应在法定期限内做成拒绝证书,并及时将拒付情况通知托收行。

▶ 2. 跟单托收

跟单托收指委托人开立附货运单据的汇票,凭跟单汇票委托银行向付款人收款的托收方式。跟单托收也有为了避免交印花税而不使用汇票的情况。跟单托收不可缺少的是代表物权的货运单据,国际贸易中托收大多采用跟单托收。

在跟单托收的业务中,根据其付款情况的不同,可分为付款交单和承兑交单两种。

付款交单指出口商在托收委托书中指示银行,只有在付款人(进口商)付清货款时,才能向其交出货运单据的一种托收方式,即出口商的交单以进口商付款为条件。按照付款时间的不同,付款交单又可分为即期付款交单和远期付款交单。

承兑交单是指出口商在按照合同规定发运货物后开具远期汇票，连同货运单据委托银行办理托收，并明确指示银行，进口商在汇票上承兑后即可向银行领取全套货运单据，待汇票到期日再付清货款的一种托收方式，即出口商的交单以进口商在汇票上承兑为条件。

在国际结算中，跟单托收的业务流程如图 7-4 所示。

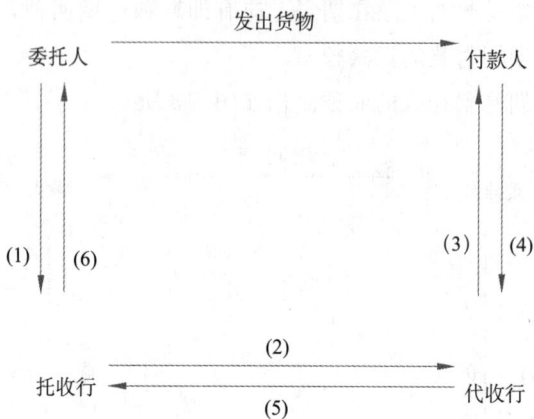

图 7-4　跟单托收的业务流程

（1）委托人填写托收申请，开具跟单托收汇票一并交与托收行。

（2）托收行依据托收申请制作托收指示，连同跟单汇票寄给代收行。

（3）代收行收到汇票后，向付款人提示付款。

（4）付款交单或承兑交单后到期付款。

（5）代收行把收妥贷记报单寄给托收行，托收款项划给托收行。

（6）将托收款项记入委托人账户。

（二）托收的特点

▶ 1. 托收按其性质讲，是一种商业信用

银行只是作为代理人按委托书的指示办事，对于出口商所交单据的真伪、货款能否收回等问题概不负责。出口商能否安全、及时地收回货款，完全取决于进口商的信用。

▶ 2. 托收方式对出口商风险较大

在托收方式中，出口商在发运货物以后，要依赖进口商的信用才能收到货款，所以，在一定程度上失去了货物和资金两方面的主动权。

▶ 3. 出口商有一定的资金负担

在托收方式中，出口商先行发货，然后委托银行收取货款，因此，出口商有一定的资金负担，其大小视汇票付款期限而定。

▶ 4. 托收是出口商给予进口商资金融通的一种支付方式

使用托收方式，进口商可免去开立信用证的手续，不必付银行押金因而减少了资金支出。所以，总体说来，托收方式对进口商比较有利，在出口业务中使用托收实质上是出口

商对进口商融通资金用作竞争的一种手段。

第 三 节　信用证方式

一、信用证概述

（一）信用证的概念

信用证是银行根据开证申请人的请求，开给受益人的一种保证银行在满足信用证要求的条件下承担付款责任的书面凭证。

（二）信用证的特点

▶ 1. 信用证是一种银行信用

信用证是开证行的明确保证，开证行对受益人承担第一付款责任，只要受益人交付的单据符合信用证的规定，即使开证申请人不付款，开证行也得付款。

▶ 2. 信用证是一种独立的银行合同，不依附于贸易合同

信用证的开立以买卖双方的合同为依据，但是，信用证一经开立，就成为独立于买卖合同以外的另外一份契约，不受买卖合同的约束。

▶ 3. 信用证业务银行只处理单据，不处理货物

信用证业务是一种纯粹的单据业务。在信用证付款条件下，银行凭单付款，只要受益人提交了与信用证规定表面相符的单据，做到了"单证相符"，银行就要履行付款责任。至于单据所代表的货物状况等，银行概不负责。

（三）信用证的作用

▶ 1. 为买卖双方提供担保

对卖方来说，银行通过开立信用证取代了买方付款的位置，只要卖方提交的单据与信用证规定表面相符，就能取得货款；对买方来说，只要买方向银行付款后，就一定能取得代表物权的单据。

▶ 2. 为买卖双方提供资金融通

当买方要求银行开立信用证时，通常银行只收一定的保证金，不需交纳信用证的全部金额，减少了资金的占用；在信用证结算方式下，卖方可以向当地银行申请贷款，取得资金，以供备货。

（四）信用证的内容

信用证包含的内容如下。

（1）开证行名称、地址。

（2）开证日期。

（3）信用证的种类、编号。

(4) 信用证的开证申请人(进口商)。

(5) 信用证的受益人(出口商)。

(6) 信用证的币种和金额。

(7) 信用证的有效期和有效地点。

(8) 信用证的汇票条款,规定汇票的金额、种类、份数及付款人的名称。

(9) 信用证的单据条款,规定单据的种类和份数,主要有提单、保险单和商业发票等。

(10) 信用证的货款描述,如货物的名称、规格、数量、包装、单价、总值等。

(11) 信用证的装运条款,规定启运地、目的地、装运期限、是否分批装运等。

(12) 信用证的保付条款,开证行对受益人及汇票持有人保证付款的责任文句。

(13) 信用证的特殊规定,根据不同业务的需要规定的一些条款。

二、信用证当事人的权利与义务

(一) 信用证的当事人及其主要权利与责任

信用证业务的主要当事人有开证申请人、开证行、受益人、通知行、付款行、议付行和保兑行等。

▶ 1. 开证申请人

开证申请人,指向银行提交申请书申请开立信用证的人。在国际贸易中,信用证的开证申请人是进口商或买方,也是运输单据的收货人。申请人应支付所有的银行费用,并承担银行为他提供服务时所承担的风险。

开证申请人的主要权利是要求开证行严格按照信用证要求审查受益人提交的单据,并仅对符合信用证规定的单据付款;审查受益人发运的货物,根据信用证内容验货、退货。

开证申请人的主要责任是完整、明确地填写开证申请书;向开证行交纳开证手续费和开证保证金;及时付款,赎得全套单据。

▶ 2. 开证行

开证行,指应申请人要求向受益人开立信用证的银行。通常是买方所在地的银行。开证申请人与开证银行签订的委托代理合同称开证申请书。

开证行的主要权利是向开证申请人收取开证手续费和开证保证金;对不符合信用证条款规定的单据,有权拒绝付款;开证行在向受益人付款后,如开证申请人无力付款赎单时,有权处理该信用证项下的单据。

开证行的主要责任是按照开证申请书的内容,正确、及时开立信用证;开出信用证后,承担第一性付款责任。

▶ 3. 受益人

受益人,指信用证上指定的有权享有信用证权益的人。在国际贸易中,信用证的受益人是出口商或卖方。

受益人的主要权利是有权审查信用证及修改书的内容,并对其中认为不可接受的条款项向开证行要求修改或删除；有权依照信用证条款和条件提交汇票/单据要求取得信用证的款项；受益人交单后，如遇到开证行倒闭，信用证无法兑现，受益人有权向进口商提出付款要求，进口商仍应负责付款。

受益人的主要责任是备齐符合信用证条款规定的全套单据，在规定时间向议付行交单议付。

▶ 4. 通知行

通知行，指接受开证行的委托，负责将信用证通知给受益人的银行。通常为受益人所在地的银行，一般是开证行在出口地的代理行或分行。通知行对信用证内容不承担责任。

通知行的主要权利是向受益人收取通知费；在开证行在信用证或其面函中要求通知行加具保兑时，可自行决定是否接受该项要求并将决定告知开证行。

通知行的主要责任是验核信用证的真实性并及时澄清疑点；及时向受益人通知或转递信用证；若决定不通知信用证，则必须毫不延误地将决定告知开证行。

▶ 5. 付款行

付款行，指开证行在信用证中指定的向受益人付款的银行。通常是开证行本身，也可以是通知行。如果开证行资信不佳，付款行有权拒绝代为付款。但是，付款行一旦付款，即不得向受益人追索，而只能向开证行索偿。

付款行的主要权利是在付款之后向开证行索偿，主要责任是根据开证行的要求代理付款。

▶ 6. 议付行

议付行，指愿意买进或贴现受益人按信用证所开立的汇票和单据的银行。议付是信用证的一种使用方法。议付行可以是通知行、其他指定或非指定银行。

议付行的主要权利是向受益人收取议付费；如果开证行发现存在单据不符合信用证的情况，拒绝偿付，则议付行向受益人行使追索权。

议付行的主要责任是按照信用证条款的规定，严格审单；在确认单据符合信用证条款规定后向受益人办理议付；在办理议付后，向开证行或保兑行或信用证指定的银行寄单索偿。

▶ 7. 保兑行

保兑行，指按照开证行的请求，在开证行的付款保证之外对信用证进行保证付款的银行。保兑行是为开证行加保兑的，所以付款后只能向开证行索偿，保兑行付款后无权向受益人或其他前手追索票款。

保兑行的主要权利是向开证行收取保兑费；决定是否将自己的保兑责任扩展到开证行出具的修改书的条款，但必须将自己的决定通知开证行和受益人；审查受益人提交的单据是否符合信用证的要求；在单据符合信用证规定并向受益人付款后，有权向开证行索偿。

保兑行的主要责任是接受受益人提交的符合信用证规定的单据，并向受益人终局性地支付信用证承诺的款项；通过通知行向受益人传递信用证修改书，若在通知修改书时未特别声明其保兑责任仅限于信用证原条款范围，则表明其保兑责任已延展到所通知的修改书条款。

（二）信用证当事人之间的关系

▶ 1. 开证申请人与受益人之间是买卖合同关系

在开证申请人和受益人之间存在一份贸易合同，开证申请人依合同的规定开立信用证，受益人应依合同发货，并提供约定的单据。

▶ 2. 开证行与开证申请人之间是以开证申请书确定的委托合同关系

银行根据开证申请书开立信用证，并审核有关贸易单据，确定单据表面上符合信用证。开证申请人应交纳开证手续费和开证保证金，并付款赎单。

▶ 3. 在开证银行与信用证受益人之间则由信用证锁定

信用证保证了信用证受益人交到银行的符合规定的单据将必定得到支付。

▶ 4. 通知行与开证行之间是委托代理关系

通知行接受开证的委托，负责将信用证通知给受益人，并收取开证行的佣金。

三、信用证的种类与实务

（一）信用证的种类

信用证可根据其性质、是否有保证兑付、付款期限和用途等不同进行分类。

▶ 1. 按性质分类

信用证按性质不同可分为可撤销信用证和不可撤销信用证。

可撤销信用证指在信用证有效期内，开证银行可以不经过任何一方的同意，随时撤销或修改的信用证。可撤销信用证在撤销时必须通知通知行，若通知行接到撤销通知之前已经付款，开证行承认议付有效。可撤销信用证对出口商极为不利，在国际贸易中很少使用。如果使用时，必须注明"可撤销"字样。

不可撤销信用证指在信用证有效期内，不经开证行、保兑行和受益人同意，信用证的任何一方基本当事人都不可以单方面撤销或修改的信用证。只要受益人提供的单据符合信用证规定，开证行必须付款，这样受益人的收款就有了保障，所以不可撤销信用证在国际贸易中使用最为广泛，只要没有注明"可撤销"字样即视为不可撤销信用证。

▶ 2. 按是否有保证兑付分类

信用证按是否有保证兑付可分为保兑信用证和不保兑信用证。

保兑信用证指由信用证以外的另一家银行对开证行的付款保证再加具付款保证的信用证。保兑行对信用证进行保兑后，其责任相当于本身开证，不论开证行发生什么变化，保兑行都不能片面撤销其保兑。

不保兑信用证指只有开证行的付款保证，其他任何银行都没有加具付款保证的信用证。一般开证行信誉好或成交金额不大时，可以使用不保兑信用证。

▶ 3. 按付款的时间分类

信用证按付款的时间不同分为即期信用证和远期信用证。

即期信用证又称付款信用证，指开证行或议付行收到符合信用证规定的汇票或装运单据后，立即履行付款义务的信用证。这种信用证受益人收款迅速，资金周转快，对出口商较为有利。

远期信用证又称迟期付款信用证，指开证行在信用证上规定货物装运后若干天付款或交单后若干天付款的信用证。这类信用证一般不要求受益人出具汇票。

▶ 4. 按受益人对信用证的权利是否可转让分类

信用证按受益人对信用证的权利是否可转让分为可转让信用证和不可转让信用证。

可转让信用证指开证行允许受益人将信用证部分或全部权利转让给第三人的信用证。可转让信用证必须通过银行办理，不能由第一受益人自行转让给第二受益人，并且只能转让一次。

不可转让信用证指开证行不允许受益人将信用证部分或全部权利转让给第三人的信用证。只要没有注明"可转让"字样即视为不可转让信用证。

▶ 5. 按信用证项下的汇票是否附有货运单据分类

信用证按信用证项下的汇票是否附有货运单据可分为跟单信用证和光票信用证。

跟单信用证指凭跟单汇票或仅凭单据付款的信用证。国际贸易中使用的信用证绝大部分是跟单信用证。

光票信用证指凭不附单据的汇票付款的信用证。光票信用证一般用在预付货款或旅行信用证等方面。

（二）信用证的实务流程

以信用证方式付款时，一般包括以下几个环节，如图 7-5 所示。

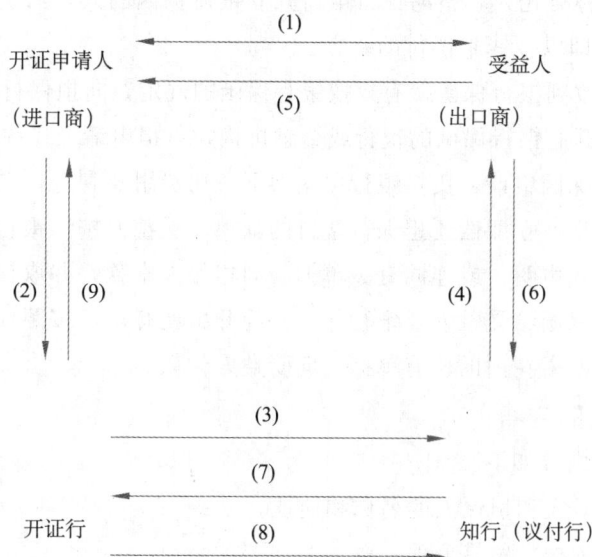

图 7-5　信用证的业务流程

（1）国际贸易中，买卖双方签订贸易合同，约定采用信用证方式付款。

（2）进口商向其所在地银行申请开证，签订开证申请书，缴纳有关费用。

（3）开证行开立信用证并寄交卖方所在地银行（通知行）。

（4）通知行将信用证通知受益人。

（5）受益人对信用证审核无误后，在信用证规定期限内发货、取得相关装运单据。

（6）受益人凭货运单据向议付行交单议付。

（7）议付行议付后，将汇票和货运单据寄开证行要求付款。

（8）开证行对汇票和单据审核无误后，向议付行偿付。

（9）开证行通知开证申请人付款赎单。

第四节 其他结算方式

一、银行保函

（一）银行保函的概念

保函又称保证书，是银行、保险公司、担保公司或个人应申请人的请求，向第三方（受益人）开立的一种书面信用担保凭证。保证人对申请人的债务或应履行的义务承担赔偿责任。其中由银行签发的担保书称为银行保函。

（二）银行保函的当事人

银行保函的当事人主要有申请人、受益人和担保行等。

（1）申请人，又称委托人，指向银行申请开立银行保函的人，当受益人按银行保函规定提出索偿时，应立即以金钱来偿付的一方。

（2）受益人，指收到银行保函，有权按银行保函的规定，向担保行索取款项的人。

（3）担保行，指开立银行保函的银行或金融机构，承担申请人违约时的付款责任。

申请人提出银行保函申请，负担银行保函项下一切费用及利息，在担保行按照银行保函规定向受益人付款后，立即偿还担保行垫付的款项。受益人按照银行保函规定，在保函效期内提交相符的索款声明，或连同有关单据，向担保人索款，并取得付款。担保行依委托人的指示开立银行保函给受益人，银行保函一经开出就有责任按照保函承诺条件，审核受益人提交的包括索赔书在内的所有单据，向受益人付款。

（三）银行保函的内容

银行保函包含的内容如下。

（1）委托人，受益人和担保人的名称和地址。

（2）开立保函的依据，贸易事项。

（3）担保金额。

（4）保函失效日期或失效事件。

（5）索赔条款。

（6）担保金额递减的任何规定。

（四）银行保函的种类

▶ 1. 按索偿条件分类

按索偿条件不同可分为无条件保函和有条件保函。

无条件保函又称见索即付保函，指担保行在受益人第一次索偿时，就必须按保函所规定的条件支付款项。

有条件保函指担保行只有在符合保函所规定的条件下，担保行才能向受益人付款。

▶ 2. 按担保银行承担的责任分类

按担保银行承担的责任可分为独立性保函和从属性保函。

独立性保函指根据商务合同开出，但一经开立又不依附于商务合同而存在的，具有独立法律效力的银行保函。

从属性保函是商务合同的一个附属性契约，其法律效力随商务合同的存在而存在，随商务合同的变化而变化。

▶ 3. 按保函有无限额分类

按保函有无限额可分为限额保函和非限额保函。

限额保函指担保行只对一定数额的债务提供担保，超出部分担保行不承担付款责任。

非限额保函指担保行对由信用证产生的一切债务(本金和利息等)都承担付款责任。

▶ 4. 按银行保函的基本功能分类

按银行保函的基本功能可分为结算保函和信用保函。

结算保函指担保银行承担第一性付款责任，且用做交易结算工具的独立性保函。

信用保函指担保银行承担为委托人履约行为而出具的各种保函，包括投标保函、履约保函和退款保函等。

二、备用信用证

（一）备用信用证的概念

备用信用证是开证行对受益人出具的承担付款责任的保证，开证行保证在开证申请人未能履行义务时，代申请人履行付款责任的信用证。

（二）备用信用证的性质

备用信用证一经开立，无须写明，就是一个不可撤销的、独立的、跟单的及具有约束力的承诺。除非在备用信用证中另有规定，或经对方当事人同意，开证人不得修改或撤销其在该备用信用证下的义务。备用信用证在开立后即具有约束力，所以无论申请人是否授权开立，开证人是否收取了费用，它对开证行都是有强制性的。

备用信用证一般用于投标、履约、预付款等业务中。

（三）备用信用证在单据上的一些特别规定

备用信用证在单据上的一些特别规定如下。

(1)受益人出具的所有单据的语言应是备用证中使用的语言，且必须是明确的。

(2)《国际备用信用证惯例 ISP98》规定"默示要求的索款单据"，即如果备用信用证没有注明任何要求提交的单据，仍认为需要提交一份做成单据的索款要求。

（3）提示的单据必须是正本。

（四）银行保函与备用信用证的区别

银行保函与备用信用证都是银行应申请人的要求开立的备用性质的书面信用文件，但两者有以下不同。

（1）备用信用证开证行付款依据是单据是否符合信用证的要求，而不管合同执行情况如何，开证行只对备用信用证本身负责；银行保函的付款依据是某合同或承诺是否已履行。

（2）银行保函有反担保作保证。备用信用证方式下无此项目。

（3）银行保函有负第一性付款责任的，也有负第二性付款责任的；而备用信用证总是负第一性付款责任的。

三、国际保理业务

（一）国际保理的概念

国际保理指在国际贸易中出口商在采用赊销、托收等信用方式向进口商销售货物时，由出口保理商和进口保理商基于应收账款转让而提供的包括应收账款催收、销售分户账管理、信用风险担保以及贸易融资等服务内容的综合性金融服务。

随着国际贸易的深入发展，国际支付结算方式呈多样化的特征。特别是 20 世纪 90 年代以来，以商业信用为付款保证的支付方式在国际贸易中被广泛采用，国际保理是继信用证、托收、汇款等支付方式后出现的一种新型国际贸易支付形式。

（二）国际保理的当事人

国际保理商联合会于 2000 年制定的《国际保理管理规则》中规定参与国际保理业务的当事人主要有出口商、进口商、出口保理商和进口保理商等。

（1）出口商，指国际贸易中的销售商，对所提供的货物或劳务出具发票，其应收账款由出口保理商叙作保理的当事人。

（2）进口商，指国际贸易中的债务人，对由提供货物或劳务所产生的应收账款负有付款责任的当事人。

（3）出口保理商，指接受出口商的委托，并与出口商签订保理合同的一方。

（4）进口保理商，指承担直接向进口商追收账款的责任，并向出口保理商提供信用额度和坏账担保的保理公司。

进口商与出口商之间是货物的买卖双方；出口保理商与进口保理商必须是参加了国际保理联合会组织的保理商，相互签订了保理代理合约，可以相互委托保理业务；出口商与出口保理商签订保理协议，将对所提供的货物或劳务的应收账款转让给出口保理商；进口商与进口保理商之间是一种债权债务关系，虽然进口商与进口保理商之间没有合同关系，但进口保理商最终收回进口商的进口货物的账款。

（三）国际保理的种类

国际保理是一种综合性金融服务，可以从不同的角度进行不同的分类。

▶ 1. 根据保理商是否对供应商享有追索权分类

根据保理商是否对供应商享有追索权可分为有追索权保理和无追索权保理。

有追索权保理指保理商凭债权转让向供应商融通资金后，如果卖方拒绝付款或无力付款，保理商有权向供应商要求偿还资金，保理商具有全部追索权。

无追索权保理指保理商凭债权转让，在核定的信用额度内，向供应商融通资金后，即放弃对供应商追索的权利，保理商独自承担买方拒绝付款或无力付款的风险。

▶ 2. 根据保理商的数量分类

根据保理商的数量可分为单保理和双保理。

单保理指仅涉及一方保理商的保理模式称为单保理。

双保理指涉及进口保理商和出口保理商两方的保理模式。在国际保理中因为贸易双方所处国家的有关法律、贸易习惯等不同，一般采用双保理形式。

▶ 3. 根据是否提供预付款融资分类

根据是否提供预付款融资可分为融资保理和到期保理。

融资保理指保理商在收到出口商提供的应收账款的票据时，即向出口商支付部分现金，提供预付款融资的保理模式。融资保理是常见的标准的国际保理。

到期保理是一种到期承购应收账款业务，出口商将应收账款单据转让给保理商，保理商确认在票据到期时无追索权地向出口商支付金额，而不在出口商提交票据时立即向出口商支付现金。

▶ 4. 根据保理商是否公开分类

根据保理商是否公开可分为公开型保理和隐蔽型保理。

公开型保理指出口商必须以书面形式将保理商的参与通知其所有客户，并指示他们付款给保理商的保理模式。

隐蔽型保理指保理商的参与对外是保密的，货款仍旧付给卖方的保理模式。

三、国际保理的业务流程

国际贸易中主要采用无追索权的双保理方式，其业务流程一般包括以下几个环节，如图 7-6 所示。

(1) 出口商向出口保理商提出国际保理的申请，经出口保理商同意后，填写《信用额度申请书》，用于为进口商申请信用额度。

(2) 出口保理商将此申请传递给进口保理商。出口保理商一般选择位于进口商所在地，并且与其签过《代理保理协议》的进口保理商。

(3) 进口保理商核定进口商的信用额度。

(4) 进口保理商将这一信用额度及其条件、报价、费率等通知出口保理商。

(5) 出口保理商将核定的信用额度及其条件、报价、费率等通知出口商。

(6) 出口商接受报价，与出口保理商签订《出口保理协议》。

(7) 出口商根据核定的信用额度发运货物。

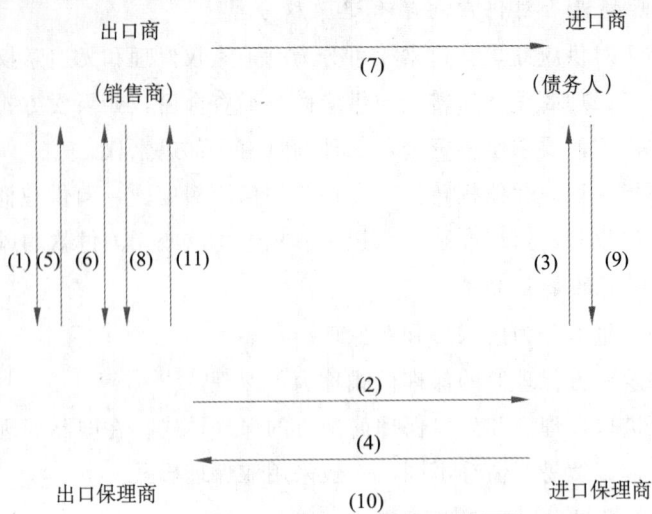

图 7-6　国际保理的业务流程

（8）出口商将应收账款转让给出口保理商。

（9）进口商付款给进口保理商。

（10）进口保理商将扣除佣金后的款项划转给出口保理商。

（11）出口保理商将扣除应收费用后的款项付给出口商。

四、非贸易结算的主要方式

非贸易结算是指由无形贸易引起的国际货币收支和国际债权债务的结算。无形贸易结算是指由国际运输、金融、保险等劳务或服务引起的跨国收支。

非贸易结算的范围十分广泛，包括国际资本移动、国际资金借贷、侨民汇款、国际旅游、劳务输出、利润和利息收支、驻外使领馆收支、国际公私馈赠、公私事务旅行的外汇收支项目等。相对于贸易外汇收支而言，非贸易结算具有范围广泛、内容庞杂、项目繁多、金额较低的特点，结算方式多样、灵活。

非贸易结算的具体项目有私人海外汇款，铁路运输收支，海运收支，航空运输收支，邮电收支，银行收支，保险收支，图书、影片、邮票收支，外轮代理和服务收入，外币收兑，兑换国内居民外汇，旅游部门外汇收入，经费外汇收支，企业利润收支，以及其他外汇收支等。常用的结算方式有侨汇、外币兑换业务、旅行支票、信用卡和旅行信用证等。

（一）侨汇

侨汇是华侨汇款的简称，是指海外侨胞、外籍华人和港澳台同胞汇入国内的款项。侨汇在为国家提供外汇资金，促进国家经济建设等方面，起着十分重要的作用。

（二）外币兑换业务

银行办理外币现钞的兑入和兑出的业务，称为外币兑换业务。外币兑换业务的服务对象是境内居民个人、非居民个人。

外币兑换业务包括外币兑入和外币兑出，即按照外币的当天牌价，在经国家外汇管理局批准的中外资银行兑换。

（三）旅行支票

旅行支票，是由旅行支票公司为便于旅游者安全携带和使用而发行的一种定额支票，它没有指定的付款地点和银行，一般也不受日期限制，能全世界通用。境内机构、驻华机构和境内居民个人、非居民个人均可购买外币旅行支票。

旅行支票具有以下特点。

（1）面额固定、多样。如美元旅行支票有 10、20、50、100、500、1 000 美元等多种面额，便于旅行者使用。

（2）兑取方便。世界主要城市和旅游地的发行行的代理行、旅行社、旅馆、机场、车站均可兑付。

（3）携带安全。旅行者购买旅行支票时，须在支票上留下签字；使用时，还须再签字，只有在核对初签和复签相符后，方可兑付。

（4）挂失补偿。旅行支票一旦发生遗失或被盗，可以提出挂失。只要挂失人提出的"挂失退款申请书"符合签发银行的有关规定，挂失者就可得到退款或补发新的旅行支票。

（四）信用卡

信用卡是银行或信用卡公司向客户提供小额消费信贷的信用凭证；持卡人可向发卡人及其附属机构存取款及转账，可在特约商户直接消费。

信用卡可以存取现金，并且存有活息；可以转账结算，凭签购单消费，无须现金或支票；可以透支消费，持卡人可善意透支（贷记卡）。

（五）旅行信用证

旅行信用证是银行为了便利旅客到境外支付旅行用款而开出的一种信用证。它准许持证人在一定金额及有效期内，向指定的付款银行支取款项。

旅行信用证的开证申请人和受益人为同一人，由受益人自带出境使用。但因不如旅行支票和信用卡方便已逐渐减少。

第 五 节　国际结算中的风险管理

一、国际结算中的主要风险及其防范

（一）托收风险及其防范

▶ 1. 托收的风险

托收是以商业信用为基础，代收行和托收行均不承担付款责任，出口商完全凭进口商的信用收款，对出口商来讲风险最大。

出口商最大的风险是进口商有可能因清偿能力不足而无力付款赎单，但是不同的托收种类其风险和损失的程度是不同的。

从跟单托收看，承兑交单风险最大。因为承兑交单对于出口商来说在收到货款之前已经失去了对货物所有权的控制，将完全要依靠进口商的信用来收取货款了。承兑交单的风险损失有货款的损失、运输费用、办理各种单证的费用、银行费用等。

付款交单风险较小。因为付款交单条件下，只要进口商未付款，物权凭证仍掌握在代收行手中，仍属于出口商所有。但是，这并不等于没有风险损失。如果将货物运回本国处理，出口商仍要负担双程运输费用；如果货物寻求当地处理，出口商要负担在进口国港口存仓、保险、支付代理人的费用以及货物临时处理而带来的价格损失、银行费用等。

光票托收的风险损失是托收款和银行费用。

在托收结算方式中，进口商掌握着付款的主动权，又可以减轻或避免对资金的占压，但也要承担一些小的风险，如出口方不按时、按质、按量发货；行情下跌所导致的交易损失风险等。

在托收结算方式中，银行不承担付款责任，但也存在一些风险，如违规操作，造成客户资金风险，或与客户、代收行产生纠纷。

▶ 2. 托收风险的防范

出口商对托收风险的防范主要是对进口商进行详细的调查，包括进口商的资信情况、经营规模等。另外，还要了解进口国有关政策规定，如进口国外汇管制方面的有关规定；进口国海关方面在进口手续、港口管理等方面的有关规定等。

银行对托收风险的防范主要是严格审核，规范操作，避免纠纷。

(二) 信用证的风险及其防范

▶ 1. 信用证的风险

信用证是目前国际贸易中最重要的结算方式，其主要当事人是出口商、进口商和银行。对信用证来讲，它借助银行的信用，最大限度地避免了托收的各种风险，但是出口商、进口商和银行仍然面临一定的风险。

对出口商来说，信用证的风险主要有出口商对进口商资信不了解带来的风险；进口商不按时开证给出口商带来的风险；单证不符，遭拒付和迟付的风险；开证行倒闭给出口方、付款行带来的风险；信用证交易中期限的风险；进口商所在地外汇政策风险等。

对进口商来说，信用证的风险主要有出口商制造假单进行欺诈的风险；虽单据符合要求，但实际货物品质不符合要求的风险(进口方只能以单据不符拒付，而且不能以货物不合格提出拒付)；进口商请求银行担保背书时，有关项目和责任没有清晰列示的风险等。

对银行来说，信用证的风险主要有对客户及其申请审核不严，造成违反外管有关规定的政策风险和客户违约的信用风险。

▶ 2. 信用证风险的防范

出口商对风险的防范措施如下：首先，出口商接到信用证后要辨认其真伪；其次，出口商要确定信用证规定的条款能够履行，当出口商对进口商的资信不完全了解时，出口商应要求进口商请求银行进行担保，出口商应严格遵守信用证的有效期限；最后，出口商应对进口商所在地的政治经济情况和开证行的经营状况进行详细调查，避免因政策变动和开证行的倒闭带来的风险。

进口商对风险的防范如下：首先，进口商应全面了解出口商的信用，避免来自出口商的欺诈；其次，进口商应慎重填列有关项目和需要承担的责任，避免来自银行的风险。

银行对风险的防范如下：首先，严格审核客户及其申请，严格按规定制度和规定程序开立信用证，避免未经授权擅自开证，超越授权期限开证，以化整为零方式开证，超越授信额度开证的情况发生；其次，银行对于天灾、暴动等不可抗力的原因导致中断营业所引起的一切后果概不负责。

二、国际结算中的欺诈行为及其防范

国际结算中信用证运用最广泛，在这里主要介绍信用证的欺诈行为及其防范。

(一) 信用证的欺诈行为

信用证是一种银行信用，虽然解决了进出口双方互不信任的问题，但在结算中，各方处理的是单据，而不是货物，这种局限性在客观上为欺诈者提供了利用信用证进行诈骗的机会，使进出口双方的利益受到损害。常见的欺诈行为有以下几种。

▶ 1. 开立假信用证

一些进口商使用非法手段制造假信用证，如盗用开证银行的空白信用证、无密押电开信用证、用假印鉴开出信用证，或开证银行名称、地址不详等，利用贸易合同中出口商收证后立即支付相关款项或立即发货等条款诈骗出口商的佣金、质押金、履约金或货物。

假信用证一般有如下特征：金额较大且有效期较短；如果是信开，则签字无从核对或假冒印鉴；如果是电开，则信用证无密押或声称使用第三家银行密押但后者确认电文未加密押；缺乏必备条款(价格、目的港、合同号)；要求将单据寄往第三家银行(但并不存在)。

▶ 2."软条款"信用证欺诈

信用证中的"软条款"指信用证中规定一些限制性条款，或信用证条款不清，责任不明，使信用证的不可撤销性大大降低。"软条款"是买方故意设下的圈套，对受益人非常不利。

"软条款"信用证的特征：形式完备；付款条件不清、银行责任不明；开证行或申请人可随时单方解除信用证；具有隐蔽性。

信用证中常见的"软条款"有：信用证记载有暂不生效条款，生效的条款无法做到；信用证记载有限制性条款，限制的条款很难解除；加入各种对单据和装运的限制条款等。

▶ 3. 伪造单据。

伪造单据是指单据(如海运提单)不是由合法的签发人签发的，而由诈骗人伪造的；或者在真实的单据中加入虚假资料，骗取银行融资或开证行付款。

▶ 4. 开立无贸易背景的信用证进行诈骗

开立无贸易背景的信用证主要是为了套取银行资金。在贸易合同、货物并不存在的情况下，以伪造的单据欺骗开证行，骗其因形式上单证相符而无条件开立信用证，并催促开证行承兑，骗取资金。

(二) 信用证欺诈的防范措施

▶ 1. 进口商

进口商防范欺诈的重点是出口商以假单证或假货诈骗。进口商要重视对出口商的资信调查，慎重选择贸易伙伴；要求出口商提供由商检部门出具的商检证书，以保证货物的质量；进口业务中尽量争取离岸价格为成交价格，防止运输过程中故意造成事故或伪造提单进行诈骗。

▶ 2. 出口商

出口商防范欺诈的重点是进口商以伪造信用证或开立"软条款"信用证进行诈骗。出口商要重视对进口商的资信调查，慎重选择贸易伙伴；有效识别信用证的真假，注意是否有伪造、涂改的痕迹；在信用证无法确认真伪之前，不可贸然发货；加强与通知行的合作，选择与通知行有代理关系的银行作为开证行。

▶ 3. 银行

银行防范欺诈的重点是防止进口商与出口商恶意串通，骗取资金。

(1) 银行应逐条认真审查申请书的各项内容和条款。审核申请书印鉴、审核进口商品、审核进口商品价格以及付款期限等，如果发现问题，应立即要求客户更正，同时加盖公司校正章或另附书面补充更正说明。

(2) 对贸易背景真实性进行审核。经办银行应掌握客户的资信情况、经营状况、经营范围、履约能力；通过各种渠道了解相关贸易的市场动态；注意外汇监管部门对付汇核销较差公司的处罚，对此类公司严格控制。不但要对申请人进行资信审查，也要了解进口货物的性质、用途等有关情况。

(3) 信用证条款应力求简洁、清晰、完整，遵守国际惯例，用词力求准确，避免产生歧义。开立信用证有效期不宜过长，应根据实际需要控制在合理期限之内。

(4) 银行必须收取足够的保证金，并落实担保情况，查明是否有未落实担保和无效担保。如果发生欺诈，可降低风险、减少损失。

(5) 审查议付单据，如发现单证不符、单单不符或其他疑点，可根据国际信用证统一惯例拒付，争取主动权。

小 结

国际结算的主要方式是汇款、托收和信用证。

汇款是付款人通过银行将款项汇交收款人的结算方式。汇款中的当事人有汇款人、收款人、汇出行和汇入行。汇款分为电汇、信汇和票汇三种。

托收指债权人(一般为出口商)向债务人(一般为进口商)收取款项，出具汇票委托银行代为收款的一种结算方式。托收中的当事人有委托人、托收行、代收行和付款人等。托收按照汇票是否附有单据可分为光票托收和跟单托收。

信用证是银行根据开证申请人的请求，开给受益人的一种保证银行在满足信用证要求的条件下承担付款责任的书面凭证。只要"单证相符、单单相符"，开证行就要承担付款责任。信用证业务的主要当事人有开证申请人、开证行、受益人、通知行、付款行、议付行和保兑行等。

其他结算方式主要有银行保函、备用信用证、国际保理，以及非贸易结算方式等。

思考题

1. 汇款的方式有哪几种？
2. 托收有哪几种？不同的托收方式的业务流程是什么？
3. 在国际结算中，信用证的当事人的权利和责任是什么？
4. 试述国际结算中托收的风险及其防范。

实务题

查阅主要国际金融市场的资料，认识国际结算的主要方式。

案例分析

我国某进口商自德国进口一批商品，商品分两批装运，支付方式为不可撤销即期信用证。每批分别由工商银行开立一份信用证。第一批商品装运后，卖方在有效期内向银行交单议付，议付行审单后该行议付货款，工商银行也对议付行做了偿付。我方在收到第一批商品后，发现商品品质不符合合同规定，要求开证行对第二批信用证项下的单据拒绝付款，但遭到开证行拒绝。

思考：问开证行拒绝是否合理？

第八章
Chapter 8
国际金融电子化

学习目标

1. 掌握金融电子化的含义、特征、技术手段和金融电子化的发展历程。

2. 了解电子化在国际支付业务、国际银行业务、国际证券投融资业务等领域的应用及发展状况。

第 一 节　金融电子化概述

一、金融电子化的内涵与特征

"二战"以来，在金融全球化的浪潮的推动下，加上以电子计算机为核心的信息技术的广泛应用，金融电子化已经成为当代国际金融发展的基本趋势。

（一）金融电子化的含义

所谓金融电子化是指金融企业采用现代信息技术手段，提高金融业务效率，降低经营成本，实现业务处理自动化、管理信息化和决策科学化，为客户提供更快捷方便的服务而提高企业市场竞争力的过程。

（二）金融电子化的特征

金融电子化的特征如下。

（1）金融电子化是以信息为基础的自动化业务处理和科学管理的新模式，从根本上改变了传统银行的业务处理和管理的模式。

（2）金融电子化采用电子货币支付为交易方式，大大加快了资金的周转速度。

（3）金融电子化利用 ATM 机、POS 机、互联网等系统开展业务，提高了金融业务的工作效率，并大大降低了经营成本。

（4）金融电子化使银行业务从存、贷款为重点，转向把提供金融业务服务和金融信息服务融为一体，形成一个开放的、无时间限制的和多功能的现代化金融体系。

二、金融电子化技术手段与发展历程

（一）金融电子化的技术手段

随着我国信息产业对金融发展支持力度不断加强，金融电子化已是大势所趋，但就目前来说，我国金融网络化程度低、问题多。改变这种现状的根本出路在于建立和健全金融业务电子化所需要的各种技术设备。金融界使用的计算机、网络通信产品可分为通用设备和银行专用设备。

▶ **1. 通用计算机设备**

目前，国内银行普遍使用的通用计算机设备主要是大中型机、小型机和微机三种。大中型机主要用于大范围或跨行的资金清算系统，也可作为银行总行或分行一级的计算机主机；小型机主要是用作银行分支行的计算机主机和网络服务器；而基层的金融机构和各独立的职能部门则主要是使用微机。

▶ **2. 专用电子化设备**

银行专用电子化设备种类多、品牌杂，目前国内使用的专用电子化设备主要有金融终端系统、自动柜员机、销售点终端、银行自动出纳机、银行利息机、票据处理机、SMART 卡。

（1）金融终端系统。在专用金融电子化设备中，使用最多的是金融终端系统，主要是用于银行柜台的业务处理。金融终端系统有傻瓜终端系统和智能终端系统两种类型：傻瓜金融终端系统，主要的处理能力及智能功能放在控制机上，控制机的功能较强，终端较简单，系统可以联机、脱机或独立工作；智能金融终端系统，控制机功能较弱，主要担负终端系统与主机的通信网络管理等功能，一般称为集线机，而智能金融终端则是专用微机加专用外设，系统扩展性较强，主要是联机工作。

（2）票据处理系统设备。票据处理系统对银行的支票、存款凭证、信用证、转账单和其他票据进行快速自动分类处理，取代人工票据阅读、加磁墨、签票、记录、分类打包。主要的功能是加速金融票据处理速度，减少人为误差。

（二）金融电子化的发展历程

金融电子化的应用，开始于 20 世纪六七十年代。各国的金融电子化发展之路虽有不同，但大体而言，国际金融电子化的发展经历了三个阶段。

▶ **1. 第一阶段，金融机构间的电子联网**

其标志为 1973 年美国将以电话、电报手段建立起来的"联储电划系统"改建为电子化的"联储电划系统"。即建立起联邦储备银行间清算服务的电子计算机系统。随着计算机在银行间的应用，银行已经在一定程度上将现钞、票据流动转化为计算机网络中的信息流动。这种以电磁信息形式存储在计算机中并能通过计算机网络而使用的资金被称为电子货币。

▶ 2. 第二阶段，金融机构进入国际互联网

1992年，国际互联网协会建立，网上商业活动增多，银行开始在国际互联网设置网点，进行咨询服务、促销宣传、提供金融市场信息，为用户进行网上金融证券投资提供便利。

▶ 3. 第三阶段，网络虚拟银行的建立

1995年11月，美国亚特兰大设立第一家网络银行，该银行在24小时之内提供银行业服务，包括储蓄、转账、信用卡、证券交易、保险和公司财务管理等业务。目前，电子化已是西方发达国家金融业务运作的主要方式。

第 二 节　国际支付系统电子化

一、电子货币与电子支付

(一) 电子货币

电子货币是以金融电子化网络为基础，以商用电子化机具和各类交易卡为媒介，以电子计算机技术和通信技术为手段，以电子数据(二进制数据)形式存储在银行的计算机系统中，并通过计算机网络系统以电子信息传递形式实现流通和支付功能的货币。

人们在各种活动和消费中习惯于现金支付、银行汇兑等传统的支付方式。电子货币的出现方便了人们外出购物和消费。现在电子货币通常在专用网络上传输，通过设在银行、商场等地的ATM机器进行处理，完成货币支付操作。近年来，随着互联网商业化的发展，电子商务化的网上金融服务已经开始在世界范围内开展。网上金融服务包括了人们的各种需求，如网上消费、家庭银行、个人理财、网上投资交易、网上保险等。这些金融服务的特点是通过电子货币在互联网上进行及时电子支付与结算，以至人们可随时随地完成购物消费活动，进行货币支付。

(二) 电子支付

电子支付是指单位、个人直接或授权他人通过电子终端发出支付指令，实现货币支付与资金转移的行为。电子支付的类型按电子支付指令发起方式分为网上支付、电话支付、移动支付、销售点终端交易、自动柜员机交易和其他电子支付。

电子支付工具用计算机系统记录和处理，它使得各种票据和贵金属在整个货币供应量中的比重愈来愈小。这种通过银行的电子存款系统和各种电子清算系统记录和转换资金，比动用各种贵金属和凭证货币来完成大规模的交换更节约、方便、安全。

目前，电子支付工具和人们的生活密切相关，银行的存款、贷款、汇款等柜台服务大都借助于计算机系统实现。代发工资、代收费、储蓄通存通兑、银行卡、电子支票、电话银行等多种银行业务就是电子支付工具的各种表现形式。

电子支付工具改变了银行传统的手工记账、手工算账、邮寄凭证等操作方式，各种银行卡和IC卡的发展，给百姓生活带来很多便利。人们在购物、饮食、旅游和娱乐时用各种卡代替支票和现金来支付，只要将卡插入终端设备，再输入一定的密码和信息，就可实现付费。

电子支付工具作为现代金融业务和现代科技相结合的产物，具有下列特征。

（1）电子支付工具因不同的处理媒体而不断变化其存在方式，在计算机存储设备上是磁介质，而在计算机网络中传播是电磁波或光波，在CPU处理器中则是电脉冲等。

（2）电子支付工具的流通以相关的设备正常运行为前提，新的技术和设备也引发了电子支付工具新的业务形式的出现。

（3）电子支付工具比其他类型的货币在流通中具有更高的安全性和可靠性，它的安全性是通过用户密码、软硬件加解密系统以及路由器等网络设备的安全保护功能来实现的。

二、国际结算电子化

（一）国际结算电子化

电子网络技术的高速发展使国际贸易近两年迈向了高效、安全、低成本的网上运作，而作为国际贸易的重要环节的国际结算也开始了无纸化革命——国际结算电子化。

各金融机构国际贸易结算电子化系统一般是由出口业务系统和进口业务系统两部分组成。出口业务处理电子化系统一般包括来证通知、议付、结汇、统计考核、托收、文件维护、批量处理七个部分组成。而进口业务处理系统的核心是信用证进口开证系统。

阅读资料：

民生银行国内首推"网上开证系统"

企盼人性化结算服务的外贸企业，一定会惊喜于民生银行近期推出的"网上开证系统"。该系统是国内具有领先水平的国际业务网上服务系统，具有业务过程信息化管理、系统操作方便快捷、系统安全可靠的特点，主要包括申请交易、业务查询和银行通知三大功能，提供覆盖整个进出口流程的"一站式"国际结算服务。

据介绍，"网上开证系统"是民生银行适应国际贸易发展与管理需求，通过互联网在民生银行网上银行的技术平台上，为进出口贸易结算提供全面银行服务的综合服务系统。通过该系统，客户可以不受时间和空间限制，办理进出口结算业务，可以降低成本、提高工作效率，而且可以通过查询和系统自动化通知，全程掌握业务进行状况，实现业务过程化控制，加快业务运行速度，为业务决策提供数字化支持。

"网上开证系统"的高科技含量，为进出口企业和有进出口业务的生产型企业提供了功能强大的电子化操作平台、业务监控平台，是进出口贸易的全天候"管家"。民生银行网上开证系统涵盖与贸易相关的所有结算方式，如信用证、托收和汇款，进口开证只是其中的一个核心产品。

资料来源：2005-04-26《大连日报》

国际结算电子化带来的革新如下。

（1）大大缩短了贸易结算流程时间。对以信用证结算的出口商而言，电子化结算将使国际结算的时间由原来的10～15天缩短到3～4天。

（2）单据处理简单化，减少因操作错误而引起的差错。由于电子单据具有统一的格式与标准，银行的单据审核与制作将大为简化。

（3）风险控制更有力。国际结算电子化为国际贸易的参与方提供了一个在全球范围在线联结的、高度安全的电子形式存储、转递贸易单据的途径，它高度安全的特性确保了欺诈风险几乎为零。

（4）降低成本。利用电子化方式进行国际结算将大大降低国际结算的成本。

（5）实现数据与货币的同向流动。在线实时的电子单据、数据交割使预付款结算方式向跟单结算成为可能。

（二）国际资金划拨、清算电子化

随着计算机在金融领域的应用，银行在一定程度上已能将现钞、票据等实物表示的资金转变成由计算机中存储的数据表示的资金，将现金流动、票据流动转变成计算机网络中的数据流动。这种以数据形式存储在计算机中并能通过计算机网络使用的资金被形象地称为电子货币，其赖以生存的银行计算机网络系统被称为电子资金划拨系统。

▶ 1. 小额电子资金划拨与大额电子资金划拨

电子资金划拨系统分为小额电子资金划拨系统与大额电子资金划拨系统。小额电子资金划拨系统又称为零售电子资金划拨系统，是为广大消费者服务的电子资金划拨系统，主要有自动柜员机（ATM）与销售点终端设备（POS）。小额电子资金划拨主要涉及银行客户与银行之间的关系。

大额电子资金划拨系统又称为批发电子资金划拨系统，是为货币、黄金、外汇、商品市场的经纪商与交易商及商业银行服务的电子资金划拨系统。大额电子资金划拨系统是一国支付系统的主动脉，对一国的整个金融体系有着举足轻重的作用。除国内支付外，国际支付也越来越多地通过大额电子资金划拨系统进行。

▶ 2. 贷记划拨与借记划拨

大额电子资金划拨与票据支付存在重要区别。票据在出票以后，一般是通过银行以外的途径传送的，票据支付的银行程序开始于票据的收款人向银行提示票据。这种由收款人发动银行程序的资金划拨，称为借记划拨。而在大额电子资金划拨中，发动银行程序的是付款人，它向银行发出支付命令，指示银行借记自己的账户并贷记收款人的账户。这种由付款人发动的银行程序的资金划拨，称为贷记划拨。

第 三 节　国际银行业务电子化

一、网络银行概述

1995年10月，美国安全第一网络银行（Security First Net work Bank，SFNB）的开业，标志着全新的网上银行正式诞生了。开业后的短短几个月，即有上千万人次浏览该网站（www. sfnb. com），极大地震撼了金融界。此后世界各大银行纷纷在网上建立自己的站点，网上银行逐渐风靡世界。据统计，发达国家85％的银行已经或正准备开展网上银行业务。在我国，1997年招商银行率先推出了自己的网上银行"一网通"，随后，中国银行、中国建设银行和中国工商银行等陆续推出了网上银行业务。新兴的网络银行的发展对传统银行造成了极大的挑战，大有取代已有400余年历史的传统银行的趋势。

（一）网络银行的含义

网络银行又称网上银行、在线银行，是指银行利用互联网技术，通过互联网向客户提供开户、销户、查询、对账、行内转账、跨行转账、信贷、网上证券、投资理财等传统服务项目，使客户可以足不出户就能够安全便捷地管理活期和定期存款、支票、信用卡及个人投资等。可以说，网上银行是在互联网上的虚拟银行柜台。

网络银行的定义包含两层含义：一个是机构概念，指通过信息网络开办业务的银行；另一个是业务概念，指银行通过信息网络提供的金融服务，包括传统银行业务和因信息技术应用带来的新兴业务。在日常生活和工作中，我们提及网上银行，更多是第二层次的概念，即网上银行服务的概念。网上银行业务不仅仅是传统银行产品简单地向网上的转移，而且由于信息技术的应用，又产生了一系列全新的业务品种。

（二）网络银行的特点

网上银行与传统银行有很大区别，这种区别显示了网络银行的巨大的优越性，它表现在以下几方面。

▶ 1. 突破地域限制

网上银行与传统银行的最大不同之处，在于网上银行和客户之间的关系不同。传统银行在开拓业务时往往是投入巨资而且客户又局限于固定的区域；而在网上银行，银行和客户的物理位置对银行业务没有什么影响。通过互联网，客户可以在全球的任何地方购买金融服务。网上银行还可以将自己的营业场所一夜之间从一个国家转移到另一个国家，这使得它能够对不断变化的经济形势和管理需求做出更快速的反应。

▶ 2. 开放性与虚拟化

传统电子银行所提供的业务服务都是在银行的封闭系统中运作的，而网上银行的Web服务器代替了传统银行的建筑物、网址取代了地址，其分行是终端机和互联网这个虚拟化的电子空间。因此有人称网上银行为"虚拟银行",但它又是实实在在的银行,利用网络技术把自己与客户连接起来,在有关安全设施的保护下,随时通过不同的计算机终端为客户办理所需的一切金融业务。

▶ 3. 智能化

传统银行主要借助于物质资本,通过众多员工辛勤劳动为客户提供服务。而网上银行主要借助智能资本,靠少数脑力劳动者的劳动就能提供比传统银行更多、更快、更好、更方便的业务,如提供多元且交互的信息、客户除可转账、查询账户余额外,还可享受网上支付、贷款申请、国内外金融信息查询、投资理财咨询等服务,其功能和优势远远超出电话银行和传统的自助银行。网上银行是一种能在任何时间(anytime)、任何地方(anywhere)、任何方式(anyhow)为客户提供超越时空、智能化服务的银行,因此可称之为"三 A 银行"。

▶ 4. 创新化

网上银行是创新化的银行。在个性化消费需求日趋凸显及技术日新月异的信息时代,网上银行提供的金融产品和拥有技术的生命周期越来越短,淘汰率越来越高。在这种情况下,只有不断采用新技术、推出新产品、实现持续创新才不致被淘汰。

▶ 5. 运营成本低

与其他银行服务手段相比,网上银行的运营成本最低。据介绍,在美国开办一个传统的分行需要 150 万~200 万美元,每年的运营成本为 35 万~50 万美元。相比之下,建立一个网上银行所需的成本为 100 万美元。1998 年,美国 USWeb 网络服务与咨询公司的一次调查发现,普通的全业务支行平均每笔交易成本约 1.07 美元,而网上银行仅为 0.01~0.04 美元。

▶ 6. 亲和性增强

增加与客户的沟通与交流是企业获取必要信息,改进企业形象,贴近客户,寻找潜在客户的主要途径。在这方面,网上银行具有传统银行无法比拟的优势。网上银行可通过统计客户对不同网上金融产品的浏览次数和点击率,以及各种在线调查方式了解客户的喜好与不同需求,设计出有针对性的金融产品以满足其需求,这不仅方便了客户,银行也因此增强了与客户的亲和性,提高了竞争力。

总之,和传统银行比较,网上银行比传统银行具有很大的优越性,网上银行不仅是电子商务发展的支撑点,而且是金融发展的新的增长点,是未来金融业的出路。比尔·盖茨曾预言:"传统银行将是 21 世纪的恐龙。"21 世纪的银行将是建立在计算机信息技术基础上的网上银行。因此,任何一个国家的银行都必须把发展网上银行作为其今后的发展战略。

具体到我国加入 WTO 前两年,我国银行与外资银行的竞争焦点将主要集中在外汇、批发业务方面,具体表现在人才、国际结算、优质客户的争夺上,经过 2~5 年或更长的时间,竞争将进一步发展到零售业务领域。由于外资银行机构少,主要分布在少数中心城市,业务重点又是少量优质大客户,因此外资银行势必运用高技术尤其是发展网络银行以适应竞争。我们可以这样认为，加入 WTO 后银行业的竞争从一定程度上说是网上银行的竞争。

二、网络银行服务项目

无论是国外已经发展成熟的还是国内刚刚起步的网上银行，其服务项目一般包括银行业务项目、网上银行服务、信息发布和商务服务几个部分。

（一）银行业务项目

银行业务主要包括家庭银行(储蓄业务)、企业银行(对公业务)、信用卡业务、国际业务、各种支付、信贷及特色服务等传统的银行业务功能。

▶ **1. 家庭银行**

家庭银行为用户提供方便的个人理财渠道，包括网上开户、清户、账户余额、利息的查询、交易历史查询、个人账户挂失、电子转账、票据汇兑等。

▶ **2. 企业银行**

企业银行为企业或团体提供综合账户业务，如查阅本企业或下属企业账户余额和历史业务情况；划转企业内部各单位之间的资金；核对调节账户，进行账户管理等服务；电子支付职工工资；了解支票利益情况，支票挂失；将账户信息输出到空白表格软件或打印诸如每日资产负债表报告、详细业务记录表、银行明细表之类的各种金融报告或报表；通过互联网实现支付和转账等。

▶ **3. 信用卡业务**

信用卡业务包括网上信用卡的申办、信用卡账户查询、收付清算等功能。与传统的信用卡系统相比，网上信用卡更便捷。如用户可通过互联网在线办理信用卡申请手续；持卡人可通过网络查询用卡明细；银行可定期通过电子邮件向用户发送账单，进行信用卡业务授权、清算、传送黑名单、紧急止付名单等。

▶ **4. 各种支付**

各种支付包括提供数字现金、电子支票、智能卡、代付或代收费等网上支付方式，以及各种企业间转账或个人转账，如同一客户不同账号间，包括活期转定期、活期转信用卡、信用卡转定期、银行账户与证券资金账户之间的资金互转等。

▶ **5. 国际业务**

国际业务包括国际收支的网上申报服务、资金汇入、汇出等。目前国内的企业可向中国银行总行申请办理此项业务国际收支申报。

▶ **6. 信贷**

信贷包括信贷利率的查询、企业贷款或个人小额抵押贷款的申请等，银行可根据用户的信用记录决定是否借贷。

▶ **7. 特色服务**

特色服务主要是指通过互联网向客户提供各种金融服务，如网上证券、期货、外汇交易、电子现金、电子钱包以及各种金融管理软件的下载等。目前，国外银行从存贷差中获取的利润已不足 50%，其余的都来自于各种在线服务回报。从整个银行业的发展趋势来看，提供在线服务将成为未来银行利润的主要来源。

（二）商务服务

商务服务主要是提供资本市场、投资理财和网上购物等功能。对资本市场来说，除人员直接参与的现金交易之外的任何交易均可通过网上银行进行。投资理财服务可通过客户主动进入银行的网站进行金融、账户等的信息查询以及处理自己的财务账目；也可由网上银行系统对用户实施全程跟踪服务，即根据用户的储蓄、信贷情况进行理财分析，适时地向用户提供符合其经济状况的理财建议或计划。在网上购物方面，网上银行可以网上商店的形式向供求双方提供交易平台，商户在此可建立自己的订购系统，向网上客户展示商品并接受订单，商户在收到来自银行的客户已付费的通知后即可向客户发货；客户可进入银行的网上商店，选购自己所需的商品，并通过银行直接进行网上支付，这种供求双方均通过网上银行这一中介机构建立联系和实现收支，降低了交易的风险度。

（三）信息发布

目前网上银行所发布的信息主要有国际市场外汇行情、对公利率、储蓄利率、汇率、证券行情等金融信息，以及行史、业务范围、服务项目、经营理念等银行信息，使客户能随时通过 Web 网站了解这些信息。

第 四 节　国际证券投融资业务电子化

一、证券电子商务

（一）证券电子商务的含义

证券市场是一个快速多变、充满朝气的市场。在证券市场发展过程中，证券电子商务建设起到了积极的推动作用。一方面，证券市场品种的创新、交易结算的变革，源源不断地为证券电子商务化建设提出新的需求和课题；另一方面，证券电子商务化建设又为证券市场的发展创新提供了系统和网络方面的支持，两者在相互依存、相互促进的过程中得到了快速发展。

证券电子商务，顾名思义就是以电子方式进行的证券商务活动，或者以互联网络系统为工具、以交互式的电子信息为指令而开展的各种网上证券商务活动，包括网上开户、网上发行、网上路演、网上申购、网上买卖、网上交割、网上转账等诸多环节。

证券电子商务是证券行业以互联网络为媒介为客户提供的一种全新商业服务，它是一种信息无偿、交易有偿的网络服务，它是运用了最先进的信息与网络技术对证券公司原有业务体系中的各类资源及业务流程进行重组，使用户与内部工作人员通过互联网就可开展业务与提供服务，目前我国比较典型的证券电子商务领域集中体现在证券电子商务促进证券经纪业务的拓展和延伸。

（二）证券电子商务的特点

证券电子商务的特点如下。

（1）不受时间和空间的限制，改善股民交易环境。网上交易的发展主要对散户投资者有利，使得散户交易的手段和条件"大户化"。由于中国证券市场的主体是散户，因而这种方式的推广对国内证券业务的发展意义重大。

（2）券商可以利用信息的发布和获取来增强品牌价值，提高企业形象。上市公司通过互联网实现股票的全球挂牌，在全球范围内收集和发布各种信息。

（3）股民可自动处理交易流程，减少券商运作成本的周期。虚拟交易所的诞生将使得交易所的地理位置不再重要，交易的低成本将加剧券商之间的竞争，改变了其竞争的内容和方式。

（4）通过电子渠道开展新型业务，扩张服务内容，产生新的市场。网上交易的发展将对证券业的方向产生重大影响，网上证券经纪人将成为蓬勃发展的崭新行业。

（5）强化信息管理，提供智能化的个人定制服务。

二、网络投融资服务的发展

随着网络技术的发展与日益普及，利用互联网作商业用途已经成为我们生活中的一部分，同时，也给证券业的发展带来了巨大的潜力。互联网的发展缩短了交易双方的时空距离，降低了交易成本，也使得交易市场更加活跃。

网上投资是证券业发展的新动向。网上投资，就是指券商通过数据专线将交易所的行情和信息资料实时发送到互联网上，投资者将自己的电脑通过调制解调器等设备连上互联网，通过互联网观看实时行情，委托下单买卖。

网上融资不同于传统意义上的上网融资。网上融资，是指发行主体与投资主体借助于互联网这一信息技术平台，相互找寻并配置金融资产的过程。传统意义上的上网融资，则一般是指通过中介机构的发行网络实现融资的过程。

网上证券交易作为一种全新的交易方式能够在极短的时间内迅速地发展，并大有替代传统证券交易方式的势头，一方面是由于近年来国际互联网的飞速发展以及与证券经纪业务的有机结合；另一方面是和网上证券交易相对于传统的交易方式具有众多优势密切相关。

（1）网上证券交易借助无所不在的国际互联网为载体，通过高速、有效的信息流动，从根本上突破了地域的限制，能极大地缓解我国券商地域分布不均的矛盾，将身处各地的投资者有机地聚集在无形的交易市场中，使得投资者能在全国甚至全球任何能上网的地方进行证券交易，并使那些有投资欲望却无暇或不便前往证券营业部进行交易的人士进行投资成为可能。

（2）网上证券交易通过国际互联网，克服了传统市场上信息不充分的缺点，有助于提高证券市场的资源配置效率。它使投资者可以在网上主动、及时、有效地获取和筛选相关投资咨询信息，使客户对信息的获取从单向式被动获取向双向主动交互式信息获取转化。这是其他证券交易方式不可比拟的，它使网上证券投资者全面获取证券投资信息成为可能。

（3）网上证券交易可以降低证券交易的交易成本和交易风险。网上交易的全面引入，使得客户彻底突破传统远程交易的制约，无须投入附加的远程信息接收硬件设备，在普通的计算机上就可以全面把握市场行情和交易最新动态。另外，网上交易包容了证券活动的方方面面，使投资者足不出户就可以办理信息传递、交易、清算、交割等事务，节约了大量的时间和金钱。对券商而言，网上交易的大规模开展，可以大幅度降低营业部的设备投入和日常的运营费用。此外，现在网上交易通常采用对称加密和不对称加密相结合的双重数据加密方式，再加上证券公司本身的数据加密系统，使得网上证券交易的安全性无懈可击。

小 结

金融电子化是指金融企业采用现代信息技术手段，提高金融业务效率，降低经营成本，实现业务处理自动化、管理信息化和决策科学化，为客户提供更快捷方便的服务而提高企业市场竞争力的过程，而且金融电子化的实现需要大量技术手段的支持。国际金融电子化包括国际支付、国际银行业务电子化、国际证券投融资业务电子化等多个方面。金融电子化的发展推动了金融全球化和经济的发展，它已经成为当代国际金融发展的基本趋势。

思考题

1. 金融电子化的特征是什么？
2. 金融电子化的技术手段有哪些？
3. 什么是电子支付，电子支付工具有哪些特点？
4. 网络银行与传统的银行有何区别？
5. 证券电子商务的特点有哪些？

实务题

利用软件平台，建立虚拟公司、开设虚拟网上账户，模拟网上金融交易。

案例分析

支付宝是提供网上支付服务的第三方支付平台，于2003年10月在淘宝网推出，由阿里巴巴公司创办。支付宝一经推出，短时间内迅速成为使用极其广泛的网上安全支付工具，深受用户喜爱，引起业界高度关注。2005年，支付宝在中国互联网产业调查中获得"电子支付"第一名。

　　支付宝前期为淘宝网定制，后扩展到阿里巴巴中国站和非阿里巴巴旗下网站。2003年10月阿里巴巴公司推出支付宝的目的就是为了解决旗下C2C网站——淘宝网支付困难的问题，从而推动淘宝网的发展。后来随着产品的成熟，开始在阿里巴巴中国站和非阿里巴巴旗下网站推广，且不收取任何费用。

　　支付宝目前已和国内工商银行、农业银行、建设银行、招商银行、上海浦发银行等各大商业银行以及中国邮政、VISA国际组织等各大机构建立了战略合作，成为金融机构在网上支付领域极为信任的合作伙伴。另外，支付宝还与中国建设银行合作，发布了国内首张真正专注于电子商务的联名借记卡——支付宝龙卡，以及电子支付新产品——支付宝卡通业务。该卡除了具有建行龙卡借记卡的所有功能外，还能使持卡人享受到电子支付创新产品支付宝卡通的服务。持卡人将支付宝账户与支付宝龙卡通过建行柜台签约绑定后，可登录支付宝账户，直接通过支付宝龙卡账户，完成持卡人在支付宝平台的在线支付业务。同时，持卡人还能通过支付宝卡通完成支付宝龙卡账户余额和支付限额的查询服务。

　　目前，网上支付最大的障碍就是支付问题。支付宝对此认识很深，于2005年2月率先推出"全额赔付"制度，打造安全信用体系。在使用支付宝支付的网站，如果在成交协议后，卖家没有向买家寄送货品或者买家收到的物品与描述不符，淘宝作为第三方监管将为买家提供与货品价值等额的"全额赔付"。2006年6月，支付宝又推出国内支付领域首张数字证书，并向所有经过认证的网民免费发放，使网上购物者有了身份确认和全额赔付的双重保障。2006年10月，支付宝再推出"电子机票"全额赔付制度，凡是支付宝的用户，只要用其支付宝账户登录游易网进行机票订购，都可享受全额赔付待遇。另外，为了消除用户担心支付宝挪用"沉淀资金"的疑虑，支付宝于2006年5月与中国工商银行签订托管协议，支付宝所有的客户交易保证金都将统一存放在工行备案允许的资金托管账户，由工行总行对支付宝公司交易资金情况进行综合审计，每月提交资金托管报告披露客户保证金存管情况，并出具支付宝客户交易保证金专用存款账户的资金存管情况，在支付宝客户交易保证金出现重大异常情况时，向相关部门报告并可以根据相关规定拒绝支付宝不符合规定的业务请求。

　　思考：阐述你对支付宝这种电子支付方式的认识。

参 考 文 献

[1]陈雨露. 国际金融[M]. 北京：中国人民大学出版社，2015.

[2]凯伯. 国际金融[M]. 北京：中国人民大学出版社，2012.

[3]奚君羊. 国际金融学[M]. 上海：上海财经大学出版社，2013.

[4]方壮志. 国际金融学[M]. 北京：清华大学出版社，2014.

[5]刘玉操，曹华. 国际金融实务[M]. 沈阳：东北财经大学出版社，2013.

[6]张启文. 国际金融学[M]. 北京：中国林业出版社，2011.

[7]刘金波. 国际金融[M]. 北京：中国人民大学出版社，2013.

[8]普格尔. 国际金融[M]. 北京：中国人民大学出版社，2012.

[9]卓骏. 国际金融原理[M]. 北京：清华大学出版社，2008.

[10]朱孟楠. 国际金融学[M]. 厦门：厦门大学出版社，2013.

[11]何泽荣. 国际金融原理[M]. 成都：西南财经大学出版社，2004.

[12]陈燕. 国际金融[M]. 北京：北京大学出版社，2015.

[13]马君潞，陈平，范小云. 国际金融[M]. 北京：科学出版社，2012.

[14]孙刚，王月溪. 国际金融学[M]. 沈阳：东北财经大学出版社，2014.

[15]于研. 国际金融[M]. 上海：上海财经大学出版社，2014.

[16]秦凤鸣，徐涛. 国际金融学[M]. 北京：经济科学出版社，2008.

[17]陈信华. 国际金融学[M]. 上海：上海财经大学出版社，2010.

[18]刘震. 国际金融[M]. 北京：中国人民大学出版社，2008.

[19]杜敏. 国际金融实务[M]. 北京：对外经贸大学出版社，2015.

[20]安辉，谷宇. 国际金融学[M]. 北京：清华大学出版社，2014.